LE MARCHÉ DE L'ART
SOUS L'OCCUPATION

Emmanuelle Polack

LE MARCHÉ DE L'ART SOUS L'OCCUPATION

1940-1944

Préface de Laurence Bertrand Dorléac

Tallandier

« Les régimes qui déclament contre la
peinture "dégénérée"
détruisent rarement les tableaux : ils les
cachent, et il y a là
un "on ne sait jamais" qui est presque
une reconnaissance. »

Maurice MERLEAU-PONTY,
L'Œil et l'Esprit, 1960.

Préface

Thomas Mann écrivait dans son journal que l'État nazi englobait absolument tout, « même la culture », « et en premier lieu elle ». Adolf Hitler plaçait la forme au cœur du système et non parmi ses accessoires. Avant tout pour lui-même, cet artiste raté, qui avait été recalé au concours d'une école d'art en 1907 et 1908, rêvait d'un grand musée à Linz, alimenté de tous les chefs-d'œuvre « aryens » pillés en Europe. Il fut donc un pilleur organisé, entouré d'acolytes aussi avides de faire main basse sur tous les butins potentiels, à commencer par les collections qui n'étaient plus protégées en France : celles des Juifs exclus officiellement de la société par le régime de Vichy.

Depuis des années, Emmanuelle Polack est à la recherche des archives disséminées un peu partout. Son livre est essentiel parce qu'il nous offre un paysage renouvelé, précisé dans son exposé des faits et dans sa documentation précieuse. Elle y raconte ce que fut le marché de l'art prospère d'une économie détraquée par les lois nazies et vichystes. Elle met en scène, à Paris comme à Nice et à Genève, tous les protagonistes qui appartiennent à un même milieu : les marchands, les commissaires-priseurs, les antiquaires, les experts, les courtiers, les intermédiaires, les gérants, les acheteurs, les enrichis du marché noir, les conservateurs de musée. Elle décrit le rôle de chacun et de chacune ainsi que la géographie de leurs actions : les appartements, les galeries, les salles de ventes aux enchères, celles où sont réunis les butins, les palaces, les banques. Elle rappelle le rythme effréné des échanges, des ventes et des reventes. Elle offre des exemples frappants où se vérifie la cupidité des occupants (assistés de la Gestapo) mais aussi des occupés français et de leurs complices, en Suisse en particulier, où l'on fermait les yeux sur la provenance des œuvres pillées. Elle affirme les complicités, les comportements de charognards, de jouisseurs, de resquilleurs, le tout sous les encouragements de la presse collaborationniste.

Personne ne peut lire les attendus de ces dossiers sans avoir le cœur soulevé de dégoût. Il sera difficile de ne pas s'étonner du peu de sanctions qui furent prises après la guerre dans un milieu économique labile : les mêmes qui avaient bénéficié des profits illicites arrivèrent plus d'une fois à changer de camp au plus vite pour se réclamer de la défense de la veuve et de l'orphelin. Les victimes qui revinrent, quand elles ne furent pas assassinées, en furent stupéfaites, désespérées (Pierre Loeb, Paul Rosenberg, René Gimpel). Chacun saura ce que ces œuvres d'art contenaient de souvenirs mais aussi de souffrances et de deuils. Or, au lieu d'inviter des personnalités spoliées parmi les instances de récupération à la Libération, on préféra restituer un certain nombre d'œuvres quand elles étaient réclamées sans poser sérieusement le problème de toutes les autres. Autrement dit, on remit à plus tard, on éluda si bien que des pièces classées MNR (Musées nationaux récupération) confiées à la garde des Musées de France attendent aujourd'hui encore des enquêtes et des cartels développés. Elles demeurent les témoins silencieux de l'Histoire.

Emmanuelle Polack confirme qu'il reste bien du travail, elle est la mieux placée pour en juger, ayant accompli le principal dans ce livre, fruit de sa thèse de doctorat dirigée par Philippe Dagen à l'Université. Elle connaît mieux que personne la part économique de cette histoire de l'art des années auxquelles Roland Barthes a donné la juste image : un *cauchemar sinistre et glacé.*

Laurence Bertrand Dorléac

Introduction

La révélation, le 3 novembre 2013 par l'hebdomadaire allemand *Focus*, de la découverte en février 2012 de quelque 1 258 œuvres entreposées dans un appartement insalubre de Schwabing, une banlieue de Munich, en Bavière, a réactualisé l'intérêt des recherches des spécialistes du marché de l'art pendant la Seconde Guerre mondiale. La surprise était de taille ; les enquêteurs avaient mis au jour, entassés pêle-mêle, des tableaux, aquarelles, dessins, gravures et lithographies signés des plus grands artistes européens des XIXe et XXe siècles. Le modeste trois-pièces munichois était occupé par Cornelius Gurlitt, fils du galeriste allemand Hildebrand Gurlitt. Ce dernier était bien connu des historiens de l'art[1], tant a été importante son implication dans les transactions commerciales pendant la Seconde Guerre mondiale.

Au début de l'année 1943, Hildebrand Gurlitt est désigné par son camarade Hermann Voss acheteur officiel à Paris pour le grand musée d'art que Hitler a entrepris de créer à Linz, en Autriche. À ce titre, Gurlitt bénéficie de laissez-passer permanents lui permettant de se rendre à loisir dans la capitale française, de même qu'il jouit de crédits considérables et, semble-t-il, sans limite. Chaque passage à Paris est l'occasion de dépenses somptuaires, de l'ordre de 5 à 10 millions de francs. Un rapide décompte porterait le nombre des achats réalisés par Hildebrand Gurlitt en France entre 1941 et 1944, par le truchement de divers intermédiaires, à environ 590 œuvres[2], dont un quart serait destiné au musée de Linz. Les achats de Gurlitt convoquent une histoire du goût, en ce qu'ils nous donnent à apprécier la liste des artistes retenus pour figurer au Panthéon de la galerie voulue par le Führer. Les acquisitions devaient en priorité concerner les maîtres allemands des XVe, XVIe et XVIIIe siècles, les peintres rhénans tels que Johann Ernst Heinsius, Jean-Frédéric Schall ou encore Januarius Zick, ainsi que les romantiques allemands du XIXe siècle – des œuvres dont la valeur artistique pourrait passer aujourd'hui pour secondaire. Les artistes français étaient aussi très recherchés : François Boucher, Jean-Honoré Fragonard et Antoine Watteau, puis les maîtres italiens de Sienne, Venise, du XVIIIe siècle, dont Canaletto, Francesco Guardi ou encore Giambattista Tiepolo, et enfin les artistes des écoles flamandes et les maîtres hollandais, avec une préférence très marquée pour Pierre Paul Rubens.

Présent à Paris occasionnellement dès l'année 1941, Hildebrand Gurlitt y effectue en 1942, 1943 et jusqu'en juillet 1944 des achats massifs. La méthode est rodée : Gurlitt examine les œuvres susceptibles d'être acquises sur le marché de l'art parisien, les fait photographier afin de les soumettre aux directeurs de musées allemands, acquéreurs

14

potentiels. Il les achète dans le mois qui suit leur accord. Or, la mission de Linz n'accapare pas, loin s'en faut, tout le temps du docteur Gurlitt lors de ses tournées dans la Ville lumière. Nul doute qu'il mène la vie à grandes guides, profite des joies offertes par le « gai Paris », accompagné de son amie intime, une certaine Mme Chauvet, de nationalité helvète, épouse séparée d'un diplomate suisse. Le goût d'Hildebrand Gurlitt le pousse à collectionner les œuvres des expressionnistes allemands et autrichiens, qu'il côtoie et défend depuis toujours, mais également de tout ce que l'Europe compte d'avant-gardes – toutes mises à l'index par les nazis. Ainsi ne devons-nous pas être surpris de la présence d'un grand nombre d'entre elles dans le « trésor de Schwabing » (le *Schwabinger Kunstfund*, comme le désignent les chercheurs allemands), des œuvres des avant-gardes françaises en particulier, très recherchées avant la guerre sur le marché parisien.

L'habileté de ce marchand de tableaux a résidé, tout à la fois, dans sa parfaite connaissance du milieu des artistes allemands comme français et dans le positionnement qu'il a adopté pendant l'Occupation sur le marché de l'art franco-allemand. Loin de fréquenter le premier cercle des officiels nazis, Hildebrand Gurlitt a établi un réseau d'intermédiaires, d'indicateurs, de transporteurs et d'experts rémunérés, qui lui a permis de dégager de nombreux bénéfices sur des transactions douteuses et de conserver une grande quantité d'œuvres pour sa collection personnelle, sans jamais avoir à répondre de ses actes. Dans cet ensemble, beaucoup des œuvres graphiques sont griffées de signatures prestigieuses d'artistes de l'avant-garde allemande du premier tiers du XXe siècle. Sont présentes également des pièces mineures, ainsi que de nombreuses œuvres des peintres Louis Gurlitt, le grand-père d'Hildebrand, et Cornelia Gurlitt, sa sœur. S'il est fort difficile d'appréhender la logique de cette collection hétéroclite, notons la représentation majoritaire des artistes français des XIXe et XXe siècles. Pour n'en citer que quelques-uns : Jean-Baptiste Corot, Gustave Courbet, Edgar Degas, Eugène Delacroix, Édouard Manet, Georges Michel, Jean-François Millet, Adolphe Monticelli, Camille Pissarro, Auguste Renoir, Auguste Rodin, Théodore Rousseau, Georges Seurat, Henri de Toulouse-Lautrec ou encore Camille Bombois, Marc Chagall, André Derain, Aristide Maillol, Henri Matisse, Pablo Picasso et Paul Signac.

Les rebondissements de la découverte de 2012 ne se font pas attendre. Le 11 février 2014, à Salzbourg, en Autriche, où Cornelius Gurlitt possédait une maison de villégiature, on met au jour 239 nouvelles œuvres. Un dernier coup de théâtre donne une nouvelle tournure aux événements. Cornelius Gurlitt décède le 6 mai 2014 dans un hôpital de Munich à l'âge de 81 ans : à la surprise générale, il a institué légataire universel un des plus vieux musées de Suisse, le musée des Beaux-Arts de Berne. Passé un délai de réflexion, le musée, fondation de droit privé, accepte, le 24 novembre 2014, l'encombrant héritage de Cornelius Gurlitt. Une convention tripartite, engageant le musée, la République fédérale d'Allemagne et le Land de Bavière, est signée, s'appuyant sur les principes, en matière de spoliation et de restitution, de la convention de Washington de 1998[3]. Réceptacle, à moyen terme, de cette embarras-

sante collection, le musée des Beaux-Arts de Berne n'a
d'autre choix, sous la pression médiatique, que de mettre
en place un important dispositif préalable à la création
d'un centre de recherches sur la provenance des œuvres.
Une transparence irréprochable de l'ensemble des filières
de propriété est exigée dès lors qu'une pièce du « trésor
de Schwabing » intégrera les collections permanentes du
musée, lequel assure qu'il ne recevra aucune pièce litigieuse
et que toute œuvre entachée d'une origine suspecte restera
en Allemagne tant que les transferts de propriété n'auront
pas été déterminés scientifiquement.

Les médias s'emparent de l'événement, questionnant
principalement la valeur monétaire des œuvres apparues
au grand jour ou redécouvertes. Cet angle d'approche fascine depuis toujours l'opinion publique, tant argent et art
sont liés. Cette question n'est pas primordiale aux yeux
de la communauté scientifique, qui s'attache pour sa part
à la leçon d'histoire de l'art offerte par l'actualité Gurlitt.
Dans cette démarche, l'étude du « moment français » de
l'affaire est essentielle afin de définir les lignes de force
d'un marché de l'art sous l'influence d'un État collaborationniste, Vichy.

*

Le marché de l'art est l'un des principaux moteurs des
échanges culturels nationaux et internationaux. Ce sont
principalement les amateurs-collectionneurs, les intermédiaires et les marchands qui garantissent la mutation et le
transfert de propriété des objets d'art. C'est par ces pro-

tagonistes qu'une œuvre est mise au service des intérêts d'une collection privée ou d'une collection publique, et qu'elle devient, *in fine*, objet de convoitise sur ce marché. Depuis le mitan des années 1990, la littérature est unanime dans la reconnaissance du *boom* économique qui marque le marché de l'art sous l'Occupation. L'historienne de l'art Laurence Bertrand Dorléac le soulignait dans ses travaux pionniers sur la collaboration artistique :

> « Il ne faudra pourtant pas négliger les mouvements imperceptibles du changement, en pleine Occupation, lorsque la vacuité de l'époque renvoyait les moins avertis vers les chasses réservées de l'élite cultivée. L'agitation des salles des ventes, lieux traditionnellement plus ouverts que les galeries, rendait sans doute aussi bien compte de l'opportunisme financier que de nouveaux déplacements sociologiques. On se pressait à Drouot pour y acheter "des natures mortes, et plus particulièrement des bouquets de fleurs, quelle que soit leur date ; des paysages, en particulier des paysages italiens du XVIIIe siècle et des paysages impressionnistes"[4]. »

L'euphorie du marché de l'art en France, et plus particulièrement à Paris, première place mondiale à l'époque, concernait tous les circuits traditionnels de vente des œuvres d'art : ateliers, galeries et maisons de vente aux enchères publiques. Durant cette période, la loi de l'offre et de la demande rendit saillants les traits d'une économie de marché déboussolée : un afflux de marchandises, dont une partie pouvait être issue des spoliations ou autres pillages artistiques, ou bien encore écoulée à vil prix par des familles juives qui tentaient de récupérer quelques liquidités afin de fuir les exactions dont elles étaient victimes ; un changement de clientèle, les collectionneurs provinciaux et internationaux tout comme la clientèle juive désertant le marché de l'art en zone occupée, bientôt remplacés par les nantis de l'Occupation ; une abondance de capitaux, puisque à partir du 17 décembre 1941 la communauté juive de la zone occupée se voyait infliger une amende d'un milliard de francs, en représailles d'attentats perpétrés contre l'occupant, à verser à la Reichskreditkasse à Paris.

De ce triple constat est née l'impérieuse nécessité d'éclairer les aspects méconnus du marché de l'art en France pendant les années 1940 et d'étudier les conséquences sur cette microsociété de la législation antisémite alors mise en œuvre, qu'elle soit d'origine allemande ou qu'elle émane du gouvernement de Vichy.

Quels bouleversements cette situation à nulle autre pareille dans l'histoire nationale a-t-elle produits au sein de la communauté des marchands et des collectionneurs juifs ? Plusieurs acteurs du marché de l'art, stigmatisés comme de « race juive », furent touchés de plein fouet par les lois infâmes. Le parcours de certains d'entre eux permet d'en prendre toute la mesure. Que l'on pense au célèbre marchand de tableaux Paul Rosenberg, déchu de la nationalité française, réfugié avec les siens aux États-Unis, au découvreur de talents Pierre Loeb, en exil avec sa famille à Cuba, ou au marchand d'art René Gimpel, dénoncé par un confrère et qui paya de sa vie à la fois ses prises de position courageuses contre le régime de Vichy et son appartenance à la communauté juive.

Quant aux collections privées appartenant aux familles juives, les ventes, transactions et échanges d'objets d'art réalisés à des prix parfois très élevés contribuèrent à leur dispersion. Familles juives qui, lorsque leurs biens n'avaient pas été « aryanisés » par les ordonnances allemandes, s'étaient trouvées spoliées par les administrateurs provisoires ou les commissaires-gérants du Commissariat général aux questions juives.

Il existe, durant cette période, une spécificité parisienne du marché de l'art. La surchauffe observée à l'hôtel des ventes aux enchères publiques de la rue Drouot en témoigne. Les commissaires-priseurs voyaient passer de belles ventes sous leur maillet d'ivoire. Mais l'aryanisation des biens juifs concernait également la zone sud. Une étude des ventes aux enchères publiques réalisées sous administration de Vichy sur la Côte d'Azur, à Nice en particulier, où l'afflux de réfugiés juifs était important, est donc particulièrement éclairante.

Soulignons-le : notre enquête s'attache aux circonstances d'un crime mineur par rapport aux autres crimes commis par les nazis. Il convient néanmoins de questionner avec décence et gravité les filières constituées des indicateurs, des experts rémunérés, des transporteurs, des marchands d'art et des commissaires-priseurs. Qui ont été les acteurs de ce marché de l'art sous l'Occupation ? Quels rôles ont-ils joués ? Et dans quelles proportions ?

À ces questions fondamentales, cet ouvrage livre des éléments de réponse. En évitant, cela va sans dire, la facilité d'une partition nette entre victimes et coupables : il n'existait aucune catégorie homogène. Certains protagonistes furent animés par l'appât du gain, d'autres guidés par un opportunisme commercial, les Musées nationaux saisirent parfois l'occasion, offerte par la législation de Vichy, de compléter les collections publiques d'œuvres qu'ils pourraient faire admirer aux cimaises du Louvre, tandis que d'autres encore voulurent sincèrement alléger la détresse des collectionneurs persécutés. Pour autant, tous ces acteurs participèrent, à des degrés divers, au fonctionnement d'un marché de l'art formidablement prospère, sur fond – ne l'oublions pas – de rafles et de convois de déportations des Juifs vers les camps de la mort. La spoliation des biens et objets culturels juifs s'inscrit dans un *continuum* qui va de la stigmatisation d'une partie d'une population, de son recensement, de son éradication de l'économie nationale, de son pillage, de sa déportation jusqu'à son extermination. Elle participe en ce sens de l'unicité de la Shoah. C'est seulement si cet esprit de justice et d'humanité prévaut dans la cohérence d'un travail de mémoire que l'expérience de la restitution des biens juifs peut tendre vers l'universalité.

I

LE MARCHÉ DE L'ART PARISIEN SOUS LA BOTTE NAZIE

Chapitre premier

La confiscation des œuvres d'art

En ce petit matin du 23 ou 28 juin 1940[1], Adolf Hitler prend possession de Paris, de la France : une photographie le montre en train de poser devant la tour Eiffel, depuis l'esplanade du Trocadéro. L'armistice a été signé à Rethondes le 22 juin. Pourtant, le Führer n'a rien ici du chef victorieux. C'est l'esthète qui admire la Ville lumière, entouré du sculpteur Arno Breker et de l'architecte Albert Speer.

Reste que Hitler entend bien récupérer pour son bénéfice et celui du Reich une part des richesses de la France. En tout premier lieu celles qui appartiennent aux Juifs. Comme en Allemagne et dans les autres territoires déjà sous la botte nazie, la politique antisémite appliquée en France va servir, de manière implacable et brutale, cette volonté d'appropriation des œuvres d'art.

LES PREMIERS REPÉRAGES

Les autorités allemandes présentes dans la capitale mettent immédiatement cette politique à exécution. Dès la première semaine de l'Occupation, les négoces d'antiquités et d'art appartenant à des familles juives sont inspectés. Un court dossier consigné aux archives de la préfecture de police permet de suivre pas à pas le déroulement de ces premières inspections[2].

Georges Chain, commissaire de police de la ville de Paris, a été convoqué pour le 21 juin 1940 par l'administration militaire allemande. Il est attendu à 9 heures au Grand Hôtel, 2, rue Scribe, dans le IXe arrondissement. L'officier de police est bientôt rejoint par un professeur de gravure, Jacques Beltrand, et par l'historien de l'art allemand Walter Andreas Hofer. La tournée peut débuter. Le groupe se rend place Vendôme, haut lieu du commerce de l'art à Paris. Il visite les grands commerces d'antiquités et les galeries d'art les plus réputées du quartier : les maisons Graupe, Duveen Frères, Seligmann & fils, ainsi que celle de la famille Bacri.

Le 25 juin 1940, la tournée des salons d'art se poursuit. Sont visitées la galerie d'exposition de Lazare Wildenstein ainsi que celle appartenant à la maison Jansen. Les propriétaires ou les locataires de galerie de confession juive ont récemment quitté Paris en laissant leurs collections sur place : les Wildenstein sont à La Baule, les Bacri à Cusset, dans l'Allier, Daniel-Henry Kahnweiler dans le Limousin, Paul Rosenberg en Gironde avec les siens, etc. Le scénario est toujours le même. Les autorités allemandes inspectent les galeries et immeubles de la cave au grenier. Elles examinent tableaux, caisses, tapis et objets d'art. Rien n'est laissé de côté. Les clefs des appartements et des galeries sont remises aux concierges dans des enveloppes cachetées, avec recommandation de ne laisser entrer personne sans autorisation.

Georges Chain est encore convoqué le 1er juillet 1940. Il se rend de nouveau aux sièges des maisons Graupe, Seligmann et Bacri, mais cette fois-ci « aux fins de saisie d'un certain nombre de tableaux et d'objets d'art[3] ». Jacques Beltrand procède à une expertise commerciale des œuvres, sous la houlette de Walter Andreas Hofer. Le commissaire de police interroge alors les autorités allemandes sur la destination des objets saisis : il lui est répondu qu'ils sont destinés à être envoyés à Berlin pour y être expertisés et, le cas échéant, achetés par le gouvernement allemand. Les visites de galeries d'art et de domiciles de collectionneurs et la confiscation des œuvres se poursuivent durant l'été 1940. Ainsi, le 23 juillet, dans l'hôtel particulier de la famille Veil-Picard, réfugiée à Biarritz. Le ton est donné. Il s'agit maintenant, pour les forces occupantes, de légaliser ces saisies.

Une « mise en sûreté » à l'ambassade

Dès le 30 juin 1940, le général Keitel, commandant en chef de la Wehrmacht, adresse une directive au commandant de Paris, le général von Vollard-Bockelberg :

« Le Führer, suivant le rapport du ministre des Affaires étrangères, a donné l'ordre de mettre en sûreté – outre les objets d'art appartenant à l'État français – les objets d'art et documents historiques appartenant à des particuliers, notamment à des Juifs. Cette mesure ne doit pas constituer une expropriation, mais un transfert sous notre garde en vue de servir de gage pour les négociations de paix. L'ambassadeur Abetz en a été informé par le ministre des Affaires étrangères[4]. »

À la demande de Joachim von Ribbentrop, ministre allemand des Affaires étrangères, Otto Abetz, ambassadeur d'Allemagne à Paris, doit donc se charger de la « mise en sûreté » du patrimoine artistique français appartenant à des particuliers ; les Juifs sont visés en premier lieu. Le 15 juillet 1940, une ordonnance allemande porte sur la « protection des objets d'art dans le territoire occupé de France ». Le général von Vollard-Bockelberg interdit leur éloignement sans l'autorisation par écrit d'un commandement supérieur de l'administration militaire. Il défend également les transferts de propriété, tandis que la possession d'objets d'art d'une valeur dépassant les 100 000 francs doit être déclarée avant un mois à la Feldkommandantur. À n'en pas douter, les Allemands voient aussi derrière ces dispositions juridiques l'opportunité d'obtenir un inventaire du patrimoine artistique possédé par la France occupée. Chaque objet d'art déclaré doit en effet être décrit précisément, avec ses dimensions, son auteur, sa date de réalisation ; sa valeur est indiquée, ainsi que le nom et l'adresse du propriétaire et le lieu où il est conservé. Une cartographie des plus belles collections artistiques se dessine, la législation entérinant leur gel sur le territoire. L'occupant peut, dès lors, procéder à la « mise en sûreté » des œuvres : associée à une législation antisémite qui se met peu à peu en place, la confiscation des œuvres appartenant à des Français d'origine juive – ou considérés comme tels –, mais aussi aux opposants du IIIe Reich, s'organise.

L'ambassadeur Abetz accepte sa mission. Il précise que « les objets les plus précieux doivent être transférés à l'ambassade d'Allemagne à Paris[5] ». Effectivement, les œuvres confisquées à l'été 1940 sont transportées dans les locaux au 78, rue de Lille, dans le VIIe arrondissement. Et peu importe que ces saisies violent les conventions de l'armistice et la Convention de La Haye de 1907 qui stipule qu'en temps de guerre la propriété privée ne peut être confisquée (article 46).

> « Les inestimables trésors artistiques du baron Édouard de Rothschild, arrachés au Château de Ferrières ou à l'Hôtel de Talleyrand, viennent rejoindre à l'ambassade nombre de chefs-d'œuvre prélevés sur les collections Seligmann, Wildenstein, Alphonse Kann, Rosenberg et Bernheim, dont les noms et adresses figuraient sur la liste remise à la Gestapo. Une incroyable moisson[6] ! »

Une première association semble s'esquisser : Joachim von Ribbentrop et Otto Abetz entendent bien user de leurs prérogatives pour diriger les opérations de pillage des œuvres d'art en France occupée, avec l'aide des policiers de la préfecture de police. Pourtant, le ministre allemand des

Affaires étrangères et l'ambassadeur d'Allemagne à Paris ne sont pas les seuls à convoiter la « mise en sûreté » du patrimoine français.

L'ERR ENTRE EN SCÈNE

Depuis Berlin, Hermann Göring lui-même s'intéresse de près à la confiscation des œuvres d'art en France occupée. Le maréchal du Reich (*Reichsmarschall*), numéro deux après Hitler dans la hiérarchie de l'État allemand, est un grand collectionneur d'art. En septembre 1940, il a confié à Alfred Rosenberg, l'idéologue du IIIe Reich, la direction d'un état-major spécial, chargé dans les territoires occupés du repérage et de la confiscation des collections appartenant à des Juifs : l'ERR, ou « état-major fixe des services du Reichsleiter Rosenberg pour les territoires occupés de l'Ouest et des Pays-Bas » (*Einsatzstab der Dienststellen des Reichsleiters Rosenberg für die Westlichen Besetzten Gebiete und die Niederlande*). Le 17 septembre 1940, une ordonnance signée du commandant en chef de l'administration militaire en France occupée autorise le Reichsleiter Rosenberg à transporter en Allemagne « les objets qui lui semblent précieux et à les mettre en sécurité[7] ». L'ERR devient ainsi l'organe officiel d'exécution des confiscations d'œuvres d'art pour la France occupée.

À Paris, le quartier général de l'ERR est d'abord installé à l'hôtel Commodore au 12, boulevard Haussmann, dans le IXe arrondissement. Il sera transféré en avril 1943 au 54, avenue d'Iéna, dans le XVIe. Les services occupent également le 12, rue Dumont-d'Urville, dans le XVIe. Le chef local est, dans un premier temps, le colonel Kurt von Behr. Un homme « tel que l'imagerie populaire représente le guerrier allemand sous son aspect triomphal. Grand, portant beau, la casquette ombrageant le visage ce qui pour cet homme d'âge mûr avait le grand avantage de cacher un de ses yeux qui était de verre. Il ne manquait pas de charme et parlait bien le français[8] ».

Les opérations de l'ERR en France occupée débutent en octobre 1940. Les pillages sont commis dans les habitations particulières, les garde-meubles, les coffres de dépôt des banques, les dépôts des Musées nationaux où des collections juives ont été mises à l'abri. C'est ainsi, le 7 juillet 1941, l'enlèvement au château de Chambord (Loir-et-Cher) des collections Jacobson, Leven, Roger Lévy, Reichenach, Rouff. Le 11 août, 130 caisses de la collection David-Weill sont saisies au château de Sourches (Sarthe) ; le 17 août encore, on procède à l'enlèvement au château de Brissac (Maine-et-Loire) des collections Kapferer, Erlanger, Raymond Hesse, Simon Lévy et Léonce Bernheim.

La rigueur est le maître mot de l'ERR, qui consigne dans des inventaires la mémoire des confiscations. Chaque œuvre est renseignée sur une petite fiche réalisée par des historiens et des historiennes de l'art. Sont mis à contribution pour ce travail Walter Borchers, conservateur du musée de Stettin, Diet Roskamp, attaché d'un musée à Hambourg, Bruno Lohse, marchand d'art à Berlin, Helga Eggemann et Anne-Marie von Ingram. Dans un laboratoire établi à cet effet, les photographes Rudolph Scholz et Heinz Simokat effectuent des prises de vue des œuvres spoliées. L'ERR se fait une haute idée de son inventaire :

> « C'est grâce à cette étude détaillée du matériel saisi, que l'on peut baser un compte rendu fidèle sur l'ensemble des actions de saisie, au point de vue financier. Les travaux préparatoires ont été menés de telle façon que, une fois le rapport général fait, il pourra être considéré comme un document inattaquable, relatant une opération de recensement et de saisie artistique unique en ce genre dans l'Histoire[9]. »

Les œuvres confisquées par les services de l'ambassade d'Allemagne et l'ERR sont entreposées dans les caves de l'ambassade et dans trois à six salles du Louvre réquisitionnées dans ce but. Mais, très vite, ces locaux deviennent trop étroits pour accueillir la masse des collections pillées. Au début du mois de novembre 1940, l'ERR choisit donc pour ses dépôts un musée parisien : le Jeu de Paume. Des camions allemands viennent y décharger plus de 400 caisses d'œuvres d'art confisquées depuis l'été 1940 aux plus grands collectionneurs juifs.

CHAPITRE 2

Un musée des confiscations
au Jeu de Paume

LE MUSÉE DU JEU DE PAUME

Le musée du Jeu de Paume, installé à Paris sur la terrasse des Feuillants, dans le jardin des Tuileries, surplombe la place de la Concorde. Dépendant des Musées nationaux français, il présentait avant-guerre les collections des écoles étrangères contemporaines.

André Dézarrois était le conservateur du musée. En février 1932, une collaboratrice scientifique fut nommée à ses côtés : Rose Valland. Originaire de Saint-Étienne-de-Saint-Geoirs, petite commune de la région dauphinoise, la jeune femme s'était formée à l'enseignement du dessin et à l'histoire de l'art, à Lyon, puis à Paris (à l'École des beaux-arts, à l'École du Louvre et à l'Institut d'art et d'archéologie). L'attachée de conservation bénévole participa à l'organisation de plusieurs expositions qui firent événement, saluées par le public et la presse, ainsi qu'à la rédaction d'une dizaine de catalogues. En 1937 et 1938, le musée proposa ainsi l'une des premières manifestations d'envergure consacrées à l'art surréaliste et abstrait, « Origine et développement de l'art international indépendant », et une exposition sur « Trois siècles d'art aux États-Unis », dont le catalogue bilingue est considéré comme un modèle du genre.

Mais la guerre semblait imminente. Le 12 août 1938, Hitler ordonnait la mobilisation générale en Allemagne et, le 12 septembre, sa volonté d'annexer les Sudètes. Le 28 septembre, Jacques Jaujard, sous-directeur des Musées nationaux, confia à Rose Valland le soin de prendre les mesures nécessaires à la sécurité des collections, en l'absence pour maladie d'André Dézarrois. À partir du 1er septembre 1939, alors que la mobilisation générale était déclarée en France et au Royaume-Uni, l'attachée de conservation appliqua les mesures de défense passive et les ordres d'évacuation des œuvres du musée du Jeu de Paume. Les pièces les plus précieuses des collections permanentes, soit un ensemble de 283 peintures parmi les plus significatives de l'école de Paris (comprenant des toiles d'Amadeo Modigliani, de Kees Van Dongen, Pablo Picasso, Juan Gris, Marc Chagall, d'Ossip Zadkine, etc.), furent rangées dans une vingtaine de caisses et déménagées au château de Chambord : elles rejoignaient là les collections nationales des musées parisiens, et tout particulièrement celles du musée du Louvre – elles furent par la suite transportées dans d'autres abris. Rose Valland fit également aménager deux pièces au sous-sol du musée afin de protéger 524 peintures et 92 sculptures – elles y séjournèrent durant toute la guerre.

On le comprend : situé à l'abri des regards, doté de grandes cimaises pour accueillir les œuvres, débarrassé d'une large partie de ses collections, le bâtiment du Jeu de Paume présentait, aux yeux de l'ERR, de nombreux avantages pour le dépôt des collections confisquées.

CLASSICISME *VS* « ART DÉGÉNÉRÉ »

Toutes les œuvres transportées au Jeu de Paume à partir de l'automne 1940 n'ont cependant pas le même statut. Certaines correspondent aux critères esthétiques du IIIe Reich ; d'autres appartiennent à l'art désigné par les nazis comme « dégénéré » (*Entartete Kunst*).

En matière d'art, les dignitaires nazis ont en effet des goûts très classiques. Les tableaux de vieux maîtres, ceux des Allemands du XIXe siècle ainsi que des écoles du Nord sont portés au pinacle. Au Panthéon de l'art nazi : Frans Hals, Vermeer de Delft, Rembrandt, mais aussi Christoph Amberger, Lucas Cranach, Antoine Van Dyck, Pieter de Hooch, Gabriel Metsu, Adriaen Van Ostade, Salomon et Jacob Van Ruysdael, Gerard Terborgh, Jan Weenix, David Teniers, Willem Van de Velde et Philips Wouwerman. Tous ces artistes, gardiens d'une certaine tradition germanique, flattent le nationalisme allemand.

Pour ce qui est de Hitler lui-même, rappelons que par deux fois (en 1907 et en 1908) il s'était vu refuser l'entrée de l'Académie des beaux-arts de Vienne. Ces échecs influencèrent durablement sa conception de l'art. Ses goûts se forgèrent sur le terrain d'un classicisme romantique : plus une peinture ressemblait à une photographie, plus il l'appréciait. S'il reconnaissait le génie des maîtres du passé, il condamnait fermement l'art moderne, parce qu'il ne le comprenait pas. Devenu Führer, Hitler n'avait plus le temps de peindre, mais il disposait des moyens d'imposer sa vision artistique. Il pouvait dicter ses goûts à son peuple et collectionner les œuvres les plus célèbres promises aux cimaises du musée de Linz.

Hitler avait en effet choisi la capitale de la Haute-Autriche pour implanter un musée grandiose, le plus grand d'Europe, destiné à accueillir la plus belle collection de peinture au monde – d'autres musées seraient dédiés à la sculpture, à la tapisserie, etc. C'est à Linz qu'il avait passé une grande partie de son enfance et de son adolescence, mais il se souvenait également de l'accueil chaleureux qu'il y avait reçu lors de la proclamation de l'Anschluss (12 mars 1938). Le musée de Linz constituerait le cœur artistique d'une Europe dominée par les thèses prônées par le national-socialisme en matière d'art. Jusqu'à la chute du IIIe Reich, ce projet allait obséder Hitler, qui surveillerait personnellement la mise en forme de son rêve, dressant des plans et jetant sur le papier les idées les plus folles.

Parmi les plus hauts dignitaires nazis, Hermann Göring était également un très grand amateur d'art et connaisseur. En témoigne le catalogue de sa collection, publié en 2015[1]. Celle-ci était riche à la fin de la guerre de 1 376 tableaux, entrés soit par les pillages dans l'Europe occupée, soit par les spoliations perpétrées sur le patrimoine des familles juives ou bien encore achetés légalement sur le marché de l'art européen. L'écrin de la collection que Göring présentait comme « la plus importante d'Allemagne – sinon d'Europe » était situé dans sa résidence secondaire, *Carinhall*, à une soixantaine de kilomètres au nord de Berlin, dans la forêt de Schorfheide. À Paris, Göring allait pouvoir puiser sans vergogne dans les réserves du musée du Jeu de Paume, conseillé dans ses choix artistiques par le marchand d'art Walter Andreas Hofer, qui veillait depuis 1937 à l'enrichissement et à la conservation de sa collection.

Au classicisme germanique prôné par les nazis s'oppose, à leurs yeux, la décadence artistique qui s'est déployée sur le terreau de la République de Weimar. Menace pour la *Kultur* allemande, les œuvres modernes participeraient d'une politique culturelle « judéo-bolchevique », en ce qu'elles prôneraient le cosmopolitisme et l'innovation des langages picturaux. La santé mentale des artistes modernes elle-même est appréhendée à l'aune du réalisme : la peinture abstraite relèverait de l'activité d'aliénés ou, pire, de « dégénérés ». « Art dégénéré » : cette appellation désigne toutes les œuvres d'art moderne s'écartant délibérément des normes et des canons de l'art « héroïque » officiel. Les effets de couleur de l'impressionnisme, du fauvisme et les constructions géométriques du cubisme, de l'abstraction, des visions futures ou des rêves dadaïstes ou surréalistes sont présentés comme autant de signes d'une décadence de l'art. Dans cette perspective, l'art moderne doit être stigmatisé, voire éradiqué.

LA « SALLE DES MARTYRS »,
LÉPROSERIE DE L'ART MODERNE

Au Jeu de Paume, les nazis entendent bien isoler les œuvres d'art moderne, « dégénérées », des splendeurs artistiques classiques. Les premières sont donc entreposées à une extrémité du bâtiment, dans une pièce à l'écart : la « salle des martyrs ». Là sont rangées des œuvres signées de quelques-uns des plus grands noms de l'art contemporain : Hans Arp, André Bauchant, Giovanni Boldini, Georges Braque, Marc Chagall, André Derain, Max Ernst, Émile-Othon Friesz, Marie Laurencin, Fédor Löwenstein, André Masson, Henri Matisse, Pablo Picasso, Maurice Savreux, Yves Tanguy, Félix Vallotton, pour ne citer que les plus fameux.

Quelle était la destination de ces œuvres pillées mais réprouvées ? À travers ses notes ou dans ses Mémoires, Rose Valland apporte de précieux éléments de réponse[2]. Ainsi, dans une note du 31 janvier 1941, elle explique :

> « La plupart des tableaux "expressionnistes" furent amenés au Jeu de Paume, dans la salle baptisée par les Allemands salle des "martyrs". Cependant je suis persuadée qu'un important nombre de ces tableaux furent vendus directement à Paris. Il nous manque malheureusement le document qui pourrait le prouver et que je m'emploie à trouver car je crois vraiment que c'est par ce canal qu'ont disparu la plupart des peintures modernes qui nous manquent et que je n'ai pas vues au Jeu de Paume[3]. »

Il ne s'agit donc pas seulement pour l'ERR d'isoler les œuvres « dégénérées ». Ces œuvres, confisquées aux Juifs pour la plupart, sont destinées à être vendues sur le marché de l'art. En effet, les œuvres présentes dans la « salle des martyrs », qu'elles appartiennent au courant des impressionnistes des XIXe et XXe siècles ou aux « avant-gardes » artistiques, constituent un matériel abondant et de grande valeur pour les amateurs d'art rompus aux nouvelles recherches picturales. L'ERR sait qu'elles trouveront preneurs. L'institution va donc mettre en œuvre une entreprise de coulage de large ampleur, qui va se poursuivre toute la durée de la guerre. À sa tête : Bruno Lohse.

BRUNO LOHSE AUX COMMANDES

Bruno Lohse est né le 17 septembre 1911 à Düingdorf, en Westphalie. Il a suivi les cours élémentaires et intermédiaires à Berlin, passé ses examens en 1929, puis s'est inscrit à l'université de Berlin où, entre 1930 et 1932, il a étudié l'histoire de l'art, la philosophie et la culture germanique. En 1933, il a passé quatre mois en France où il s'est passionné pour les langues étrangères. Diplômé en histoire de l'art en 1935, il a reçu une année plus tard un diplôme de l'école des beaux-arts de Francfort. Entre 1936 et 1939, il s'est essayé dans la maison paternelle à Berlin au métier de marchand de tableaux. Il a rejoint le parti nazi en 1937, mais sa mauvaise santé l'a empêché de poursuivre l'éducation sportive des SS.

En février 1941, Bruno Lohse est détaché de son unité militaire près l'ERR. Lorsque, le 3 décembre 1941, Hermann Göring vient à Paris et visite le Jeu de Paume pour y découvrir les nouvelles œuvres confisquées, c'est lui qui l'escorte. Ses connaissances dans le domaine de la peinture hollandaise du XVIIe siècle impressionnent le Reichsmarschall, qui lui ordonne de rester dans la capitale comme membre de l'ERR et de surveiller pour son compte le marché de l'art parisien. Bruno Lohse devient ainsi *Sonderauftragsbevollnachtig des Herrn Reichsmarschall des Grossen Reiches* (chargé de mission sous l'autorité du maréchal du Grand Reich allemand). Il est autorisé à porter des habits civils, à conduire une voiture privée, en toute indépendance. Il mène grand train dans le « gai Paris » de ces années d'Occupation. Chef du service d'achat des œuvres pour le Reichsmarschall, il est conduit à nouer des contacts étroits avec les galeristes et antiquaires parisiens, mais il se rend également sur la Riviera, à Cannes, Nice, Monaco. En sa possession, des lettres de créance donnent ordre à toutes les unités militaires allemandes et civiles de faciliter sa mission. Il a, en outre, la responsabilité de l'organisation au musée du Jeu de Paume des expositions d'œuvres d'art confisquées. Au cours des années 1940, 1941 et 1942, pas moins d'une vingtaine sont organisées au pied levé, valorisant les pièces insignes susceptibles de rejoindre la collection d'art de Göring. Ce dernier s'y rend pour y faire, en toute impunité, son « marché », accompagné le plus souvent de Walter Andreas Hofer, conservateur de sa collection, à qui, en cas d'indécision, il s'en remet pour le choix final.

L'AUTODAFÉ AUX TUILERIES

Mais Gustav Rochlitz, qui participa activement au trafic d'œuvres entre la France et l'Allemagne, rapporta aussi, lors de son interrogatoire par les Alliés en 1945[4], que Bruno Lohse et le chef des experts scientifiques de l'ERR,

Robert Scholz, parlaient fréquemment en « termes presque hystériques de la nature "dégénérée" de tous les peintres modernes français et déclaraient que cette marchandise, en aucun cas, ne serait emmenée en Allemagne, et que quoi qu'il arrive elle ne serait pas rendue à ses propriétaires légaux, mais serait brûlée ».

Rose Valland, de son côté, fait état dans ses notes d'un épisode intervenu le 23 juillet 1943 : « Cinq ou six cents [tableaux] ont été brûlés sous la surveillance allemande dans le jardin du musée de 11 h à 15 h[5] » (voir l'annexe 1). Gaston Petite, chef du personnel de gardiennage des Musées nationaux, rapporte quant à lui :

> « Au début de juillet 1943, tous les tableaux modernes qui étaient restés entreposés au Louvre depuis 1940-1941, puis transportés au Jeu de Paume en mai 1943, pour y être emballés, ont été rapportés au séquestre du Louvre. Ces tableaux, sortis de leurs caisses, ont été triés par MM. Schotz [sic] et Borchers. Les plus beaux ont été mis de côté et classés en plusieurs catégories A_T_V. Les uns seraient destinés à être vendus, d'autres à être distribués aux autorités allemandes. Parmi eux se trouve la grande partie des Manet, des Sisley, des Picasso. Les autres ont été immédiatement détruits[6]. »

Et Gaston Petite de décrire la scène :

> « Le vandalisme de ces messieurs s'est surtout exercé sur les tableaux représentant des personnages soupçonnés d'être d'origine juive, sans tenir compte de l'auteur des tableaux. Ce matin-même 22 [sic] juillet 1943, ils ont lacéré un tableau représentant une femme debout qui serait Madame Schwob

d'Héricourt, tableau qui serait de Van Dongen. Parmi les tableaux détruits on trouve la presque totalité des tableaux signés Auxente (plus d'une centaine) ceux signés Michel Georges-Michel que ce soit des peintures sur bois ou sur toile, ou bien encore des dessins (cent à deux cents) beaucoup de Daly [*sic*], des dessins de Pierre Loevel, etc. Les toiles de ces tableaux lacérés ont été arrachées de leur cadre, transportées au Jeu de Paume et brûlées sous la surveillance des soldats allemands. »

Il existe une – courte – liste des œuvres détruites sur le bûcher du jardin des Tuileries le 23 juillet 1943[7], conservée dans les archives du ministère des Affaires étrangères[8].

Pourtant, même les œuvres destinées par les Allemands à la destruction n'ont pas toutes été anéanties. Certaines, à l'intérêt économique certain, ont finalement été préservées : les fiches de l'ERR permettent de se rendre compte de l'ampleur de la manipulation. C'est ainsi le cas de trois huiles sur toile de Fédor Löwenstein (*Les Peupliers, Les Arbres, Paysage*, 1939). Saisies le 5 décembre 1940 au port de Bordeaux lors de la confiscation de l'atelier de l'artiste, répertoriées, elles portaient la mention *vernichtet*, « à détruire », sur les fiches de l'ERR. Pourtant, ces trois tableaux se trouvent aujourd'hui à la garde du musée des Beaux-Arts de Bordeaux, nouvellement inscrits sous la dénomination MNR, en attente de retrouver les ayants droit du propriétaire originel.

CHAPITRE 3

Un marché de l'art parallèle

Très vite, Bruno Lohse envisage d'échanger des peintures confisquées par l'ERR. On imagine d'abord de le faire contre des diamants au Portugal. L'idée est rejetée, mais elle en fait germer une autre : profiter des confiscations artistiques pour enrichir la collection d'Hermann Göring en particulier et celles des dignitaires nazis en général, en échangeant des œuvres « judéo-bolcheviques » contre des œuvres épousant les critères esthétiques du IIIe Reich. Comme il sera expliqué le 6 février 1946 lors du procès des criminels de guerre à Nuremberg :

« Sur ordre du maréchal du Reich, un certain nombre de ces produits de l'art français moderne et dégénéré ont fait l'objet, auprès du commerce d'art parisien, d'échanges contre des peintures possédant une valeur artistique reconnue. C'est ainsi que, dans des conditions très intéressantes, ont été acquises (quelque cinquante) œuvres de vieux maîtres italiens, néerlandais ou allemands, possédant une haute valeur reconnue[1]. »

En mettant au point cette pratique d'échange, Lohse flattait la cupidité de Göring, gagnait la faveur de son maître et réalisait, au passage, pour son propre compte, des profits substantiels. Au moins 386 tableaux de chevalet achetés ou considérés comme tels en France sont identifiés en 2015 dans la collection d'Hermann Göring.

Une peinture classique contre dix peintures modernes

Bruno Lohse travaille en particulier, dans cette entreprise d'échange, avec le marchand d'art allemand Gustav Rochlitz. Établi en France depuis une dizaine d'années, celui-ci est familier des collectionneurs et marchands parisiens, et se charge de surveiller le marché.

Pour toute découverte d'œuvre intéressante (aux yeux des nazis), Rochlitz réserve une première option à Göring. Il procède ensuite à l'échange avec des peintures modernes, sorties de l'ERR, qu'il revend pour son compte. Rochlitz reçut en tout de l'ERR 82 peintures modernes, qu'il échangea contre des peintures classiques, à raison parfois de dix pour une. Beaucoup des œuvres modernes valaient plus, prises séparément, que le seul tableau qu'il échangeait : celui-ci était souvent d'un « vieux maître » discutable, de qualité inférieure. Gustav Rochlitz vendit des chefs-d'œuvre de la peinture française du XIXe siècle, acquis auprès de l'ERR qui les avait lui-même confisqués, aussi bien en France, en Suisse, qu'ailleurs à l'étranger.

Interrogé après la guerre par la cour de justice du département de la Seine, Rochlitz affirma que les transactions avec l'ERR auxquelles il avait participé lui avaient été imposées, qu'il avait été menacé de « conséquences » s'il se dérobait. Jamais, en revanche, il ne prétendit ignorer que les 82 peintures qu'il avait reçues étaient des œuvres confisquées de collections juives françaises. Mais, assura-t-il, il avait toujours eu l'impression que « le jour viendrait où il pourrait faire quelque arrangement avec les propriétaires légaux des peintures confisquées et leur rendre[2] ». Pourtant, les preuves à charge sont accablantes. Tous les témoins cités au sujet de l'activité de l'ERR en France s'accordent sur le fait que Gustav Rochlitz était entré délibérément en rapport avec l'ERR.

Celui-ci avait eu pour cela trois raisons majeures : d'abord, réaliser de gros profits pour son compte ; ensuite, s'intégrer dans les cercles artistiques allemands ; enfin, établir pour lui-même une situation confortable. Sa résidence parisienne était pendant la guerre le lieu de rencontre de nombreux visiteurs allemands, qu'il recevait avec prodigalité. Un laissez-passer signé de Göring lui permettait de voyager sans limites entre la France occupée et la zone non occupée. Il évita, également, le service militaire et l'envoi au front.

VINGT-HUIT ÉCHANGES

Entre mars 1941 et novembre 1943, l'ERR aurait conclu vingt-huit échanges de tableaux confisqués. Ce chiffre retenu par l'historiographie pourrait être remis en question. Un document retrouvé dans les archives américaines[3] avance quant à lui le chiffre de trente-six échanges. Difficile en effet d'établir les faits de manière précise. Les fiches de l'ERR mises en ligne[4] mentionnent souvent des œuvres « très probablement » destinées à un échange. Dans la plupart des cas, les œuvres d'art échangées par l'ERR sont des tableaux de la fin du XIXe siècle et du XXe siècle. Un très grand nombre appartient aux collectionneurs et marchands juifs, en particulier Paul Rosenberg, Alphonse Kann, Alfred Lindon, Georges Bernheim, etc.

Différents individus interviennent dans ces échanges. Dixhuit sur vingt-huit sont effectués par Gustav Rochlitz ; deux par Adolf Wüster, principal intermédiaire en France pour l'achat des œuvres de Ribbentrop ; deux par Max Stöcklin, négociateur suisse ; deux par l'homme de confiance de Kurt von Behr, Arthur Pfannsteil. On note encore un échange accompli par la galerie Almas Dietrich à Munich, un par Alfred Boedecker, marchand à Francfort, un par Jan Dyk junior, marchand à Amsterdam, ou encore un par Alexander von Frey, marchand d'art à Lucerne.

Les destinataires des échanges sont : pour dix-huit d'entre eux, Göring ; pour six ou sept, Hitler et la Chancellerie du Reich ; pour un et peut-être deux, Ribbentrop ; pour un, Martin Bormann, chef de la Chancellerie nazie ; pour un, Kurt von Behr. Hermann Göring reçut également la bibliothèque artistique complète du marchand juif Allen Loebl en échange d'un tableau d'Utrillo (*La Rue*, 1925) provenant très certainement de la collection Bernheim, confisquée par l'ERR. Cet échange fut organisé par Bruno Lohse et Walter Andreas Hofer en dehors de la voie ordinaire de l'ERR.

Concernant les transactions avec l'ERR, Gustav Rochlitz déclara par la suite qu'il n'avait jamais rencontré Göring personnellement, qu'il n'avait vu Hofer qu'une ou deux fois, et que la plupart de ces affaires avec l'ERR étaient conduites par Bruno Lohse.

L'ÉCHANGE DU 3 MARS 1941

Dès 1961, Rose Valland décrit ces échanges dans *Le Front de l'art*. Le premier a lieu le 3 mars 1941[5]. Il est mené par Bruno Lohse avec Gustav Rochlitz, en partie au bénéfice de Göring. Rochlitz est propriétaire des *Trophées de chasse* de Jan Weenix et, pour un tiers, du *Portrait d'homme barbu* prétendument de la facture de Titien – en réalité de l'école italienne du XVIe siècle –, dont les deux autres tiers appartiennent au marchand d'art français Zacharie Birtschansky. Le 17 février 1941, Rochlitz choisit dans la « salle des martyrs » du Jeu de Paume onze peintures modernes et impressionnistes qu'il désire recevoir en échange du Titien et du Weenix. Parmi celles-ci, seules six sont identifiées à ce jour : un Corot, *Mère et Enfant* (collection Rosenberg-Bernstein) ; un Degas, *Madame Camus au piano* (Kann) ; un Braque, *Nature morte* (Kann) ; trois Matisse, *Femme près d'une table*, *Nature morte*, *Femme endormie* (Rosenberg-Bernstein).

Cependant, Birtschansky demande un paiement comptant, en dollars américains de préférence, plutôt que le paiement en tableaux. C'est alors que le marchand allemand Hans Wendland entre en scène. Sans voir le Titien, accroché sur les cimaises du Jeu de Paume pour que Göring puisse l'admirer, Hans Wendland accepte d'acheter pour 12 000 dollars la part de Birtschansky et de recevoir, sur l'échange conclu, six des onze peintures modernes. D'après la déclaration de Rochlitz, ces tableaux sont livrés à Wendland à Paris : il s'agit des six œuvres identifiées sur les onze de l'échange.

Hans Wendland présente le 18 septembre 1946, lors de son interrogatoire par les forces alliées, une version différente de cette affaire. Il nie avoir entretenu des relations officielles avec l'ERR ou aucun de ses dirigeants. Il affirme ne s'être rendu qu'une seule fois au Jeu de Paume pendant la guerre. Il insiste sur le fait qu'il n'a reçu que quatre tableaux de Gustav Rochlitz :

« Le Corot, le Degas, le Braque et un autre qu'il ne se rappelle pas, tout en étant sûr que ce n'était pas un Matisse. Les autres revinrent à Gustav Rochlitz comme commission. Wendland dit que l'échange avait déjà eu lieu quand il arriva et qu'on lui donna à entendre qu'il avait été effectué avec un musée rhénan. Il s'est bien demandé lequel, mais il aurait cru indiscret de poser trop de questions. Il ne paya jamais à Birtschansky toute la somme promise, en dollars américains, mais il fit l'appoint un peu plus tard en francs français[6]. »

Bruno Lohse, fort des pouvoirs qui lui étaient conférés par sa position au musée du Jeu de Paume, et Gustav Rochlitz, porteur d'un mandat officiel du commandant en chef du Kunstschutz (le service allemand de protection des œuvres d'art), n'hésitèrent pas à sacrifier leurs

Pierre Loeb
à La Havane en 1944.
© Archives Albert Loeb

Ci-contre : Paul Rosenberg dans
la galerie du 21, rue La Boétie,
avant 1914.
© Archives familiales/DR

Ci-dessous : Le marchand
de tableaux René Gimpel.
© Succession René Gimpel

En 1932, la présentation de tableaux de Picasso, Léger et Bonnard
au premier étage de la galerie Pierre. © Archives Albert Loeb

Vers 1900, la devanture d'une annexe à Trouville-sur-Mer (Calvados) de la maison
Gimpel, située à Paris au 9, rue La Fayette. © Succession René Gimpel

À Paris en 1941, la vitrine d'une «entreprise juive».
Photographie d'André Zucca, au service du journal
de propagande nazie *Signal*.

Une partie de la collection de tableaux appartenant à Adolphe Schloss, conservée avant la guerre dans son hôtel particulier de l'avenue Henri-Martin à Paris.

En avril 1941, inventaire des biens confisqués à la galerie Wildenstein, 57, rue La Boétie.

considérations idéologiques aux intérêts d'exploitation commerciale. Les chefs-d'œuvre modernes condamnés et relégués dans la « salle des martyrs » servaient de monnaie d'échange en particulier à Göring qui enrichissait ainsi « sans bourse délier » sa collection d'art. Le 3 décembre 1941, c'est par exemple un tableau de petit format de Jan Brueghel, *Le Port d'Anvers* (dont la localisation est à ce jour inconnue), qu'il put acquérir en échange de quatre huiles de grand format, signées Henri Matisse, saisies dans la collection du marchand Paul Rosenberg. « L'*Entartete Kunst*, si réprouvé fût-il, ne manquait pas d'intérêt pour les puissants du régime[7] ! » comme le souligna Rose Valland.

CHAPITRE 4

Une pègre d'esthètes

Ils sont allemands, hongrois, suisses, et même français, tous marchands d'art, courtiers ou encore intermédiaires. Leur sens des affaires leur prescrit d'approcher au plus près les membres de l'ERR s'ils veulent participer aux actes de brigandage et tirer profit des trafics illicites du musée du Jeu de Paume. Leur implication est déterminante sous l'Occupation dans le coulage du patrimoine artistique français en général et de celui des familles juives en particulier.

Une association de malfaiteurs s'esquisse et des têtes de réseaux émergent. Nous avons vu à l'œuvre, dans l'échange du Titien, le marchand allemand (résident suisse) Hans Wendland. Il faut aussi citer la bande organisée autour du marchand d'art allemand Karl Haberstock ainsi qu'une filière proche d'Adolf Hitler menée par Maria Almas-Dietrich.

HANS WENDLAND ÉCOULE EN SUISSE

Hans Wendland dirige un des plus importants groupes de malfaiteurs intervenant sur le marché de l'art français. Le « syndicat » compte Achille Boitel, le financier, Yves Perdoux, chargé des contacts à travers la France, et Allen Loebl, spécialiste du marché de l'art parisien. Wendland se consacre quant à lui au trafic des œuvres avec la Suisse. Walter Andreas Hofer, le conseiller de Göring en matière d'œuvres d'art, en est le principal commanditaire. Wendland est en effet un intime de Hofer, tandis que Loebl est un compagnon de Bruno Lohse, chef adjoint de l'ERR et agent de Göring à Paris.

Hans Adolf Wendland est né le 28 décembre 1880 à Neuruppin, dans une famille de classe moyenne d'origine prussienne. Il étudia l'histoire de l'art à l'université de Berlin entre 1901 et 1906, mais fut renvoyé en 1909 du Kaiser Friedrich Museum où il avait entamé une carrière d'historien de l'art dans la section islamique. Chargé de mission en Perse, il avait en effet fait commerce à son profit d'œuvres découvertes lors des fouilles ou acquises, selon ses dires, sur place... Il embrassa alors la carrière de marchand d'art. À son actif, une belle prouesse : lors d'une vente aux enchères à Cologne, un achat pour 80 marks d'un tableau sans attribution, qui se révéla, une fois nettoyé, un authentique Rubens, dont l'estimation pouvait s'élever jusqu'à 35 000 marks. Ce succès contribua à son goût des bénéfices facilement engrangés.

En 1912, Wendland épousa Agnès Schloettke et déménagea à Paris. En 1918, il était attaché à l'ambassade d'Allemagne de Moscou. Il tira avantage des événements révolutionnaires pour acheter à vil prix des œuvres d'art. En 1920, il déménagea en Suisse, à Bâle, puis acquit en 1926 une demeure à Lugano, où il mena grand train. À cette époque, Wendland rencontra à Berlin Théodore Fischer, marchand d'art et commissaire-priseur à Lucerne. Dans la salle des ventes de Fischer, Wendland pouvait mettre à profit son flair et débusquer des œuvres de belle facture. En avril 1931, les conséquences de la Grande Dépression ainsi que son divorce obligèrent Wendland à sacrifier au feu des enchères publiques une partie de ses œuvres d'art, parmi lesquelles un important cabinet graphique, des bronzes et des tableaux de chevalet de maîtres allemands, flamands, français, espagnols, italiens et néerlandais. En 1933, Wendland tenta de nouveau l'aventure à Paris, où il rencontra Charlotte, mannequin du couturier Paul Daunay, de trente-quatre ans sa cadette. De leur union naquit en 1938 un fils, Hans Junior.

En juillet 1939, la famille fuit le conflit imminent pour se réfugier en Suisse, puis en Italie, avant de retourner en Suisse. Les nombreuses années à voyager en Europe, et plus particulièrement à Berlin, à Paris, à Florence, à Bâle et à Lucerne, ont assuré à Wendland une bonne maîtrise du marché de l'art européen. Il a fréquenté les marchands d'art et connaît le détail des collections privées. Il se définit lui-même comme un expert, un intermédiaire, refusant de posséder sa propre galerie ; veillant à son indépendance, il court l'Europe à la recherche de chefs-d'œuvre, de préférence bon marché, dont les ventes lui procurent de larges bénéfices. Mais il est aussi un des plus fidèles intermédiaires de la galerie Fischer.

À partir de 1940, Hans Wendland réside en Suisse, mais il se rend à sept reprises à Paris, entre 1941 et 1943, installé à l'hôtel Ritz, place Vendôme : fort de sa nationalité allemande, de ses connexions passées, il y joue la partition de l'intermédiaire et de l'expert d'art. Il est également connecté au binôme Roger Dequoy et Martin Fabiani, et des liens lui sont connus avec Victor Mandel-Markowsky et Zacharie Birtschansky. Il entretient aussi probablement une relation d'amitié avec Helmut Beyer, attaché commercial à la légation allemande à Berne, qui peut à ce titre importer des œuvres sans les présenter à la douane, par la voie diplomatique.

Wendland obtient la levée du séquestre de ses biens restés à Paris, et ses séjours sont toujours à l'origine de transactions lucratives. Ces voyages en toute liberté entre la France, en zone occupée comme en zone libre, l'Allemagne et la Suisse alertent même les agences de renseignement helvètes. À deux reprises en 1942, Wendland est interrogé par la police suisse, mais aucune charge n'est retenue contre lui. Néanmoins, il est dès lors surveillé de près, et perd sa capacité de mouvement, interdit de sortie du territoire helvète, sauf pour son séjour parisien de 1943. Inutile de souligner que les Wendland, Loebl, Perdoux et Boitel écument le marché parisien sans scrupule et y gagnent des millions.

Au cours des interrogatoires qu'il subit au lendemain de la guerre, Wendland reconnut être un proche du marchand d'armes suisse et amateur d'art Emil Bührle. Wendland

était son conseiller artistique et se chargeait du transport
en Suisse des tableaux que Bührle achetait à Paris, *via*
l'état-major de Göring. Bührle de son côté approvision-
nait Göring en devises suisses. Autre intermédiaire à la
solde du marchand d'armes Bührle, l'affairiste allemand
Rudolf Ruscheweyh, muni d'un laissez-passer diplomatique
et qui pouvait à ce titre aisément se déplacer entre Paris,
l'Allemagne, la Suisse et la principauté du Liechtenstein.
L'intermédiaire faisait lui aussi transiter en Suisse un certain
nombre d'œuvres volées en France en général et à Paris
en particulier.

Hans Wendland usa du même stratagème en Italie. À
l'occasion de ses séjours à Florence, il aurait exporté de
la péninsule un nombre important de peintures volées
ou acquises à bas prix, générant, là encore, des bénéfices
importants. Mais, lors de son interrogatoire le 18 septembre
1946, il refusa d'admettre ses relations avec l'ERR, nia toute
participation aux pratiques de coulage au Jeu de Paume,
même s'il reconnut à demi-mot détourner les lois fiscales
françaises, comme celles de la Suisse.

Karl Haberstock alimente le futur musée de Linz

Le second réseau a pour principal client Karl Haberstock,
qui fournit Hitler et le centre européen des arts souhaité par
le Führer à Linz. Il est constitué de Hugo Engel, Martin
Fabiani, Roger Dequoy, ainsi que de figures mineures,
comme Alexandre Ball.

Karl Haberstock est le mieux établi des marchands d'art allemands. Il a rejoint le parti nazi au printemps 1933 et adopté ses dogmes en matière d'art. En 1936, il est devenu le marchand d'art d'Adolf Hitler, après la vente au Führer d'une toile de Pâris Bordone titrée *Vénus et Amour*, qu'il avait acquise en 1928 à la galerie Neumann de Londres. Hitler, très attaché à l'œuvre, l'exposa dans sa résidence du *Berghof*. Comme émissaire officiel du futur musée de Linz, Haberstock doit pouvoir compter sur un réseau dédié aux achats d'œuvres de première classe. Pour cette mission, l'argent ne compte pas. Seule préconisation : la collection du Führer doit être supérieure en nombre et en qualité à celle du Reichsmarschall.

À la différence du syndicat de Wendland, les agents de Karl Haberstock travaillent de manière isolée, mais ne rechignent pas, à l'occasion, à s'épauler pour débusquer une collection en zone occupée comme en zone libre. C'est, à titre d'exemple, le cas de la collection d'Adolphe Schloss, composée de 333 tableaux flamands et hollandais, mondialement réputée pour les maîtres qui la constituent et la qualité de ses toiles. La collection est confisquée en avril 1943 au château de Chambon, aux environs de Tulle, en zone sud, sur dénonciation de Jean-François Lefranc parmi d'autres ; 284 œuvres de classe internationale qui la composent sont envoyées en Allemagne, dont 262 peintures (évaluées 50 millions de francs) au profit du musée de Linz.

Très présent au sein du marché de l'art suisse, Haberstock étend son influence dans plusieurs pays d'Europe : quelque soixante-quinze marchands d'art y ont, peu ou prou, réalisé des affaires avec lui. La liste peut en être dressée grâce à la correspondance qu'ils entretenaient et aux factures rédigées lors des transactions. Parmi les acheteurs importants, on trouve des directeurs de musées allemands qui possédaient des fonds propres qu'ils pouvaient investir selon ses recommandations. Unanimement décrit, à l'occasion de son interrogatoire par les Alliés en mai 1946, comme un opportuniste doublé d'un malfrat, Haberstock aurait engrangé une fortune énorme.

Lorsque la galerie Haberstock, située au 59 Kurfürstenstrasse à Berlin, fut bombardée, à la toute fin de la guerre, Haberstock et son épouse trouvèrent refuge à Aschbach dans le château du baron von Pöllnitz, qui établissait des contacts à travers les cercles officiels allemands – et dont la maîtresse, Jeanne Weyll, avait elle-même acheté à l'Hôtel Drouot des tableaux pour Haberstock.

MARIA ALMAS-DIETRICH, LA MARCHANDE DE HITLER

Maria Almas-Dietrich : 270 peintures vendues à Hitler peuvent être portées à son actif, dont 80 acquises à Paris entre 1940 et 1944. Maria Almas-Dietrich privilégiait cependant la quantité à la qualité. De nombreuses œuvres achetées très cher par ses soins furent par la suite déclarées apocryphes...

Divorcée en 1937 d'Ali Almas-Diamant, marchand de tabac juif turc, elle conserva une partie de son nom d'épouse, lui associant son nom de jeune fille. Comme marchande d'art, elle était membre de la Reichskulturekammer

(Chambre de la culture du Reich) ; sa galerie se situait 9, Ottostrasse, à Munich. Pendant la guerre, Maria Almas-Dietrich ne sort d'Allemagne que pour se rendre à Paris. Elle bénéficie d'une grande liberté d'initiative et ses achats pour Hitler se font directement. À l'instar de Karl Haberstock, elle entretient un réseau de commissionnaires, parmi lesquels on trouve une princesse russe, Thérèse Vatchnadze, un certain Pierre Colin, un troisième comparse en la personne de Paul A. Jurschewitz, ainsi que le marchand d'art Yves Perdoux, déjà croisé dans le réseau de Hans Wendland – et qui n'hésite pas à terminer les lettres qu'il adresse à Maria Almas-Dietrich par un « *Heil Hitler*[1] ».

Signalons encore, parmi les individus actifs dans la volonté de disperser le patrimoine artistique français, le groupe formé par Zacharie Birtschansky et Victor Mandel-Markowsky. Ils entretiennent des contacts avec Göring à travers Bruno Lohse. Mais leur cœur de cible semble être les musées allemands et Maria Almas-Dietrich.

On mesure bien ainsi la spécificité de ce marché de l'art sous l'Occupation, qui a résidé dans l'opportunité offerte à un « milieu » composé d'intermédiaires, d'informateurs, de courtiers, de marchands comme de grands négociants de prospérer grâce à des pratiques douteuses mais générant d'énormes profits personnels.

II

DES GALERIES D'ART MODERNE
DANS LA TOURMENTE

CHAPITRE 5

Une législation antisémite

Les galeries d'art tendent toutes vers les mêmes objectifs : faire connaître les peintres au public, révéler leur talent aux critiques et commercialiser leurs productions, pour en tirer un bénéfice. En échange, elles sont souvent en charge du confort matériel de leurs protégés. Un contrat bilatéral, établi par écrit sur papier timbré, assure un revenu régulier au peintre ; en contrepartie, ce dernier garantit à la galerie la livraison de sa production totale ou partielle.

Avant-guerre, à Paris, les galeries spécialisées dans l'art moderne sont nombreuses, surtout installées sur la rive droite (voir l'annexe 2). Rive gauche, dans les VIe et VIIe arrondissements, opèrent certes la galerie Pierre au 2, rue des Beaux-Arts, la galerie de Katia Granoff au 13, quai de Conti, la galerie Zborowski au 26, rue de Seine, la galerie Jeanne Bucher, au 3 puis au 5, rue du Cherche-Midi. Mais le poumon du commerce d'avant-garde est l'ensemble constitué par la rue La Boétie et le faubourg Saint-Honoré, dans le VIIIe arrondissement : là, « ils [les marchands] font et défont les réputations. Dès qu'ils adoptent un peintre, il est définitivement lancé, exporté. Instantanément, les prix qu'il atteignait au quartier Latin ou à Montparnasse s'élèvent[1] ». La rue La Boétie, à la fin des années 1930, donne la mesure. C'est tout d'abord, au 21, la galerie de Paul Rosenberg, dans laquelle sont présentés les maîtres contemporains, Henri Matisse et Pablo Picasso. Au 59, la galerie de Paul Guillaume propose les plus belles toiles d'André Derain. Enfin, les Vuillard sont visibles au 26, dans les vitrines de la galerie Jos. Hessel. La rue La Boétie est surnommée « l'escalier de l'Amérique[2] » tant les galeries y lancent les peintres promis à une cote internationale.

Dans les quartiers avoisinants se trouvent la galerie Durand-Ruel, au 37, avenue de Friedland – une des plus anciennes galeries de tableaux de Paris –, et, au 109, rue du Faubourg-Saint-Honoré, la galerie de Georges Bernheim.

La plupart de ces galeries parisiennes appartiennent à des Juifs. Dès le mitan des années 1930, la majorité d'entre eux sait, pour suivre la politique nazie orchestrée en Allemagne, les menaces qui pèsent sur eux si Hitler met la main sur la France. Et en effet, celles-ci se concrétisent dès les armées défaites et l'armistice signé, le 22 juin 1940. En zone occupée, les autorités allemandes appliquent une législation antisémite. Tandis que le gouvernement de Vichy promulgue une série de lois et de décrets à l'encontre des Juifs inspirés par les lois du Reich, applicables en zone occupée comme en zone dite « libre ».

UNE LÉGISLATION ANTISÉMITE

DES ORDONNANCES ALLEMANDES
POUR « ARYANISER »

Le 27 septembre 1940, une première ordonnance allemande oblige les Juifs à se faire recenser en zone occupée[3].
L'article n° 4 stipule : « Tout commerce, dont le propriétaire ou le détenteur est juif, devra être désigné comme
"Entreprise juive" par une affiche spéciale en langues
allemande et française jusqu'au 31 octobre 1940. » Une
deuxième ordonnance allemande en date du 18 octobre
précise :

> « Est considérée comme juive une entreprise dont les
> propriétaires ou titulaires de bail a) sont juifs ou b) socié-
> tés en nom collectif dont un associé est juif ou c) sociétés à
> responsabilité limitée dont plus d'un tiers des associés sont
> juifs, ou dont plus d'un tiers des participations sont entre les
> mains d'associés juifs, ou dont le gérant est juif, ou dont plus
> d'un tiers des membres du conseil de surveillance sont juifs ;
> d) sociétés anonymes dont le président du conseil d'adminis-
> tration ou un administrateur délégué ou plus d'un tiers des
> membres du conseil d'administration sont juifs. »

Le 26 avril 1941, une troisième ordonnance allemande
énumère quant à elle les activités économiques interdites
aux Juifs : parmi elles, « le commerce de gros et de détail ».
Elle signifie qu'« aucun dédommagement ne sera accordé
pour le préjudice résultant de l'application des ordonnances
relatives aux mesures contre les Juifs ». Les biens des Juifs

sont destinés à être transférés entre des mains aryennes, « aryanisés ».

Au-delà du transfert de propriété, le néologisme (*Arisierung*), emprunté au vocabulaire national-socialiste, recouvre, on le voit, une réalité plus large : il s'agit d'éradiquer toute influence juive de la vie économique française et de priver la population juive de tout moyen de subsistance. En termes clairs : « L'aryanisation ouvre la voie pour l'occupant à l'appropriation de biens français[4] », de même qu'elle permet la dépossession légale du patrimoine des familles juives. Les Juifs sont réduits à la plus grande indigence.

Dans ce processus d'aryanisation et de spoliation, la législation de Vichy n'hésite pas à jouer la surenchère.

PERSÉCUTIONS ET SPOLIATIONS :
VICHY SURENCHÉRIT

Le 22 juillet 1940, la loi de déchéance de nationalité promulguée par Vichy retire leur nationalité aux Français qui ont quitté le pays sans autorisation entre le 10 mai et le 30 juin 1940 : beaucoup de Juifs sont concernés. Les déchus de la nationalité française sont considérés comme des ennemis de l'Allemagne. Des enquêtes sont menées dans ce cadre législatif sur leur patrimoine en général et leurs possessions artistiques en particulier.

Puis, à l'automne, le gouvernement de Vichy s'empresse de promulguer une série de mesures que les occupants ne lui demandaient pas. La loi portant statut des Juifs du 3 octobre prend modèle sur la législation nazie, en même temps qu'elle témoigne d'un antisémitisme à la française dont les racines sont profondes. Une définition raciale est donnée dans l'article premier : « Est regardé comme Juif, pour l'application de la présente loi, toute personne issue de trois grands-parents de race juive ou de deux grands-parents de la même race, si son conjoint lui-même est Juif. » Ce statut d'exception est un gage de collaboration donné par les Français aux Allemands.

Le Commissariat général aux questions juives (CGQJ), émanation du gouvernement de Vichy, est créé le 29 mars 1941 pour mettre en œuvre la liquidation des biens juifs sur l'ensemble du territoire national. Il participe *de facto* aux spoliations économiques, et parmi elles aux spoliations artistiques. Le second statut des Juifs, en date du 2 juin 1941, et plus particulièrement son article n° 5, interdit aux Juifs d'exercer, entre autres, les professions de négociant de fonds de commerce, courtier ou commissionnaire. Les galeries d'art appartenant aux vieilles familles juives subissent ainsi le dessaisissement du titre de propriété de leur fonds de négoce.

Puis, le 22 juillet 1941, c'est la loi qui prévoit la nomination d'administrateurs provisoires en vue d'éliminer toute influence juive dans l'économie nationale. Toute entreprise ou tout immeuble possédé ou dirigé par un Juif ou considéré comme tel par les autorités de Vichy est confié à un administrateur provisoire nommé par le Commissariat général aux questions juives. Cette loi de Vichy étend l'aryanisation initiée en zone occupée par les Allemands à l'ensemble du territoire. L'administrateur provisoire a pour charge d'établir, dans un délai maximal de six mois à compter de sa nomination, un inventaire et un bilan de l'entreprise. Deux solutions se présentent alors à lui : soit la vente de la société, soit sa liquidation ; les biens vendus doivent l'être sur le marché libre, le produit de leur réalisation versé sur un compte de la Caisse des dépôts et consignations – moins 10 % correspondant aux émoluments de l'administrateur provisoire. Lorsque la vente d'une entreprise en propriété juive est réalisée en faveur d'une personne « aryenne », un commissaire-gérant est nommé.

Concernant les galeries d'art, c'est Paul Cailleux, président du Syndicat des négociants en objets d'art, tableaux et curiosités, qui, assisté d'un comité directeur composé d'Albert Carré, de Pierre Durand-Ruel, Maurice Loyer, Charles Ratton, Willy Remon, Serge Roche et Paul Véroudart, désigne les commissaires-gérants. Léonce Rosenberg décrit son office dans une lettre datée du 22 février 1945 :

« Paul Cailleux, marchand de tableaux anciens, faubourg Saint-Honoré, [...] accepta de se charger de cette... besogne et [...] réunit aussitôt le ban et l'arrière-ban des membres du syndicat des antiquaires, dont il était le président. Il fit entrevoir à son monde qu'il toucherait un certain pourcentage sur la liquidation des maisons israélites. Beaucoup acceptèrent aussitôt cette besogne de "charognards" excusez la crudité de l'expression, mais elle qualifie bien la tâche. On vit alors cette étrange situation : des galeries d'art moderne liquidées par des antiquaires et le propre comptable de Cailleux [Édouard Gras] – lequel procédait aux affectations – être affecté aux galeries Hessel, Bernheim-Jeune et Wildenstein. Moi-même, je fus gratifié d'un commissaire-gérant, qui était un ancien collaborateur de l'antiquaire Édouard Jonas, place Vendôme. Le *Journal Officiel* publia, à l'époque, les noms de ces commissaires et ceux des maisons dont ils avaient la gérance[5]. »

Cette politique d'exclusion visant les Juifs propriétaires de galeries ravit le critique d'art Camille Mauclair :

> « Les galeries juives sont closes, mises sous séquestre, ou confiées à des liquidateurs aryens qui ont à écouler des stocks laissés par les fuyards Wildenstein, Bernheim, Rosenberg, Hessel et autres Lévys, et dont nous espérons l'intégrité. [...] Les peintres et sculpteurs juifs sont exclus des Salons et des galeries. Paul Léon et Huisman sont invisibles : Raymond Escholier est remplacé au Petit Palais et le Juif Julien Cain l'est à la Bibliothèque Nationale ; Montparnasse est déserté par les métèques et ses boîtes de nuit sont dans le marasme. Tout cela est excellent[6]. »

En 1943, en vertu des directives législatives du gouvernement de Vichy et des ordonnances allemandes promulguées par le commandant en chef de l'armée, un peu plus de la moitié des galeries d'art moderne parisiennes ont subi les lois d'exception (voir l'annexe 3). L'hebdomadaire collaborationniste *Au Pilori* peut écrire le 13 août 1942 :

> « La rue La Boétie était, avant la dernière guerre, la guerre juive, le centre de l'Art vivant. L'art vivant ! cette honteuse fumisterie qui consista, pendant de longues années, à vous faire prendre pour de l'adorable naïveté, ce qui n'a jamais été que de l'impuissance... Impuissance de peindre, bien entendu... Car pour ce qui est de la science commerciale, j'en

connais qui sont bigrement forts !... N'est-ce pas, Dufy ? En ce temps-là – c'était le bon temps ! Il y avait, rue La Boétie, les galeries Billet-Worms, Bernheim, Jos. Hessel... Et compagnie... Au moment de la débâcle, nombre de Juifs quittèrent Paris. Courageusement. Bernheim et Billet-Worms jugèrent préférable d'abandonner la culture du navet... Jos. Hessel, lui, agrémenta sa vitrine de l'affichette rouge [portant l'inscription "Entreprise juive"] et obligatoire des commissaires-gérants aryens... Dernièrement, un certain M. Joly [Henri Joly] lui acheta son fonds. Contenant et contenu. Et comme ce monsieur ne veut – évidemment – rien perdre, il continue à fleurir sa vitrine de peinture cucubiste ! Le Juif est parti... Son empreinte reste. Sa camelote aussi. »

Certains galeristes considérés comme juifs par les lois de Vichy parviennent, *in extremis*, à faire nommer comme administrateurs provisoires des hommes ou des femmes avec qui ils entretiennent un lien privilégié : ainsi Daniel-Henry Kahnweiler qui cède à l'été 1941 la galerie Simon à sa belle-sœur Louise Leiris, ou la galerie Georges Wildenstein dont la gérance est confiée en novembre 1940 à un homme de paille, Roger Dequoy. Cependant, la plupart d'entre eux subissent de plein fouet la nouvelle législation et la mise sous tutelle de leur commerce d'art. Le destin de deux galeries d'art moderne parisiennes emblématiques permet d'en saisir les conséquences.

Chapitre 6

L'aryanisation arrangée
de la galerie Pierre

L'ami de Pablo Picasso

C'est le 17 octobre 1924 que Pierre Loeb ouvrit une galerie à Paris, sur la rive gauche, au 13, rue Bonaparte. Alors que peintures, aquarelles et dessins de Pascin inauguraient les cimaises, Pablo Picasso visita le lieu : une amitié profonde naquit alors entre le peintre et le marchand, fondée sur une entente intellectuelle forte, fidèle, mâtinée d'une admiration réciproque. Le second écrivait à propos du premier : « Il connaît les préférences et les goûts de chaque marchand, sait apprécier ceux qui le soutiennent, le comprennent, le défendent avec sincérité ou même avec passion[1]. »

En 1927, Pierre Loeb transféra sa galerie au 2, rue des Beaux-Arts, toujours sur la rive gauche. Il développa son goût artistique, son œil, en fréquentant le musée du Louvre, et grâce à la lecture des ouvrages d'Élie Faure sur l'histoire de l'art. Jeune marchand, Pierre Loeb achetait et vendait aux galeries Georges Petit, Jeanne Bucher, Zak, Bernheim-Jeune, Van Leer, Kleinmann et Compagnie, Stettiner et Compagnie, Pierre Colle, etc. À l'étranger, il fréquentait la galerie Le Centaure à Bruxelles, Goldschmidt ou Thannhauser à Berlin, de Hauke et Compagnie à New York. Il achetait aussi dans les salles des ventes de Drouot, ou chez Lair-Dubreuil, rue Favart. Cependant, ce qu'il préférait, c'était se rendre dans les ateliers, humer les vernis, la térébenthine, et acheter directement à l'artiste (éventuellement rédiger des contrats à certains).

Pierre Loeb aborda avec passion les cubistes, Picasso en premier lieu.

« À l'époque où Pierre fit sa connaissance, nul contrat d'exclusivité ne le liait à aucun marchand. Paul Rosenberg avait seulement un droit de première vue. Picasso était donc libre d'avoir les rapports qu'il voulait avec d'autres galeries. Il en eut, de fait, beaucoup, tant avec la galerie Simon [dont le propriétaire est Daniel-Henry Kahnweiler] qu'avec celles de Paul Guillaume, de Joseph Hessel, de Jeanne Bucher, et enfin avec la galerie Pierre[2]. »

Doté d'un talent de découvreur que le monde des arts lui reconnaissait, Pierre Loeb misait également sur des valeurs établies. Il se porta ainsi acquéreur, le 8 décembre 1936, en compte à demi avec Alfred Daber, d'une œuvre importante de Matisse : l'*Odalisque au tambourin*[3]. En 1938, la galerie Pierre présenta des expositions de l'avant-garde artistique : Picasso bien sûr, Victor Brauner, César Domela, Alberto Giacometti, Joan Miró, Henri Laurens et Wifredo Lam.

Fort de sa réputation, Pierre Loeb, que chacun appelait avec déférence « Monsieur Pierre », ou avec amitié simplement « Pierre », encouragea, imposa à leurs débuts ces artistes qui devinrent célèbres. Son acte de foi se résumait en une phrase :

> « J'ai toujours voulu que ma galerie soit une galerie de "combat", de découverte, et si des artistes aujourd'hui célèbres n'ont pas été "mes" peintres, la plupart ont figuré chez moi, et souvent pour la première fois, dans des expositions de groupe[4]. »

Il raconta ainsi une visite que, comme acheteur, il fit un jour au marchand Ambroise Vollard dans son hôtel particulier de la rue de Martignac :

> « Je ne sais pas, Monsieur Vollard. Avez-vous encore un Picasso, un Cézanne, quelques études de Renoir ? Il ne répondait pas, réfléchissait, se soulevait lourdement, restait quelques minutes pensif, sortait un trousseau de clefs de sa poche, ouvrait une porte après avoir essayé plusieurs clefs et… s'enfermait de l'autre côté. Un quart d'heure passait. On entendait à nouveau le mécanisme des serrures. Toujours aussi absorbé, Vollard revenait avec un carton à dessins sous le bras, deux ou trois tableaux, refermait à clef, posait le tout dans un coin et disait : – Voilà, regardez[5]. »

Le 8 juin 1939, peu de temps avant la mort de Vollard, Pierre Loeb lui acheta pour 2 500 francs une série de *Saltimbanques* de Picasso.

Inquiet de la montée du nazisme, Pierre Loeb acquit en 1939 une propriété à Darvault, en Seine-et-Marne. Lorsque la France entra en guerre, en septembre, il fut mobilisé comme officier dans l'artillerie, tandis que la maison de Darvault servait de premier refuge à sa femme et à ses enfants. Les archives de la galerie Pierre[6] conservent la copie de l'ordonnance allemande du 27 septembre 1940. D'énormes difficultés se dressaient sur le chemin de ce père de famille, soutien de parents âgés, et dont le frère benjamin, Julien, était prisonnier de guerre. Juif, Pierre Loeb était invité à « réaliser son affaire » en attendant la désignation d'un liquidateur aryen.

LA GALERIE ARYANISÉE, EXIL À CUBA

Pierre Loeb résilie son bail le 13 mai 1941. Souhaitant être en règle, il se résout à céder, le 16 mai 1941, la galerie Pierre à son confrère Georges Aubry pour la somme de 23 000 francs. Pierre lui vend également 98 cadres et sous-verres avec baguettes pour la somme de 6 000 francs. Sans doute a-t-il alors l'intention de prendre de vitesse l'administrateur provisoire et l'affaire est-elle entendue entre les deux marchands.

Le 23 mai 1941, l'administrateur provisoire Serge Roche se rend au 2, rue des Beaux-Arts, où il est reçu par Georges Aubry et Pierre Loeb. Roche rappelle l'état civil de Pierre : « Monsieur Pierre Loeb, marchand de tableaux, demeurant à Paris, né le 24 septembre 1897 à Paris, religion juive, père (Adolphe Loeb, juif), mère (Mathilde Klotz, juive)[7]. »

Roche constate dans un premier rapport en date du 27 mai que l'entreprise Pierre Loeb est entièrement aryanisée, soulignant qu'il n'a pas été procédé à une vente de fonds de commerce mais simplement à une vente de marchandises et installations diverses. Mais il souhaite aller plus loin et, en application des règlements allemands, fait bloquer les deux comptes en banque de Pierre Loeb et réquisitionner les tableaux à son domicile (60, rue des Vignes, à Paris). Une estimation est établie à 42 620 francs. Serge Roche n'hésite pas à mentionner dans un second rapport, du 23 septembre 1941, que « ces tableaux sont pour la plupart des œuvres modernes, difficiles à réaliser ». Il indique néanmoins à Pierre que les marchandises faisant partie de son stock confisqué ont été vendues les 29 juillet, 7 août et 22 septembre pour la somme totale de 46 500 francs. L'administrateur provisoire Serge Roche considère sa mission remplie, et demande aux autorités occupantes à être relevé de ses fonctions.

Pierre Loeb souhaite gagner les États-Unis afin de mettre sa femme et ses enfants à l'abri des dangers de l'Occupation. Il obtient le 10 novembre une autorisation de sortie du territoire français et, le 27 novembre, leur visa pour Cuba. La famille quitte Marseille le 12 janvier 1942 pour Casablanca, puis embarque le 30 janvier sur le *Nyassa*, un paquebot portugais qui la conduit à La Havane le 25 février. Albert Loeb (fils de Pierre, également marchand de tableaux) nous a rapporté qu'une quinzaine de jours après le départ de France, la gendarmerie est venue « chercher les enfants juifs » à Darvault. Il s'agissait vraisemblablement d'une dénonciation du voisinage.

Le 14 septembre 1942, Pierre Loeb, patriote, décoré de la croix de guerre 1914-1918, lieutenant d'artillerie de réserve, classe 1917, présente une demande pour rejoindre les Forces françaises libres à Londres. Elle se heurte au refus du consulat général de France à La Havane, qui ne souhaite pas entraver la politique de Vichy.

Depuis les États-Unis, le galeriste Paul Rosenberg tente de venir en aide à Pierre Loeb. Il lui écrit en mai 1943 qu'il est intervenu auprès du Comité national à New York afin de faciliter ses démarches administratives. Pierre Loeb, en réponse, lui propose une exposition de Wifredo Lam, « ses meilleurs gouaches et tableaux ». Les lettres échangées par les deux marchands d'art témoignent de leur analyse du marché de l'art. Paul Rosenberg écrit ainsi le 15 juillet 1943 : « Il se pourrait qu'il y eut changement de goût et d'opinion » ; « j'ajouterai que nous ne connaissons pas la réelle valeur marchande des œuvres d'art, attendu que nous vivons en vase clos et que les prix sont boursouflés par suite des événements et cela dans tous les pays[8] ». De son côté, Pierre Loeb se languit, et confie sa mélancolie à Picasso :

> « Je suis ici de passage, et ce pays qui semble avoir en ce moment son vrai visage est infiniment plus beau qu'avant. Population gentille et jolie à voir, soleil, calme, paix… Hélas pourquoi notre cœur doit-il tant souffrir ! Je veux vous dire, ce soir, toute ma reconnaissance pour la vie que vous m'avez aidé à faire. À vous et à très peu d'autres, je dois mes élans, mes passions, mes enthousiasmes et rien maintenant n'atteindra plus l'acuité de ces émotions. Je sais que vous avez pour moi une vraie amitié et que vous me mettez quelquefois la

main sur l'épaule... Vous avez de la chance, vous, de pouvoir toujours travailler, vous confier à la toile, à la feuille de papier, à la glaise[9]. »

Pierre Loeb tente de rejoindre Fort-de-France pour être incorporé dans l'armée française, mais sa demande est refusée au motif de son âge. Il rentre finalement en France en juin 1945, *via* la Martinique, où il rencontre Aimé Césaire, et une escale à Haïti, où est installé André Breton.

De retour d'exil, Pierre Loeb retrouve Georges Aubry dans la galerie de la rue des Beaux-Arts. Ce dernier manifeste quelques réticences à la lui restituer. Picasso, informé de l'affaire, téléphone immédiatement à Aubry : « Pierre est revenu, il reprend la galerie[10]. » Le lendemain, Pierre Loeb se trouve en possession des clefs. Aucun marchand de tableaux parisien ne pouvait contrarier le « maître », sous peine de compromettre sa réputation dans la capitale française comme sur la scène internationale. Le 1er juillet 1945, Georges Aubry écrit au préfet de la Seine qu'il s'incline « devant les lois actuelles sur la spoliation » (l'ordonnance du 21 avril a annulé les actes de spoliation) et s'engage à restituer à l'amiable à Pierre Loeb la galerie du 2, rue des Beaux-Arts.

Pendant la guerre, Georges Aubry a vendu des tableaux aussi bien à la Städtische Galerie de Francfort qu'au Museum Folkwang d'Essen. Son nom figure à maintes reprises dans les dossiers des œuvres regroupées sous l'appellation « Musées nationaux récupération » (MNR) conservées dans les musées nationaux ou mises en dépôt dans les musées régionaux dans l'attente de leur restitution[11]. Toutefois, à l'instar de quelques confrères, Aubry supporta sans trop de dommages l'épuration du marché de l'art parisien.

Quant à Pierre Loeb, il est à l'issue du conflit un homme brisé. En 1964, à quelques semaines de sa mort, il confiait à la journaliste et écrivaine Madeleine Chapsal :

> « Seulement, il faut bien le dire, [avant la guerre] quatre grands marchands sur cinq étaient juifs, quatre grands amateurs sur cinq étaient juifs. Après la guerre, tout était changé. La plupart des marchands ou des amateurs avaient disparu, ou bien s'étaient expatriés comme Paul Rosenberg en Amérique, et je me suis retrouvé comme un invalide, écœuré, je n'arrivais pas à reprendre le fil… Je suis marqué par la guerre et je ne veux pas oublier[12]. »

Chapitre 7

Le pillage de la collection
Paul Rosenberg

Paul Rosenberg était issu d'une lignée de commerçants en gros de céréales. Son père, Alexandre (1845-1913), victime d'une faillite commerciale, avait été contraint de devenir « négociant d'objets d'art » et de sacrifier une partie de sa collection d'art : en 1903, la première galerie Rosenberg était située au 77, rue du Faubourg-Saint-Honoré, à Paris. Paradoxalement, ces circonstances donnèrent naissance à une dynastie de marchands de tableaux. Deux des fils d'Alexandre, Léonce et Paul, le rejoignirent bientôt au sein d'une galerie installée au 38, avenue de l'Opéra. Les plus beaux tableaux impressionnistes, des toiles de Cézanne et de Van Gogh, étaient accrochés à ses cimaises. Les affaires étaient florissantes.

Pourtant, le jeune Paul, doté d'une forte personnalité et aspirant à la découverte de talents, se sentait à l'étroit dans l'établissement paternel. Il finit par s'établir à son compte. Il allait ainsi pouvoir flirter avec les nouvelles recherches picturales qui se dessinaient sous les pinceaux des Braque, Matisse, Picasso ou Laurencin, et surtout faire de la défense de l'art moderne son cheval de bataille.

L'ÉCRIN DES EXPÉRIENCES CUBISTES

En 1908, Paul Rosenberg s'installa donc dans un hôtel particulier situé au 21, rue La Boétie. Le rez-de-chaussée et le premier étage étaient réservés à ses affaires, avec une galerie de tableaux, tandis que les étages supérieurs étaient consacrés à l'habitation de la famille. De son côté, Léonce Rosenberg, passionné par le cubisme, ouvrit en 1910 une galerie nommée Haute Époque, au 19, rue de la Baume. Elle fut remplacée après 1918 par la Galerie de l'Effort moderne, qui ne connut pas le succès escompté.

La galerie Paul Rosenberg devint l'écrin des expériences cubistes sans renier les maîtres classiques du XIXe siècle. Les expositions étaient toujours un événement : ainsi celle consacrée à Toulouse-Lautrec en 1914 ou à « L'Art français du XIXe siècle » en 1917. En 1919, deux artistes modernes ornèrent de leurs œuvres le 21, rue La Boétie : l'Espagnole Maria Blanchard, puis le déjà célèbre Pablo Picasso. Les expositions des années 1920 et 1930 reflétèrent l'intensité des échanges commerciaux entre l'Europe et les États-Unis. En 1935, Paul Rosenberg ouvrit avec son beau-frère, Jacques Helft, une galerie à Londres, au 31, Bruton Street. En 1936, la galerie dévoila successivement les expositions suivantes : « Seurat », « Œuvres choisies de Pablo Picasso », « Œuvres de 1889 à 1927 de Claude Monet »,

« Œuvres récentes d'Henri Matisse », « Le Grand Siècle » et « Œuvres récentes de Marie Laurencin ». Paul Rosenberg devint également éditeur, publiant, toujours en 1936, un ouvrage de référence de Lionello Venturi sur Cézanne.

Au milieu de ces années 1930, la galerie se trouvait à son apogée. Dans son écurie, elle avait sous contrat les deux maîtres du XXᵉ siècle : Matisse, avec qui Paul Rosenberg entretenait par ailleurs une amitié forte, et Picasso. « Le 16 juillet 1939, Matisse et Paul Rosenberg ont renouvelé le contrat qui les liait depuis 1936, précisant qu'en cas de conflit, il deviendrait caduc[1]. » L'arrangement oral entre Picasso et Paul Rosenberg, toujours respecté semble-t-il sur une durée de plus de vingt ans, remontait quant à lui à 1932 : le galeriste assurait la représentation mondiale de l'artiste en échange d'un droit de « première vue » sur les œuvres, offrant des conditions généreuses. La complicité entre le marchand et l'artiste fut encore consolidée par l'installation au 23, rue La Boétie de Picasso et son épouse, la danseuse russe Olga Khokhlova.

Un institut antisémite
au 21, rue La Boétie

Au début de la guerre, Paul Rosenberg veut mettre ses tableaux à l'abri des bombardements éventuels. À partir du 3 novembre 1939, il loue donc à Floirac-la-Souys, près de Bordeaux, une propriété appelée *Castel Floirac*, où il fait transporter plus d'une centaine d'œuvres.

M. et Mme Ledoux, propriétaires, partagent la résidence à l'étage supérieur du bâtiment d'habitation.

Le 17 juin 1940, Paul Rosenberg quitte la France pour les États-Unis. Il abandonne à la garde de son personnel, son chauffeur Louis Le Gall et sa femme de chambre Marguerite Blanchot, personnes très dévouées, sa collection de tableaux du *Castel Floirac*, tandis que 162 tableaux et dessins ont été mis à l'abri dans un coffre-fort de la Banque nationale du commerce et de l'industrie à Libourne. Paul Rosenberg laisse des instructions précises pour l'expédition outre-Atlantique des tableaux et autres objets mobiliers entreposés à Floirac ; la maison Lamarthonie, au 17, cours du Chapeau-Rouge, à Bordeaux, se chargera de cette opération après l'achèvement de l'emballage : « Il s'agissait d'une centaine de tableaux environ et d'une série de malles, paniers ou caisses renfermant des effets, du linge de maison, de l'argenterie, des livres, etc.[2]. »

À Paris, le 4 juillet 1940, des officiers de la Wehrmacht se présentent au 21, rue La Boétie. Ils signifient au concierge, Monsieur Picard, leur intention d'occuper la totalité de l'immeuble. Les choses en restent là pendant plusieurs mois. Mais, effectivement, en mai 1941, les agents de la Gestapo prennent possession des lieux et y installent l'Institut d'étude des questions juives, un organisme privé chargé de développer la propagande antisémite. Ordre est signifié à Picard de quitter les lieux sans délai.

La Gestapo procède alors au déménagement du contenu de l'immeuble. Vider l'édifice de ses meubles et objets, mettre à nu les nombreuses pièces : nul doute que l'exercice s'étend sur quelques semaines. Il restait dans l'immeuble au

moment de l'entrée des Allemands à Paris, outre l'ameuble-
ment, les tapis et l'équipement en objets divers (lustrerie,
vaisselle, batterie de cuisine, linge, etc.), des toiles et dessins
(dont 150 Masson), des sculptures (parmi lesquelles une
Ève et un *Âge d'airain* de Rodin en bronze et grandeur
nature, une statue de femme grandeur nature en bronze
de Maillol, une tête de femme en marbre de Coysevox). Le
cynisme des autorités est tel que les meubles enlevés sont
bientôt remplacés par d'autres pillés à des familles juives.

Paul Rosenberg possédait également rue La Boétie
1 200 volumes de documentation, à côté de quelque
4 500 clichés photographiques : « Une bibliothèque d'un
prix inestimable composée d'ouvrages sur les différents
artistes et leurs œuvres, de catalogues de ventes et d'expositions, de plusieurs milliers de clichés photographiques
se rapportant à des œuvres qui étaient passées entre ses
mains ou qui s'y trouvaient encore », ainsi que la décrit
Edmond Rosenberg, frère de Paul, dans une lettre datée
du 18 janvier 1945[3]. Paul Rosenberg tenait particulièrement à sa collection de plaques de verre qui renseignait
une grande partie de sa collection privée mais surtout les
œuvres du stock de son magasin. Les circonstances de son
départ l'avaient empêché de la mettre à l'abri. Une enquête
menée après la guerre par l'inspecteur des Domaines et de
l'Enregistrement nous permet de suivre le circuit de coulage
de ces plaques de verre.

H. Borelly, qui dirige la revue *Atalante*, achète le
15 mars 1942 à un certain Charles Laville, alors secrétaire
adjoint à l'Institut d'étude des questions juives, environ
4 500 clichés au prix de 10 000 francs, ainsi que le meuble

qui les contient moyennant 3 000 francs. Le 28 juillet 1943, une partie des clichés (1 200) et le meuble sont revendus par lui à Louise Leiris. Celle-ci a semble-t-il consulté Picasso à ce sujet, lequel l'a « fortement engagée à faire cet achat[4] ». Picasso interrogé a confirmé cette assertion, arguant que cette démarche lui semblait une possibilité de conserver les plaques de Paul Rosenberg. Louise Leiris put prévenir Paul Rosenberg qu'elle détenait une partie des clichés photographiques en provenance de sa galerie.

Le parcours de la collection photographique est aussi relaté par le frère (Edmond) de Paul Rosenberg dans une note destinée au président de la Commission de récupération artistique, Albert Henraux, le 21 novembre 1944 :

« Environ 1 200 plaques photographiques négatives se rapportant à des œuvres de Picasso, Léger et Masson et qui ont été dérobées au cours de l'Occupation allemande à Monsieur Paul Rosenberg, propriétaire de la galerie de tableaux 21, rue La Boétie à Paris, sont actuellement entre les mains de Madame Leiris, gérante d'une galerie de tableaux située 29 bis, rue d'Astorg à Paris. Celle-ci l'a fait savoir de sa propre initiative à l'un des frères de Monsieur Paul Rosenberg. Ces plaques ont été achetées par Madame Leiris à un certain Monsieur Borelli [*sic*], 29, rue d'Artois à Paris, pour la somme de 13 000 francs, somme qu'elle a payée par chèque à l'ordre de ce dernier. Elle avait été pressentie pour cette acquisition par un intermédiaire qui lui offrait non seulement la cession des plaques précitées mais la totalité des plaques photographiques entrant dans la constitution des archives de Monsieur Paul Rosenberg. Comme seules les œuvres de Picasso, Braque, Léger et Masson l'intéressaient, elle s'est bornée à acquérir celles de ces plaques se rapportant à ces maîtres. Madame Leiris est toute disposée à faire la restitution des plaques qu'elle détient mais voudrait rentrer dans ses débours[5]. »

Le 11 mai 1941, l'Institut d'étude des questions juives peut être inauguré 21, rue La Boétie. C'est un événement parisien, rapporté le 19 par l'hebdomadaire collaborationniste *Je suis partout* :

« Dimanche dernier, 21, rue La Boétie, dans son hôtel récupéré sur le mercanti de tableaux juif Paul Rosenberg, l'Institut d'étude des questions juives a tenu, devant une nombreuse assemblée, sa séance inaugurale. Il entend demeurer indépendant de tous les partis politiques et apporter une contribution positive à la solution de la question juive dans tous les domaines où Israël doit être encore combattu et éliminé. »

Une photographie de Roger Berson atteste de la présence ce jour-là de Louis-Ferdinand Céline et de son épouse, Lucette Almanzor, immortalisés devant la vitrine du bâtiment. L'Institut d'étude des questions juives demeura 21, rue La Boétie jusqu'à la Libération, réquisitionné par la suite par le ministère de la Guerre, sur demande du ministère de l'Intérieur.

Mais, dès le 15 mars 1941, le chef du service du contrôle des administrateurs provisoires a réclamé une enquête sur l'entreprise Rosenberg (tableaux) 21, rue La Boétie, signalée comme israélite. Une réponse favorable est apportée le 23 avril 1942 : l'immeuble de la rue La Boétie doit être pourvu d'un commissaire-gérant. Le décret de déchéance de la nationalité française de Paul Rosenberg est intervenu quelques semaines plus tôt, le 23 février. S'emballent alors les rouages de la machine administrative, dont l'objectif est d'annuler le titre de propriété de Paul Rosenberg sur sa galerie. Le 16 novembre, un administrateur provisoire de l'entreprise « Galerie Paul Rosenberg » est nommé, en la personne d'Octave Duchez. À sa charge de nommer un commissaire-gérant aryen ou de réaliser l'affaire. Un candidat sérieux à l'acquisition du fonds de commerce se fait bientôt connaître : André Goux, qui souhaite ouvrir dans le VIIe arrondissement une papeterie-librairie dont « le but est de concourir au développement de la production française des papiers de qualité[6] ». Goux dévoile, au passage, son adhésion aux thèmes de la « Révolution nationale ». Le 23 février 1944, une réponse favorable lui parvient. Cette transaction a-t-elle été réalisée ? Impossible d'en savoir plus en l'état actuel des recherches.

En Gironde, les Allemands se servent

À l'été 1940, Matisse s'inquiète du devenir de ses œuvres, et plus particulièrement celles appartenant à la collection Rosenberg. Il se renseigne auprès de Jean-Gabriel Lemoine, conservateur du musée des Beaux-Arts de Bordeaux, proche du collectionneur. Une relation épistolaire s'engage entre Matisse, Lemoine et le chauffeur Le Gall[7]. Matisse voudrait obtenir un inventaire, même succinct, de la collection Rosenberg : « Lorsque je souhaite que vous vouliez bien, si vous en avez le temps, faire un inventaire des toiles laissées par Rosenberg. J'entends une chose très simple, une simple liste ainsi : Renoir 2 peintures et X dessins, Cézanne 1 aquarelle, Braque X peintures, Picasso X, Matisse X, etc. », explique le peintre dans une lettre du 17 juillet 1940[8]. La réponse de Jean-Gabriel Lemoine, trois jours plus tard, se veut rassurante : « Dans la centaine d'œuvres que Ros. avait laissées chez lui [au *Castel Floirac*] faute de pouvoir en placer au coffre en banque et dont j'ai la liste, ne figure aucune œuvre de vous[9]. » Les événements de l'automne 1940 vont pourtant confirmer les inquiétudes de Matisse.

Outre la galerie de la rue La Boétie, le pillage de la collection de Paul Rosenberg s'effectue en effet à Floirac et dans le coffre de la banque de Libourne. Les modes opératoires sont, à chaque fois, différents ; la traçabilité des œuvres spoliées de la collection Rosenberg n'en sera que plus difficile.

Concernant *Castel Floirac*, Louis Le Gall a témoigné, dans une lettre adressée le 22 novembre 1944 à Albert Henraux, que les biens de Paul Rosenberg se décomposaient de la façon suivante : une caisse de tableaux, quinze malles ou paniers renfermant des effets de linge, couverture, trois caisses de linge, une caisse de livres, deux caisses d'argenterie, un peu de mobilier (armoire, tables, chaises, literie, appareils de chauffage), une voiture Hispano-Suiza (à l'intérieur, deux matelas), soixante-treize tableaux plus un paquet de toiles roulées[10]. Parmi ces toiles, trois œuvres de Matisse : *Jeune fille à la jupe rose*, *L'Ananas sur fond rose* (1940) et *La Dormeuse* (1940)[11].

Le 15 septembre 1940, dans cinq voitures, une troupe d'Allemands se présente à la propriété et fait procéder à l'enlèvement des caisses de tableaux, chargées sur des camions (voir l'annexe 4). Lorsque Louis Le Gall se rend quelques jours plus tard à *Castel Floirac* pour sauver ce qui pourrait l'être, il est éconduit par M. et Mme Ledoux qui déclarent que les biens de Paul Rosenberg appartiennent dorénavant aux Allemands et au gouvernement de Vichy.

Le coffre-fort de la banque de Libourne est quant à lui ouvert par effraction le 28 avril 1941, sur ordre du Devisenschutzkommando (service spécial de protection des devises, qui se concentre sur l'argent, l'or et les diamants). Le 6 mai, à la demande des Allemands, un inventaire minutieux des 162 tableaux et dessins, précisant à chaque fois auteur, titre, dimensions, technique et valeur, est dressé par François-Maurice Roganeau, directeur de l'école des beaux-arts de Bordeaux (voir l'annexe 4). Le contenu est ensuite transféré dans un deuxième coffre, bloqué.

Le 2 septembre, Kurt von Behr demande l'autorisation de transférer au Jeu de Paume « les collections des juifs Paul Rosenberg et Braque confisquées par le Devisenchutzkommando » à Bordeaux – Braque, qui n'était pas juif contrairement à ce qu'affirme von Behr, possédait également un coffre-fort à la banque de Libourne. Walter Andreas Hofer approuve le déménagement : il lui serait ainsi « plus agréable de regarder les objets déballés, dans de bonnes conditions de lumière[12] ». Et, dès le 26 septembre, Hofer fait son choix dans la collection spoliée de Paul Rosenberg : deux dessins d'Ingres, sept tableaux et un dessin de Corot, une aquarelle de Daumier, trois tableaux de Courbet, un tableau de Pissarro, quatre pastels et un tableau de Degas, un tableau de Monet, trois dessins et cinq tableaux de Renoir, un tableau de Van Gogh, un tableau et deux dessins de Seurat et un tableau de Toulouse-Lautrec. Il se félicite en ces termes auprès de Göring : « Tout cela de qualité remarquable [...] et bien aptes pour des échanges éventuels[13]. » À n'en pas douter, Hofer connaît des acheteurs sur le marché parisien désireux d'acquérir ces objets d'art, peu regardants quant à leurs origines.

Pour ce qui est des œuvres de Braque, l'artiste étant aryen, sa collection saisie à Bordeaux doit être délivrée. Hofer entre néanmoins en négociation avec le peintre au sujet d'un *Portrait de jeune fille* de Lucas Cranach, suggérant que sa collection lui sera rendue dans les plus brefs délais s'il se décide à le vendre. Cranach est en effet le peintre préféré de Göring.

Paul Rosenberg était au sortir de la guerre un homme meurtri. Un long combat s'annonçait pour recouvrer l'ensemble des œuvres qui lui avaient été dérobées. Il ne rouvrit pas la galerie parisienne. Passeur de la modernité, il endossa son rôle de pionnier et participa à la reconnaissance outre-Atlantique des peintres, artistes et amis qu'il avait, avant la guerre, découverts en France.

CHAPITRE 8

Le marchand René Gimpel,
de la place Vendôme à la Résistance

À la veille de la guerre, la galerie René Gimpel n'a plus le lustre des années 1920. René Gimpel, Juif originaire d'Alsace ayant fait le choix de la France en 1914, se définissant d'abord comme collectionneur puis comme négociant en tableaux et objets d'art, compte pourtant parmi les plus célèbres marchands de tableaux du XXᵉ siècle, à Paris mais également à Londres et à New York.

FRAGONARD, GREUZE, DERAIN

Combien d'œuvres aujourd'hui exposées dans les plus grands musées américains, britanniques ou français ont été évaluées à l'aune de l'expertise de René Gimpel ? Pour n'en citer que quelques-unes : *La Joueuse d'osselets* (1734) de Jean-Baptiste Chardin, aujourd'hui au Baltimore Museum of Art, *Vénus marine* (ou *Vénus Anadyomène*) de Théodore Chassériau, au musée du Louvre, *La Jeune Liseuse* (1769) de Jean-Honoré Fragonard, à la National Gallery of Art à Washington. Le *Journal* du marchand d'art[1], qui couvre les années 1918 à 1939, fournit, sans en avoir l'air, les origines de tableaux célèbres, rapportant l'histoire de leurs transactions. Ainsi celle du *Portrait de Madeleine Barberie de Courteilles* par Jean-Baptiste Greuze.

Le 11 octobre 1919, Gimpel se rendit à Claygate, au sud-est de Londres, pour la vente de la collection du baron anglais Lord Foley : « C'est une horrible maison qui n'a pas cent ans. Que de merveilles[2] ! » Là, au milieu de meubles français de belle facture et de services en porcelaine de Sèvres, il découvrit une toile ovale aux nuances pastel qu'il devina signée de Jean-Baptiste Greuze. Le tableau était délicieux : une demoiselle âgée d'une quinzaine d'années, vêtue de blanc, respire une rose déposée peu de temps auparavant dans une corbeille de fleurs qu'elle porte élégamment au bras gauche. Cette fermeté du pinceau, cette éclatante vivacité des roses étaient reconnaissables entre mille. Chérissant son avantage de connaisseur de la peinture française en territoire britannique, le marchand était sûr de lui : « Mon tableau, car je l'achèterai, ne se vendra pas cher[3]. » Quatre jours plus tard, Gimpel dépensa 4 300 livres pour l'acquisition du *Portrait de Madeleine Barberie de Courteilles* par Jean-Baptiste Greuze. L'œuvre devint le fleuron de sa collection, et lorsqu'elle n'était pas exposée dans sa galerie, 8, place Vendôme, dans le Ier arrondissement de Paris, elle était placée sur un chevalet installé devant un paravent de l'époque Kien-Long en laque de Coromandel, dans le salon d'apparat de sa résidence, rue Spontini, dans le XVIᵉ.

Le goût sûr de René Gimpel se partageait savamment entre les œuvres classiques et les productions des artistes contemporains. Derain, en particulier, recueillait tous ses suffrages. Les 17 et 18 novembre 1921, lors de la deuxième vente aux enchères publiques de la collection de la galerie Kahnweiler (qui avait fait l'objet d'une mesure de séquestre de guerre), il se porta ainsi acquéreur d'une toile intitulée *Les Deux Sœurs* (1914) et de quatre paysages de l'artiste, *Le Moulin* (1910, aujourd'hui titré *La Chapelle-sous-Crécy*), *Vue de Cassis* (1907), *Cassis* ou *Vue de Cassis* et *Arbres à Martigues* ou *Pinède, Cassis* (1907). Ces quatre œuvres de Derain témoignent à elles seules des pérégrinations des objets dérobés aux collectionneurs juifs pendant l'Occupation et de leurs difficultés à récupérer leur patrimoine. En effet, si *Cassis* ou *Vue de Cassis* a été restitué à la famille Gimpel en 2015, *La Chapelle-sous-Crécy* et la *Vue de Cassis* de 1907 sont aujourd'hui conservés au musée d'Art moderne de Troyes, *Arbres à Martigues* au musée Cantini à Marseille.

Le marchand de tableaux éprouva des difficultés à se relever après la crise de 1929. Son fort positionnement commercial outre-Atlantique le rendait vulnérable, alors que les acheteurs américains se faisaient rares à Paris. Il fut contraint de se séparer du *Portrait de Madeleine Barberie de Courteilles*, vendu en 1936 à Ernest Maus, marchand à Genève. Plus grave, il dut fermer sa galerie en 1939. Seule restait à René Gimpel la possibilité de pratiquer du courtage avec ses anciens confrères.

LUTTER ET SURVIVRE

Le 12 juillet 1940, la famille Gimpel quitte Paris pour une première étape à Vichy, à l'hôtel Montpensier. René Gimpel affiche des positions ouvertement antivichystes, et ce dès l'automne 1940. Ses convictions l'amènent, avec ses trois fils, à résister à l'ennemi. À Marseille, tout d'abord, il rejoint le réseau de résistance polonais F2, affilié aux services secrets britanniques. La société Azur-Transport abrite des actions clandestines sous sa couverture d'entreprise de transport par camions : Ernest, le fils aîné, fait partie de cette aventure. Jean les rejoindra dès sa démobilisation. Quant à Pierre, il s'engage dans l'armée britannique : il fera la guerre en Afrique.

René Gimpel trouve refuge avec son épouse Florence sur la Côte d'Azur, à Cannes ou à Monte-Carlo. À côté de ses activités dans la Résistance, il doit assurer le quotidien. Odile Firer, sa fidèle gouvernante demeurée à Paris, est sollicitée afin d'obtenir des informations qui permettraient d'ouvrir une petite société de restauration de tableaux. Il lui écrit depuis la zone dite libre :

« J'ai l'intention de fonder dans une ville de la zone non occupée une maison qui s'occuperait de la réparation des tableaux, de la restauration et de ce que l'on appelle le rentoilage. Mais c'est tout un métier et j'aurais besoin d'un patron ou d'un ouvrier pour m'aider à fonder cette affaire. À Paris, j'ai une maison qui s'occupe de ces choses pour moi. C'est la maison Leguay[4]. »

Une relation épistolaire se noue entre l'homme d'affaires et son ancienne employée. René Gimpel lui demande ses livres de comptes : « Je ne sais plus ce que j'ai moi-même comme toiles anciennes à la maison car mon livre d'inventaire est à Paris – heureusement – pas à la maison. Vous pourriez peut-être m'en faire une description des tableaux anciens avec mesure des toiles plutôt que des cadres[5]. » Il tente d'activer sa mémoire :

> « En dehors de chez moi : Rodin au Petit Palais en compte à demi avec Sidès – Marbre, chez Élisabeth Wildenstein caisse de livres, caisse aux Houdon – fillette, chez Pottier emballeur 2 statues italiens [*sic*] XIIe siècle, Houdon – La Fontaine – Terre cuite, Pajou, terre cuite Mme de Wailly, chez Murat à la campagne 4 têtes du XIIIe siècle en pierre, à l'Automobile club de l'île de France plusieurs meubles dont un secrétaire, une commode, un tapis, une table Louis XIV bois naturel, etc.[6] »

Le marbre grandeur nature d'Auguste Rodin *Ève en désespoir* (ou *La Méditation*, 1908-1910), dont se souvient René Gimpel, mérite que l'on s'arrête sur son itinéraire, tant il est exemplaire de l'errance des œuvres de cette collection et des questions soulevées lors des recherches de provenance.

Le 16 janvier 1923, à l'American Art Galleries à New York, lors de la vente de la collection du banquier américain Samuel Pomeroy Colt, René Gimpel se porta acquéreur pour la somme de 2 900 dollars, à compte à demi avec Alfredo Sidès, du lot numéro 91 : un modèle unique de Rodin. La statue était monumentale, représentant une femme, à peine détachée du fond de marbre, le visage indistinct caché entre ses bras. Les marchands d'art attendaient un retour significatif de leur investissement lorsque l'œuvre serait proposée à la vente en France. René Gimpel avança même une estimation : « Elle vaut facilement deux cent mille francs[7]. »

Une première proposition d'achat, en 1927, ne fut pas retenue. Les relations entre les deux hommes se tendirent alors, sans que nous connaissions la cause de ce refroidissement. À l'automne 1934, il fut même question, à l'initiative de Sidès, de sortir de l'indivision. De Versailles, où résidaient les Sidès, *La Méditation* rejoignit la rue Spontini. L'affaire avait-elle été entendue entre eux ? Lorsqu'en 1937 *La Méditation* fut présentée à l'exposition « Les Maîtres de l'art indépendant (1895-1937) », au Petit Palais, c'était avec une provenance unique : René Gimpel. Mais Raoul Salomon, un proche de Gimpel, indiqua le 26 octobre 1945 à l'exécuteur testamentaire de celui-ci, Serge Lemonnier, que le fruit de la vente de la propriété versaillaise de Sidès lui avait permis de conserver sa participation. Comment expliquer alors qu'un courrier du 27 septembre 1938 à destination de René Gimpel signé du conservateur adjoint du Petit Palais, désireux de retourner *La Méditation*, ne reçut pas de suite ? Une question à laquelle l'historien de l'art ne peut, en l'état actuel des connaissances, apporter de réponse. Quoi qu'il en soit, le 14 juillet 1945 *La Méditation* fut l'objet d'une revendication conjointe d'Alfredo Sidès et d'Ernest Gimpel auprès de la direction des Beaux-Arts de la préfecture de la Seine. Sidès souhaita s'assurer que ce marbre unique de Rodin n'intéressait pas les musées français : en 1948, le conseil d'administration du musée Rodin déclara ne pas souhaiter acquérir l'œuvre. *La Méditation* fut expédiée outre-Atlantique et présentée le 29 septembre 1958 à la galerie Wildenstein et Cie, 19 East 64th Street à New York. Le 1er octobre, la direction des Musées de France accorda une licence d'exportation à Serge Lemonnier ; ce dernier et la légataire universelle d'Alfredo Sidès, Ida Carasso, purent ainsi conclure l'affaire avec les Wildenstein. En 1969, *La Méditation* vint compléter la collection Meadows, à Dallas[8].

Le 28 janvier 1942, l'appartement parisien des Gimpel, 6, place du Palais-Bourbon, dans le VIIe arrondissement, est réquisitionné par la mission consulaire de l'ambassade d'Allemagne. L'autorisation d'enlèvement du mobilier intervient le 11 février : « Les malles ainsi que les tableaux et le mobilier appartenant à Monsieur et Madame Gimpel [seront] déposés provisoirement dans un garde-meuble au choix des propriétaires à Paris[9]. » Les Gimpel désignent le garde-meuble Robinot Frères. Mais, durant l'année 1942, ses locaux du boulevard Garibaldi, dans le XVe arrondissement, sont visités par un détachement de la Kriegsmarine, qui enlève d'autorité « un lot de 81 caisses contenant divers objets, tableaux, meubles, sculptures, etc. appartenant à Monsieur René Gimpel, qui devaient être dirigées sur Monte-Carlo[10] ». Les pérégrinations des multiples objets d'art alors emportés, loin d'être parfaitement tracées, alimentent la thèse de la confiscation par les Allemands d'une grande partie du stock comme de la collection personnelle des Gimpel.

« JE NE VEUX PAS VENDRE PICASSO OU CHARDIN »

Le marchand d'art est arrêté le 28 septembre 1942 par la gendarmerie de Charolles, en Saône-et-Loire, et conduit *sine die* au camp d'« indésirables » de Saint-Sulpice-la-Pointe, dans le Tarn. René Gimpel semble ignorer le motif de cette incarcération administrative, qui ne devrait pas, selon lui, excéder trois mois. Vingt lettres envoyées à sa femme Florence conservées dans les archives de la galerie Gimpel Fils à Londres[11] sont particulièrement intéressantes quant à l'activité quotidienne et à l'état d'esprit du marchand d'art. Dans les conditions précaires de ce camp « de la police nationale », René Gimpel lit des ouvrages en anglais (en particulier *The White Peacock* de D.H. Lawrence et *The Yearling* de Marjorie Kinnan Rawlings), donne des leçons d'anglais, organise à l'aide des envois de son amie Rose Adler une petite bibliothèque, remonte le moral d'un jeune peintre avec qui il s'entretient d'art – « Son idole est Cézanne », précise Gimpel. Il reçoit de nombreux colis qu'il partage avec ses compagnons de camp. Son moral n'est pas entamé, ses convictions pugnaces paraissent même renforcées. Une lettre émouvante envoyée à sa chère « Florie » à l'occasion des fêtes de Noël en témoigne :

« Je suis ennuyé que tu aies pleuré pour Christmas car je considère celui-ci comme le plus beau de notre vie. C'est un fier Noël, un Noël de lutte, une marche vers toutes choses libres, un Noël qui servira à rendre heureux nos enfants et petits-enfants. Et plus tard par un beau Noël, ils seront

HENRI MATISSE
zazouvrier - pasticheur

Les critiques (sic) le présentent comme un maître du dessin et un génie de la couleur. De quoi se marrer doucement...

Matisse, maître du dessin dont ils louent — à longueur de lignes — la nervosité du trait et l'originalité d'interprétation...

A part ça, vous pouvez toujours aller faire un tour au Musée Guimet...

Ou au Musée Indo-Chinois...

Vous comprendrez facilement d'où M. Matisse tient son « originalité »...

Vous découvrirez, avec stupeur, que le plus humble artiste d'Orient a plus d'émotion, de sensibilité dans un seul poil de son pinceau, que M. Matisse dans toute sa boîte à couleurs...

Mais là n'est pas la question.

Ce qu'il importe de fixer, c'est que tous ces zazoutrageants, qui se parent d'étiquettes en « iste » ont voulu faire la petite révolution esthétique que nous connaissons... AU NOM DE L'ART NOUVEAU...

De quoi pouffer, cette fois.

A moins de grincer des dents...

Rageusement !...

MOSDYC.

C'est jusqu'au 25 décembre prochain que les peintres AIMEE MOUTON et ALBERT JOUVE exposent — à la Brasserie « Les Coupoles », 137, avenue de Villiers, près la Porte Champerret — quelques œuvres récentes.

Ces deux sympathiques artistes n'ont rien de kasher.

Ni de zazou...

Félicitations.

C'est pourquoi nous ne leur ferons pas... le déshonneur de notre rubrique.

MAIN BASSE SUR
LES ŒUVRES D'ART

Dans *Au Pilori* du 8 octobre 1942, un article sur «Henri Matisse, zazouvrier-pasticheur».

© Mémorial de la Shoah

Ci-dessous : Le 11 mai 1941, l'Institut d'étude des questions juives est inauguré dans les locaux de la galerie Paul Rosenberg, 21, rue La Boétie, à Paris. Au premier plan, l'écrivain Louis-Ferdinand Céline et son épouse Lucette Almansor.

© Roger Berson/Roger-Viollet

Affiche relative à l'ordonnance allemande concernant la protection des objets d'art dans le territoire occupé de la France, juillet 1940.

© Mémorial de la Shoah

Ci-dessous : En 1942, la « salle des martyrs » au musée du Jeu de Paume, où sont entreposées les peintures modernes confisquées par les forces occupantes. Des œuvres de Léger, Matisse, Derain… Un tableau de Picasso, *Pomme*, se trouve sur le présentoir à la huitième place en partant de la droite : l'œuvre fera l'objet en mai 1942 d'un échange en faveur de Göring, puis se retrouvera sur le marché suisse. Elle sera restituée à Paul Rosenberg en 1947.

© Archives du ministère de l'Europe et des Affaires étrangères, La Courneuve

Préfecture de l'Aube

CONSERVATION des OEUVRES d'ART
dans les territoires occupés

A la demande de M. le Colonel Commandant SACHSSE, les instructions suivantes sont portées à la connaissance de la population :

« Par décret en date du 15 juillet 1940, ayant pour « objet la conservation des œuvres d'art en France occupée « (cahier n° 3, page 49), le Commandant en Chef de l'Armée a « pris des mesures pour que les œuvres d'art en France « occupée soient mises en sécurité, ceci afin d'éviter la dété-« rioration ou le vol. Le paragraphe 3 de ce décret spécifie « que les détenteurs d'œuvres d'art transportables sont tenus « d'en faire la déclaration écrite à la Feldkommandantur com-« pétente *avant le 15 août 1940* ou en un lieu désigné « par elle.

« Cette déclaration doit contenir les renseignements « suivants :

« 1° La désignation précise de l'œuvre d'art (y compris « les dimensions, la nature, l'époque de l'exécution, l'artiste) ;
« 2° Valeur de l'œuvre ;
« 3° Nom et qualité du propriétaire ;
« 4° Nom et qualité du détenteur ;
« 5° Désignation précise du lieu où elle se trouve.

« Les œuvres d'art dont la valeur n'atteint pas 100.000 fr. « ne sont pas soumises à cette déclaration.

« La déclaration des œuvres d'art transportables d'une « valeur de 100.000 francs et au-dessus doit être faite à la « Feldkommantur 531, Section administrative, Hôtel Ter-« minus, Troyes. »

Signé : **SACHSSE**
Colonel et Commandant.

Copie certifiée conforme pour exécution avant le 15 Août 1940.

Le Préfet : **Hector MACARY.**

Le 3 décembre 1941, au musée du Jeu de Paume, Hermann Göring, Walter Andreas Hofer, conservateur de la collection de ce dernier, et Bruno Lohse, chef adjoint de l'ERR, procèdent à l'échange en faveur du Reichsmarschall d'une œuvre de Jan Brueghel contre quatre tableaux de Matisse issus de la collection Paul Rosenberg.

Femme avec branche d'amandier dans une potiche jaune, 1940, Henri Matisse. Cette œuvre de la collection Paul Rosenberg est encore aujourd'hui en déshérence.

Le 4 novembre 1943, Alfred Rosenberg, responsable de l'ERR à Berlin, l'organisme du Reich en charge de la confiscation des œuvres d'art dans les territoires occupés, vient admirer au musée du Jeu de Paume la collection d'Adolphe Schloss, confisquée en avril. Il est accueilli par René Huyghe, conservateur au département des Peintures du Louvre. À gauche, on distingue la jupe de Rose Valland, attachée de conservation au Jeu de Paume, et à ses côtés Germain Bazin, adjoint de René Huyghe, et Bruno Lohse, chef adjoint de l'ERR.

© Archives du ministère de l'Europe
et des Affaires étrangères, La Courneuve

inondés de bonheur parce qu'au Noël 1942 leurs parents ou grands-parents auront été séparés et l'un jeté en prison pour devoir sacré et sans limite. »

Le découragement, en effet, guette Florence, rentrée de Vichy où elle a cherché en vain un intercesseur auprès du gouvernement pour obtenir la libération de René.

Gimpel incarcéré n'oublie pas ses affaires. Florie est priée de suivre ses instructions : « Écris à Serge [Lemonnier] exactement ceci : René a en sa possession le portrait de la petite fille en bleu et en veut pour lui 250. Explique-lui que je ne puis plus envoyer que des cartes de 5 mots » ; ou : « Écris à Mr Chaleyssin, 43 rue de France à Nice : Monsieur, mon mari ne sera de retour qu'au mois de décembre. Je vous remercie en son nom de votre lettre... Veuillez agréer tous mes compliments. » Il poursuit ses affaires même lorsque sa santé se dégrade, et qu'il est transféré à l'infirmerie du camp : « Je ne veux pas vendre Picasso ou Chardin qui ont une vraie valeur » ; il insiste dans le même courrier : « Le franc est hélas tant descendu qu'il ne faut pas sacrifier ce qui a une valeur internationale. Je veux pour cette raison garder le Picasso et le Chardin ». René Gimpel est enfin libéré le 5 janvier 1943. Ce n'est que pour mieux reprendre la lutte. Jusqu'à une nouvelle arrestation en 1944, sur dénonciation.

Lors de son exil, René Gimpel avait confié à la maison Chaleyssin, basée à Nice et à Monte-Carlo, deux *Enseignes de parfumeur* de Chardin, à charge pour son gérant, un certain Ott, et pour son vendeur, Maurice Lafaille, de les vendre contre la somme de 4 500 000 francs. Lafaille était entré en contact avec le marchand d'art Jean-François Lefranc, qui s'était montré fort intéressé. Quelque temps plus tard, Lefranc s'était rendu à Nice accompagné de Cornelius Postma, qui, en qualité d'expert, avait confirmé l'estimation de 4 500 000 francs : Lefranc avait conclu verbalement l'affaire puis regagné Paris. Le 4 mars 1944, un groupe de la Gestapo vient apposer les scellés sur les deux Chardin. L'affaire prend un tour nouveau lorsqu'un membre de l'ERR du nom de Kroske arrache les scellés sur les Chardin, en appose de nouveaux et procède à l'enlèvement des tableaux.

Avant la guerre, courtier à la recherche de marchandise, Jean-François Lefranc fréquentait assidûment la galerie de René Gimpel. Il apparaît dans le cahier de visite comme l'un des derniers clients de l'année 1939, obtenant du marchand le prêt d'un tableau de Jean-Baptiste Perronneau. C'est lui qui, devant l'opportunité de faire main basse notamment sur les deux enseignes de Chardin, aurait dénoncé Gimpel comme juif et pour faits de Résistance : de nombreux témoignages en attestent[12]. Serge Lemonnier, antiquaire de son état et neveu de Florence Gimpel, rapporta par le menu la dénonciation à la Gestapo de Mâcon de René Gimpel par Jean-François Lefranc. Ses dires furent corroborés par un certain Brugeroux, propriétaire de l'hôtel du Lion d'Or à Charolles (l'hôtel où résidait René Gimpel).

René Gimpel est arrêté à Poisson, en Saône-et-Loire, le 3 mai 1944. Il est dès le lendemain conduit à la prison de Montluc, tenue par la Gestapo. Puis, le 22 mai, il est acheminé au camp de transit de Royallieu, à Compiègne. Le 15 juillet, un convoi le conduit au camp de concentration de Hamburg-Neuengamme, dans le nord de l'Allemagne, sous le matricule 37033. Il y meurt d'urémie le 3 janvier 1945. Il ne sera déclaré « mort en déportation » que le 6 juillet 1993.

Le 20 novembre 1946, Ernest et Pierre, souhaitant poursuivre l'œuvre de leur père, ouvrent un commerce d'art à Londres. En hommage filial, ils ajoutent « Fils » à la désignation de la galerie. Ils peuvent dans cette entreprise compter sur leur frère Jean, historien qui prolonge l'intérêt de son père pour l'art médiéval en publiant en 1958 un ouvrage remarqué : *Les Bâtisseurs de cathédrales* (Seuil).

III

EFFERVESCENCE DANS LES HÔTELS DE VENTE AUX ENCHÈRES

CHAPITRE 9

L'Hôtel Drouot sous l'Occupation

Chaque dispersion de biens culturels aux enchères publiques, ordonnancée dans une salle d'un hôtel de vente, possède sa propre histoire, liée à l'ordre de la présentation des lots, au charisme du commissaire-priseur, au public présent, à l'ambiance dans la salle, surtout à la rareté des objets proposés. C'est alors que se fabrique la cote artistique d'une œuvre mais aussi que se constituent sa matérialité et sa biographie. S'il veut écrire une histoire du marché de l'art, le chercheur doit donc se livrer à une microanalyse des plus grandes ventes, appréhender le moment fugace où les œuvres rassemblées au sein d'une collection, souvent avec patience et passion, changent de possesseurs par le marteau d'un commissaire-priseur.

LE POULS DE LA VIE PARISIENNE

Fondé en 1852, l'hôtel des ventes de Paris, que l'on appelle l'Hôtel Drouot, du nom de la rue où il siège, s'apparente à une

« bourse de l'art » – même s'il n'est pas rare que des entreprises de débarras apportent leur lot de bric-à-brac. Les maîtres de céans sont les commissaires-priseurs. Il s'agit d'officiers ministériels, dont les charges ont été longtemps héréditaires : à ce titre leurs archives doivent être versées aux Archives de Paris. En 1940, quelque quatre-vingts commissaires-priseurs forment cette puissante corporation qui organise les ventes publiques d'effets mobiliers après des décès, des divorces, par la volonté de particuliers ou par l'obligation qui est faite à ceux-ci de se débarrasser de certains biens – les professionnels parlent de la règle des trois D, décès, divorces et débarras. Les ventes peuvent aussi être ordonnées par autorité de justice. Sous la houlette des commissaires-priseurs, un petit monde évolue, tout dévoué à l'organisation des ventes aux enchères : des metteurs sur table, des clercs aux étiquettes, des clercs caissiers, des crieurs et surtout des commissionnaires à collet rouge. Les commissaires-priseurs se partagent les différents domaines de compétence : qui les meubles, qui les tableaux, qui les livres ou les armes, les monnaies, les autographes, les objets de haute curiosité, etc.

Depuis le XIXᵉ siècle, les descriptions littéraires présentent l'Hôtel Drouot comme un lieu pittoresque, attaché à ses us et coutumes et régi par ses propres règles. Les marchands, courtiers, collectionneurs et amateurs fréquentent frénétiquement l'hôtel des ventes, s'observent les uns les autres. Les anecdotes fusent, s'échangent à demi-mot, qu'elles aient trait à l'origine de la marchandise ou à la réputation de tel intermédiaire ou marchand. Les acquisitions de haute lutte ou les belles ventes de collections d'amateurs, souvent constituées sur plusieurs générations, dispersées en quelques heures au « plus offrant », sont autant de scènes chroniquées où évoluent les protagonistes d'un monde codé. Aussi, à chaque époque, l'Hôtel Drouot reflète la société qui lui est contemporaine.

Pendant l'Occupation, alors que les pénuries frappent Paris, on vend de tout à l'Hôtel Drouot : de belles pelleteries, en petit-gris, en loutre, en martre, en hudson, en hermine, en renard, en pékan, en zibeline, en vison du Canada ou encore, fin du fin, de beaux manteaux en breitschwanz moiré ; des bijoux, bagues, brillants en taille d'émeraude, brillants ronds, colliers en perles fines d'Orient, montres, étuis à cigarettes en or et platine. On vend aussi beaucoup de pièces d'argenterie : des plats longs, ronds, des légumiers, des huiliers, des saucières, des théières, des jattes à crème, des couverts de toutes tailles, des couverts à entremets, des louches, etc. Des meubles de tous styles sont proposés aux enchères publiques : de la vitrine demi-lune au mobilier de salon en Aubusson, en passant par les commodes, les bureaux, les bahuts, les horloges, les portemanteaux, les tables et guéridons. On trouve également du linge de maison : des draps et taies d'oreillers, du linge d'office, des nappes, napperons, serviettes, torchons, dessous de carafes garnis de broderies et dentelles de Binche, Cluny, Irlande, Milan, Valenciennes ou Venise. On vend aussi d'excellentes cuvées ; c'est par exemple en 1941 la dispersion de la cave du marquis de Ganay sous l'autorité de Mᵉ Étienne Ader qui affirme dans *Le Figaro* du 5 novembre :

« Mises aux enchères de ces précieux flacons, en présence d'une assemblée où l'élément féminin dominait. Les Côtes du

Rhône triomphèrent : un Hermitage 1879 ne fut pas cédé à moins de 230 francs la bouteille, un Château Fulminant 1920 mis en bouteille au château s'enleva moyennant 170 francs… Que de belles heures en perspective ! »

On peut alors se porter acquéreur de tout, depuis des timbres-poste montrant les raretés de France, des colonies ou d'Europe, jusqu'à un château, celui de Montmorency, à Grand-Quevilly, datant de la seconde moitié du XVIIe siècle, et qui part le 29 octobre 1941 pour la modique somme de 37 500 francs.

Un temps fort attire le Tout-Paris et le monde de l'art parisien et international : les grandes ventes de tableaux. Drouot se transforme alors en musée, les salles d'exposition s'ornant, quelques jours avant la présentation, de lots prestigieux. Le commissaire-priseur préside, juché sur une estrade, aidé dans sa fonction par des experts. La salle s'échauffe, en attente de la présentation des pièces les plus importantes. Un chroniqueur de l'hôtel des ventes, Jules Clarétie, peut s'écrier : « Je ne sais pas de coin parisien où le pouls de notre vie batte plus vite. » Le fait est indéniable : en ces temps de guerre, le marché de l'art en général et celui des tableaux de chevalet en particulier est florissant dans la capitale.

SOUS LA SURVEILLANCE DE LA KOMMANDANTUR

L'Hôtel Drouot a été fermé à l'été 1940. Dès le 26 septembre, le représentant du Kunstschutz de la région militaire de Paris signale une requête adressée par une délégation conduite par l'expert Pierre Blanc afin qu'il permette la reprise des enchères publiques d'œuvres d'art à l'hôtel des ventes. Cela en dépit de l'ordonnance allemande du 30 juin 1940 concernant la « mise en sûreté » sur le territoire de la France occupée des objets d'art, qu'ils appartiennent à l'État français ou à des particuliers. L'autorisation est accordée à condition que soient respectées les clauses de l'ordonnance allemande du 15 juillet 1940 sur la « protection des objets d'art dans le territoire occupé de France ». Celle-ci implique pour les enchères publiques que le catalogue d'une vente soit remis à la Kommandantur dès lors qu'un objet est estimé plus de 100 000 francs ; quand ledit objet change de mains, son prix et l'adresse du nouveau propriétaire sont signalés. Il est ainsi facile, pour les autorités, d'obtenir les coordonnées des collectionneurs et de dresser, le cas échéant, une cartographie des domiciliations des amateurs d'art.

Ces prescriptions semblent avoir été scrupuleusement suivies par les commissaires-priseurs. Plusieurs ventes sont signalées dans les dossiers du délégué à la Protection des arts auprès du Militärbefehlshaber, le commandement militaire : Étienne Ader indique la vente le 6 février 1941 d'un tapis persan pour la somme de 115 000 francs à Syda, 64, rue de Provence ; Charles Queille déclare en date du 10 février 1941 : « Je m'empresse de vous aviser qu'un tableau a été adjugé 108 000 francs à M. d'Hubert, 6, rue Murillo. Le vendeur était M. Lourdelet, 61, rue du Vivier à Aubervilliers (Seine)[1] » ; Philippe Delorme signale le 2 avril 1941 à Hermann Bunjes, directeur de l'Institut de l'art alle-

mand (Kunsthistorische Forschungsstätte), qu'il procédera
« le 4 avril 1941 à la vente de tapisseries du XVIᵉ siècle
salle I de l'Hôtel Drouot sous le n° 163 du catalogue
ci-joint dont l'ensemble doit dépasser la valeur de cent mille
francs[2] ». Particulièrement informatif est le signalement
d'André Collin au sujet de l'achat réalisé le 1ᵉʳ avril 1941,
pour 120 000 francs, par Bruno Lohse, de deux panneaux
peints de l'atelier de Cranach appartenant à la comtesse
de Bonneval, 36, rue Scheffer, Paris XVIᵉ. Lucas Cranach,
nous l'avons dit, est l'artiste préféré de Göring ; il est aussi,
avec Pieter Brueghel et Rembrandt, l'un des peintres les
plus recherchés par Adolf Hitler. Bruno Lohse sait qu'il
peut compter sur un fort retour sur investissement lorsqu'il
revendra les panneaux.

Par arrêté du préfet de la Seine du 25 mars 1941,
La Gazette de l'Hôtel Drouot peut également continuer
à paraître. Depuis 1891, la *Gazette* publie une fois par
semaine les annonces judiciaires et légales en matière de
procédure civile et de commerce, à côté de rubriques
diverses : chroniques des ventes passées, annonces de celles
à venir, résultats chiffrés des ventes parisiennes de l'Hôtel
Drouot comme de celles, moins nombreuses, du Crédit
municipal de Paris et des ventes de province. On y trouve
aussi les nominations de commissaires-priseurs. Dans la
Gazette du 19 janvier 1940, on apprend ainsi la nomination de Paul Peschetau, office 27, en remplacement de
Mᵉ Foye. Paul Peschetau est fils du commissaire-priseur
Peschetau à Tours, « élevé dans la connaissance du métier
par son père ». L'Hôtel Drouot ne cache rien de ses pratiques endogamiques initiées par la transmission des offices

par héritage ou par donation. Sans surprise, les règles de l'entre-soi ont dans ce milieu force de loi.

DROUOT INTERDIT AUX JUIFS

Le règlement de l'Hôtel Drouot s'attache pendant la guerre à suivre les directives de la préfecture de police. Le journal *Au Pilori* s'insurge le 5 juin 1941 :

« Le seul commissaire-priseur juif est M. Maurice Rheims, [...] fils du général Rheims mobilisé en 1939 dans le génie chemin de fer, Croix de guerre, qui s'est replié avec son unité. Cette constatation ne change rien au fait que l'esprit qui règne dans les milieux des salles des ventes est 100 pour 100 enjuivé et les tractations qui s'y font – rarement correctes. »

Le journal préconise dans ces conditions un « nettoyage » approfondi de l'Hôtel Drouot :

« Profitons donc de l'éclipse législative – éclipse que nous souhaitons définitive – pour nettoyer la maison. Nettoyage intérieur : 1° Il faut pour commencer exiger autre chose des commissaires-priseurs qu'un casier judiciaire vierge. Exiger autre chose que la possession des millions nécessaires à l'achat d'une charge vacante. Il faut exiger de ces messieurs une honnêteté, une intégrité absolues sous peine des plus graves sanctions ; 2° Exercer un contrôle rigoureux des ventes pour interdire au petit marteau de buis certaines petites fantaisies. [...] ; 3° Avant la mise en vente, contrôle strict des marchandises pour éviter autant qu'il sera possible la vente d'objets volés. Nettoyage extérieur : Interdire aux Juifs l'accès de la salle des ventes. »

Et l'auteur de conclure : « Ces mesures peuvent être prises immédiatement... Immédiatement leurs effets salutaires se feront sentir. »

Des lettres anonymes ont de leur côté alerté les autorités d'Occupation sur le fait que « de nombreux Juifs participent comme acheteurs » aux ventes qui se déroulent à Drouot et que « les ventes s'effectueraient encore dans les couloirs de l'établissement »[3]. L'accès aux salles de vente est donc interdit aux Juifs, sur décision du Commissariat général aux questions juives. Des affiches sont apposées le 17 juillet 1941. Le service d'ordre a été renforcé, chaque visiteur étant prié de montrer sa carte d'identité. Pour autant, il se trouve de fins observateurs, parmi la clientèle de l'hôtel des ventes, pour dénoncer encore la présence d'« éléments juifs ». Le 15 août, le docteur Laurent Viguier, membre de l'Institut d'étude des questions juives, rapporte au secrétaire général de celui-ci, le capitaine Sézille, qu'à sa connaissance Maurice Berkovitch « continue à acheter dans les ventes en ville[4] ». Les lettres de dénonciation se multiplient. Ainsi cette lettre datée du 17 novembre 1941 :

« Monsieur le secrétaire général,
J'ai l'honneur de porter à votre connaissance que malgré les affiches interdisant l'entrée de la Salle des ventes aux Juifs, ces derniers y pullulent. M'étant rendu hier dans les salles de l'Hôtel Drouot, j'ai constaté que les marchands juifs continuaient à y exercer leur négoce en toute tranquillité et qu'aucune

mesure ne semblait avoir été prise pour appréhender ceux qui contrevenaient aux ordres du commissaire aux Questions juives. Ces faits ajoutés à de nombreux autres qu'il est inutile d'énumérer ici car vous ne devez pas les ignorer, témoignent que l'exécution des ordonnances contre les Juifs est appliquée avec mollesse sinon avec regret. [...] Est-ce là la Révolution nationale[5] ? »

Les 17, 18 et 19 novembre 1941 doit se tenir la vente de la succession de Charles Perriollat. Mais, le 14, Étienne Ader reçoit un courrier du capitaine Sézille lui enjoignant de l'annuler, « conformément à l'arrêt préfectoral interdisant aux Juifs l'accès aux salles de ventes publiques ». Devant les protestations du commissaire-priseur, le secrétaire général de l'Institut d'étude des questions juives lui répète les exigences des autorités d'Occupation : « Chasser les Juifs d'un domaine artistique qu'ils ont mis à l'encan, ne pas permettre que les enjuivés qui ont trafiqué avec eux continuent leur complicité. » Et Paul Sézille de rappeler que d'une part la vente Perriollat fixée le 5 juillet précédent à Versailles a été interdite par le préfet de Seine-et-Oise, que d'autre part le catalogue a été rédigé « par l'expert juif Leman, ce qui frustre les experts aryens qualifiés[6] ». L'éradication de toute présence juive à l'Hôtel Drouot passe aussi par la fin de l'activité des experts considérés comme tels. Le courrier du cabinet du préfet de la Seine, le 24 novembre, au capitaine Sézille est lourd de sens :

« Vous avez bien voulu porter à ma connaissance certains faits concernant l'activité des experts juifs dans les ventes publiques. J'ai l'honneur de vous faire connaître que j'ai aussitôt transmis votre lettre à M. le Préfet de Police, comme rentrant, par son objet, dans ses attributions. Je puis ajouter qu'en ce qui concerne le Crédit municipal, j'ai interdit l'accès des salles de vente de cet établissement aux Israélites[7]. »

La vente Perriollat aura finalement lieu. Mais, dès le 19 décembre 1941, un catalogue pour une vente de tableaux anciens et modernes, de dessins, de bijoux, d'argenterie, de sièges et de meubles porte en page de garde la mention de Mᵉ André Deurbergue, administrateur provisoire de l'étude de Mᵉ Maurice Rheims. À la fin de l'année 1941, l'Hôtel Drouot a été « vidé » de toute présence juive.

UNE SOIF D'ACHAT

La physionomie des amateurs courant les ventes de l'Hôtel Drouot évolue au cours des années d'Occupation. Les personnes de confession juive sont exclues. Les grands collectionneurs étrangers ne viennent plus à Paris, préférant se faire représenter. La clientèle provinciale ne se déplace plus guère non plus. Pourtant, de « nouveaux » amateurs affluent.

Aux charmes d'un endroit éminemment parisien, l'occupant du « gai Paris » ne peut que succomber. Les représentants et directeurs de musées allemands et de galeries d'art sont nombreux à l'Hôtel Drouot : Rheinisches Landes Museum de Bonn, Kunstverein de Cologne, Stadtische Kunstsammlung de Düsseldorf, Folkwang Museum d'Essen, Volkermuseum de Francfort-sur-le-Main, Museum

Kunsthalle de Hambourg, Kunsthalle de Karlsruhe, Musee Die Neue Pinakothek de Munich, etc. Les marchands d'art allemands et certains ressortissants suisses fréquentent également avec assiduité l'hôtel des ventes : Karl Haberstock et Hildebrand Gurlitt, puis Bruno Lohse, mais aussi Hans W. Lange, un certain Maurer et Siegfried Kotz.

Enrichis par le marché noir, disposant de liquidités, les nantis de l'Occupation investissent également les salons de l'Hôtel Drouot. Dès 1967, la sociologue des arts Raymonde Moulin en faisait état :

« Les enrichis du marché noir ont cherché dans la peinture une garantie financière, un élément de prestige social, mais aussi une source de plaisir. Ils sont allés à celle qui leur proposait ce qu'ils aimaient dans la vie, aux tableaux décoratifs capables de conférer agrément et élégance à leur vie quotidienne et dont les formats modestes convenaient aux appartements modernes. Ils firent, dès la période de guerre, le succès qui ne devait pas être démenti au cours des années d'après-guerre, des natures mortes et plus particulièrement des bouquets de fleurs, quelle que soit leur date ; des paysages, en particulier des paysages italiens du XVIIIᵉ siècle et des paysages impressionnistes[8]. »

Les experts savent profiter de la soif de consommation de tous ces nouveaux venus. Le journal *Résistance* l'expliqua concernant Pierre Blanc, expert en tableaux anciens, dans sa livraison des 2 et 3 février 1947 :

« Blanc joua le rôle de dévoué serviteur auprès des services des Beaux-Arts allemands qui recherchaient des toiles de valeur. Avec complaisance, Blanc leur indiqua dans quelles collections il fallait les chercher. L'expert, qui était avant tout homme d'affaires, se trouva un jour sur le point de vendre 700 000 francs, comme vrai, un faux Corot qu'il avait payé 10 000 francs. Pour aboutir à la transaction, encore fallait-il une authentification. À un expert de ses amis fut confiée cette tâche ; celui-ci refusa à Blanc de couvrir sa malhonnêteté. Pierre Blanc entra en fureur et menaça son collègue des foudres de la Gestapo. Quelques jours plus tard, l'expert fut convoqué par la police. Si Blanc vendait des faux tableaux à ses collègues, il négociait les vrais à l'ambassadeur allemand Rahn et au docteur Schmidt. À cette accusation, Blanc s'étonna ; il n'eût jamais pensé qu'on pût lui en faire grief. »

Sur le marché de l'art en général à cette époque, et à l'Hôtel Drouot en particulier, les copies d'œuvres originales font florès. « Écouler » des répliques auprès des Allemands devient le sport préféré des marchands âpres au gain. Il suffit pour s'en convaincre de relever dans les achats de Maria Almas-Dietrich les innombrables copies acquises, à des prix exorbitants, pour des originaux[9]. Hildebrand Gurlitt achète également à Paris des œuvres apocryphes : citons une *Scène allégorique* attribuée à Marc Chagall (un faux) et deux dessins attribués à Auguste Rodin (un *Nu féminin agenouillé* d'Odilon Roche et une *Danseuse exotique* très certainement de la main d'Ernest Durig)[10] trouvés dans le trésor de Schwabing.

CHAPITRE 10

Des ventes exceptionnelles
sous les maillets d'ivoire

Respectueux du règlement, Étienne Ader signale le 5 décembre 1942 aux autorités allemandes qu'il procédera le vendredi 11 décembre à 14 heures à l'Hôtel Drouot, dans les salles n° 9, 10 et 11, à une vente de tableaux issus de la succession du chirurgien-dentiste Georges Viau. Le commissaire-priseur indique que figurent au catalogue cinq œuvres qui pourraient lors des enchères dépasser les 100 000 francs : trois pastels de Degas, *Nu assis s'essuyant*, *La Coiffure après le bain*, *Après le bain, femme s'essuyant*, une toile de Cézanne, *La Vallée de l'Arc et la montagne Sainte-Victoire*, et une toile de Pissarro, *La Route du Cœur-Volant à Louveciennes*.

La collection du docteur Viau :
46 millions de francs

La dispersion de la collection de Georges Viau, mort en 1939, est un événement parisien. En janvier 1941, Jacques Mathey décrit dans le journal *Beaux-Arts* le chirurgien-dentiste collectionneur comme « un amateur-né, petit vieillard au nez pointu, à l'œil preste comme celui d'un moineau [...], voyant le monde et les gens à travers la peinture qu'il aimait ». Sa collection a pu contenir jusqu'à trois cents tableaux de qualité rarissime. La publicité autour de la vente est exceptionnelle, aussi bien en France qu'en Allemagne : 3 500 catalogues illustrés et 2 000 catalogues ordinaires sont envoyés aux amateurs et marchands.

Dans les trois salles réunies en une seule, les commissaires-associés Étienne Ader, Alphonse Bellier et Henri Baudoin sont assistés des experts André Schoeller, Charles et Pierre Durand-Ruel. Parmi les acheteurs ou collectionneurs, signalons la présence de Mme Louis Viau, belle-fille de Georges Viau, d'un intermédiaire d'Erhard Göpel (un des principaux marchands de la galerie de Linz), de Jean Dieterle, spécialiste de Corot, et de représentants des institutions muséales françaises, suisses et allemandes. Remarquée aussi la présence d'officiers allemands, à qui les places de choix, autrefois réservées aux grands collectionneurs, sont allouées. En témoigne le récit d'un fin observateur :

« Je me trouvais à la première vente Viau à l'Hôtel Drouot, assis au rang derrière le docteur Simon, que je connaissais comme médecin et comme collectionneur. Un peu avant le début de la vente, un civil, que le docteur Simon m'a dit être le général allemand Brueschwiller [*sic*], est arrivé et a serré la main de MM. Ader et Schoeller. Puis il est revenu vers la salle et, toutes les chaises étant occupées, il s'est arrêté devant le docteur Simon en inclinant légèrement la tête. Le docteur Simon s'est levé et est resté debout[1]. »

Dans une atmosphère de surchauffe s'ouvre la vente de dessins, aquarelles, gouaches, pastels et peintures d'impressionnistes.

Le musée du Louvre a recours à six reprises à son droit de préemption. Ainsi, le numéro 69 au catalogue, un pastel de Degas, *Femme à sa coiffure*, portant en bas à gauche le timbre de l'atelier, est acquis par le musée parisien pour la somme de 1 500 000 francs. Le numéro 99, un tableau de Delacroix intitulé *Nu assis, de profil à gauche (Mademoiselle Rose)*, atteint la même somme. Le total des achats du Louvre se porte à 4 293 500 francs.

L'expert André Schoeller a été désigné comme intermédiaire du docteur Hildebrand Gurlitt[2]. Il fait sensation lors de la présentation du lot n° 78, poussant jusqu'à 5 millions de francs l'enchère pour *La Vallée de l'Arc et la montagne Sainte-Victoire* de Cézanne. Schoeller complète les achats de Gurlitt d'une peinture de Corot (*Paysage composé – Effet gris*, 1 210 000 francs), d'un portrait sur toile par Honoré Daumier (*Portrait d'un ami de l'artiste*, 1 320 000 francs), d'une toile de Camille Pissarro (*La Route du Cœur-Volant à Louveciennes*, 1 610 000 francs) et de neuf dessins de Jean-Baptiste Corot (*Paysage avec arbres et rochers d'Italie*,

39 000 francs), Eugène Delacroix (*Conversation mauresque sur une terrasse*, 40 100 francs), Jean-François Millet (*Deux paysans revenant aux champs*, 100 000 francs), Auguste Rodin (*Étude de femme nue debout, les bras relevés, les mains croisées au-dessus de la tête*, 28 100 francs), Théodore Rousseau (*Vue de la vallée de la Seine*, 24 000 francs) et Edgar Degas (*Danseuse saluant*, 301 000 francs, *Nu de profil s'essuyant le bras*, 219 000 francs, *Portrait de James Tissot*, 42 000 francs, *Nu assis*, 82 000 francs). Pour l'anecdote, le Cézanne et le Daumier se révéleront des faux.

Les prix s'envolent, faisant monter la prisée à 46 796 000 francs. Quinze œuvres dépassent le million de francs, somme inouïe aux dires des experts. Comment expliquer un tel succès ? D'abord par l'intérêt de la collection, patiemment réunie pendant soixante ans, et qui offre un panorama de l'art français. Si Georges Viau était un amateur au goût très sûr, il était également lié avec quelques-uns des grands impressionnistes : Monet, Pissarro, Renoir et Sisley. Il était également l'ami de Degas et de Vuillard. Ses œuvres étaient prêtées lors d'expositions internationales. Ensuite, les officiers allemands, mais également les représentants du musée du Louvre présents dans le public, par leur simple intention de se porter acquéreurs, confèrent un large prestige à la vente. En cela, la dispersion de la collection de Georges Viau est emblématique de l'effervescence qui a saisi l'Hôtel Drouot durant ces années.

Les émoluments des commissaires-priseurs sont à la hauteur :

« Sur les droits que verse l'acheteur d'un objet aux enchères et dont la majorité va à l'État, le commissaire-priseur garde 6 % dont il verse la moitié à la caisse commune. De ce fait, 3 % seulement représentent ses frais d'étude et sa rémunération personnelle. Mais 3 % sur des ventes dépassant assez communément le million, c'est tout de même un joli denier. 3 % sur les quarante-six millions de la vente Viau, pour ne citer que la dernière en date des grandes attractions, cela fait même un inestimable magot. Cela fait exactement un million trois cent quatre-vingt mille francs pour un après-midi[3]. »

Quelques jours plus tard, une demande d'autorisation d'exportation en Allemagne des treize œuvres achetées par Hildebrand Gurlitt est formulée par Me Étienne Ader. L'officier ministériel, assuré sans doute d'obtenir les licences d'exportation, a déjà donné ordre d'entreposer les œuvres à la maison de transport Gustav Knauer.

Le conservateur au département des Peintures au musée du Louvre, Germain Bazin, signale dans une lettre du 21 janvier 1943 qu'« étant donné la personnalité de Me Ader et la qualité de l'acquéreur, il semble qu'il ne soit pas utile d'aller vérifier en douane si les tableaux sont bien ceux de la vente Viau ; on peut se demander toutefois s'il est opportun de faire une exception à l'obligation de la visite en douane qui supprime tout danger de substitution. En conclusion, il ne paraît y avoir aucun inconvénient à autoriser la sortie des treize tableaux mentionnés ci-joints[4] ». Les treize tableaux indiqués proviennent effectivement de la vente Viau : il n'y a pas eu de substitution. Mais il est étonnant qu'une autorisation puisse être ainsi accordée sur la seule bonne foi d'un commissaire-priseur.

Il s'agit avant tout, concernant le marché de l'Hôtel Drouot, de ménager l'occupant ; quitte à se porter caution de pratiques peu éthiques. La somme totale dépensée par Hildebrand Gurlitt avoisine les 10 millions de francs : des débours deux fois plus importants que ceux engagés par le musée du Louvre.

INGRES, L'EXPERT
ET LE MARCHAND ALLEMAND

Les ventes de tableaux, peintures, aquarelles, gouaches, pastels, dessins, miniatures, sculptures sont nombreuses durant ces années, comme en témoignent les catalogues de la collection Jacques Doucet conservés à l'Institut national d'histoire de l'art. Les principaux événements répertoriés en 1941 sont, outre la vente de la collection de Georges Viau, celle de la succession de Charles Perriollat, en novembre, celle de la collection du critique d'art Félix Fénéon, en décembre, et celle de la succession de Robert Delacre, en décembre également. L'immoralité de la situation, qualifiée par l'historienne Laurence Bertrand Dorléac de « fausses continuités du marché de l'art parisien[5] », se signale par une accélération des transactions des objets d'art, décrite dans *Le Figaro* le 29 octobre 1941 :

« L'Hôtel Drouot ne désemplit pas, les marteaux résonnent dans toutes les salles et le va-et-vient dans les magasins est sans interruption. Les beaux jours sont revenus pour les braves commissionnaires, car les appels stridents et métalliques qu'emploient les fidèles de la maison des enchères se succèdent avec entrain... »

En ces années noires, les commissaires-priseurs organisent de belles ventes sous leurs maillets d'ivoire.

Étienne Ader et Georges Ferrey président la vente de la succession de Charles Perriollat les 17, 18 et 19 novembre 1941. Karl Haberstock, conseiller particulier pour la galerie de Linz, est présent lors de la première vacation et achète quatre lots pour la somme totale de 718 000 francs : une école de Bruges, deux pendants sur bois titrés *Cortège de cavaliers* ; une école flamande, *La Vierge et l'Enfant* (vers 1500) ; une *Vierge et l'Enfant* attribuée au Maître de Fucecchio[6] – le clou de la vente ; une peinture sur bois d'un maître inconnu, *La Mort de la Vierge* (vers 1500). La vente des 150 lots de la succession Perriollat produit au total 2 350 078 francs.

Le 4 décembre, c'est la vente des dessins, aquarelles, gouaches et tableaux modernes réunis par Félix Fénéon. La collection, impressionnante, compte quarante-huit tableaux de Pierre Bonnard, Georges Braque, Edgar Degas, Maurice Denis, Marcel Gromaire, André Masson, Henri Matisse, Auguste Renoir, Paul Signac, ainsi que quinze dessins et neuf peintures de Georges Seurat. Fénéon n'est pas seulement un amateur et un critique d'art, c'est aussi un proche des grands peintres contemporains. Sa collection est décrite par les chroniqueurs comme d'« un grand goût, grande harmonie ». Seul aux commandes de cette vente exceptionnelle, « Mᵉ Alphonse Bellier présida cette séance incomparable avec le bel entrain qui lui est familier ; son marteau ponctue les adjudications », raconte *Le Figaro* le 11 décembre. Les prix s'envolent.

Parmi les œuvres de Georges Seurat : *Le Petit Paysan bleu* atteint 385 000 francs, *Ruines à Grandcamp*[7] est adjugé 140 000 francs, *Le Goûter* 260 000 francs, *La Seine au printemps* 200 000 francs. De beaux dessins au crayon Conté sont également âprement disputés : *La Femme au panier* part pour 100 000 francs, *Les Meules* pour 50 000 francs, *Le Cheval blanc* pour 71 000 francs. Quant aux Bonnard, une huile titrée *Soirée de printemps* est poussée à 140 000 francs, une autre, *Les Comptes de la journée*, à 260 000 francs. Un Vuillard, le *Lit-cage*, part à 215 000 francs ; un Modigliani, *La Femme au camée*, à 200 000 francs. Deux Matisse, dont *Le Bouquet de Belle-Île*, trouvent preneurs à 185 000 francs, un pastel de Degas, *Le Gant-éponge*, à 155 000 francs. La vente de la collection Fénéon rapporte 6 050 000 francs.

Le 15 décembre 1941, sous l'autorité de Mᵉ Ader, assisté des experts André Schoeller (tableaux modernes, dessins et sculptures) et François Max-Kann (tableaux anciens), doivent être dispersés des *Tableaux anciens, dessins, aquarelles, tableaux modernes, sculptures par Rodin composant la collection Maurice Delacre, originaire de Gand*. Des pressions sont exercées sur la famille Delacre dans le règlement de la succession. Devant les réticences de la veuve de Maurice Delacre qui souhaite ajourner la vente ou, tout du moins, la repousser, Étienne Ader sait se montrer convaincant dans une lettre du 25 novembre :

« Il ne faut pas oublier qu'il y a peu de temps encore la collection était sous contrôle des Autorités d'occupation et que nous nous demandions si nous pourrions jamais la récupérer ? Maintenant que nous l'avons et que certains musées et amateurs allemands s'intéressent comme acheteurs à la vente, est-il opportun d'apporter un nouveau délai à sa réalisation et risquer ainsi l'intervention d'une décision nouvelle des Autorités d'occupation ? M. Schoeller, dont le concours nous a été précieux pour la remise de la collection, considère également ce risque comme sérieux[8]. »

De guerre lasse, la veuve de Maurice Delacre s'incline. Le fils du collectionneur, Robert Delacre, tentera de sauver quelques objets d'art : il remportera les enchères sur des œuvres de second ordre, en plus d'un bronze patiné de Rodin représentant la tête de Balzac qu'il acquiert pour la somme de 301 650 francs.

La collection a une très bonne réputation, la vacation rencontre un énorme succès. La clientèle allemande est largement présente, avec Gustav Rochlitz ou Karl Haberstock. Les marchands français Alfred Daber, Maurice Renou et Pierre Colle, Georges Aubry, Raphaël Gérard sont également décidés à prendre part au feu des enchères.

Le spectacle est, à n'en pas douter, assuré par l'expert Schoeller. Juge et partie prenante de la vente, il achète pas moins de trois lots pour la somme totale de 1 394 600 francs et reçoit en émoluments 108 357 francs. Parmi ses acquisitions, un bois d'une dimension de 42 par 33[9], *Jeune femme vue de profil*, « attribué » à Pierre-Paul Rubens. Or, en 1936, le catalogue de l'exposition « Rubens et son temps » à l'Orangerie mentionnait l'œuvre comme étant assurément un original du Maître, exécuté vers 1616. En tant qu'expert de la collection Delacre, Schoeller n'a-t-il pas pu déclasser l'œuvre en attribution ? Il lui sera ensuite possible de la proposer à la vente en tant qu'œuvre originale, réalisant un énorme bénéfice.

Cependant, le haut fait de l'expert réside dans l'enchérissement du *Portrait du graveur Desmarais* (1805)[10] par Jean Auguste Dominique Ingres. « La lutte s'est circonscrite entre l'expert et deux marchands », rapporte *La Gazette de l'Hôtel Drouot* du 17 décembre 1941. Schoeller remporte la bataille pour 1 240 000 francs – un des prix records de l'année 1941. Si l'expert consent à payer une telle somme, c'est qu'il sait qu'il ne rencontrera aucune difficulté pour revendre l'œuvre à un des nombreux amateurs ou marchands allemands : il fait le pari de la qualité et de la spéculation, persuadé de la réalisation à court terme d'une belle transaction. L'avenir lui donnera raison : le portrait du peintre et graveur Desmarais exécuté par Ingres sera acquis en 1944 par Hildebrand Gurlitt pour la somme de 300 000 Reichsmarks à destination du musée de Linz, malgré l'avis défavorable des Musées nationaux quant à l'autorisation d'exportation.

Le produit de la vente Maurice Delacre dépasse les 3 856 000 francs. Les prévisions de Mᵉ Ader se réalisent au-delà de ses espérances. Mais si la conjoncture des ventes est excellente en 1941, elle devient exceptionnelle en 1942. En témoigne la vente de tableaux modernes de la collection de Jacques Canonne, le 5 juin 1942.

DES PRIX MULTIPLIÉS PAR NEUF

La vente de la collection de Jacques Canonne présente 31 lots d'une grande qualité, tous des tableaux modernes : 10 peintures de Claude Monet, 8 peintures de Pierre Bonnard, et la pléiade des artistes des XIXe et XXe siècles, Derain, Dufy, Matisse, Pissarro, Roussel, Dunoyer de Segonzac, Utrillo et Vuillard. L'autorité de la vente aux enchères publiques a été confiée aux commissaires-priseurs Alphonse Bellier et Étienne Ader, assistés des experts André Schoeller et Martin Fabiani. À 15 heures, la séance peut débuter. La vacation ne durera que trente-sept minutes, mais le produit de la vente s'élèvera à 7 828 600 francs.

Un public considérable assiste à la dispersion de la collection. Dans l'assemblée, on relève la présence d'Aimé Maeght, directeur de la galerie-imprimerie Arte. Il annote consciencieusement son catalogue[11] tant les prix s'envolent. Les Archives de Paris conservent le procès-verbal de la vente[12]. À sa lecture, on relève les achats de l'expert Martin Fabiani, juge et partie, qui se porte acquéreur d'un *Paysage aux oliviers* de Pierre Bonnard et du *Pont de Sèvres au chaland* d'Henri Matisse pour les sommes respectives de 152 000 et 260 000 francs. Étienne Ader achète pour sa part un *Nu à la chemise* et un *Intérieur au mimosa* de Pierre Bonnard (190 000 et 250 000 francs), une *Femme nue assise, un bras levé* d'André Derain (60 000 francs), *Giverny, le Bassin des nymphéas, la Passerelle* de Claude Monet (275 000 francs) et *Clairière à Éragny* de Camille Pissarro (610 000 francs). L'expert Jacques Mathey acquiert quant à lui *La Soirée familiale* de Pierre Bonnard pour la somme de 150 000 francs. Nous l'avons vu, les règles de Drouot favorisent l'entre-soi. Le marchand d'art Jean-François Lefranc n'est pas en reste : *La Vénus de Milo* d'Édouard Vuillard lui revient pour la somme de 120 000 francs.

Une confrontation de cette vente du 5 juin 1942 avec celle de la collection d'Henri-Edmond Canonne, père de Jacques Canonne, organisée le 18 février 1939 sous l'autorité de Mᵉ Alphonse Bellier assisté des experts Jos. Hessel et Paul Rosenberg à la galerie Charpentier, permet de mesurer la hausse des prix des œuvres d'art entre les deux dates – même s'il faut tenir compte de la dévaluation du franc. Un *Nu assis* d'André Derain adjugé pour 6 000 francs en 1939 pourrait ainsi être comparé à la *Femme nue assise, un bras levé* du même artiste adjugée 60 000 francs en 1942. De même, l'*Aiguille d'Étretat* par Henri Matisse adjugé 33 000 francs en 1939 peut être confronté au *Pont de Sèvres au chaland* du même artiste vendu 260 000 francs en 1942. Enfin, le prix d'un panneau *Rue à Sannois*[13] de Maurice Utrillo s'élevait en 1939 à 28 000 francs, tandis qu'une *Rue à Sannois* du même atteignait 281 000 francs en 1942. En moins de quatre années, les valeurs d'achat ont été multipliées par un coefficient moyen de neuf (voir l'annexe 5).

Chapitre 11

Des œuvres spoliées à l'encan

Traditionnellement, la « saison » à l'Hôtel Drouot commence la première quinzaine du mois de septembre et se termine à la fin du mois de juillet. Mais, en 1942, l'Hôtel ne ferme réellement qu'une semaine pendant l'été. Entre le 24 juillet et le 8 septembre, les trois salles du rez-de-chaussée s'ouvrent cette année-là aux ventes forcées, encore appelées ventes judiciaires. Sous ce vocable pudique sont également regroupées les ventes sur ordonnance de « biens israélites ». Ainsi, parmi la trentaine de ventes de 1942, le commissaire-priseur Alphonse Bellier déclare six ventes de « biens israélites », parmi lesquelles celle des biens d'Élie Fabius les 19, 26 et 28 janvier et les 13 et 18 février ; de ceux de Jos. Hessel le 17 juillet ; de la galerie Bernheim-Jeune le 9 novembre (voir l'annexe 6).

DÉPEÇAGE DU STOCK
DE LA GALERIE BERNHEIM-JEUNE

Au milieu des années 1920, la famille Bernheim-Jeune a installé une galerie d'art dans un hôtel particulier à Paris au 83, rue du Faubourg-Saint-Honoré, à l'angle de l'avenue Matignon. Appartenant à une illustre dynastie de marchands d'art initiée par Joseph Bernheim dans la première moitié du XIXᵉ siècle, eux-mêmes collectionneurs passionnés, Josse et Gaston Bernheim-Jeune ont enrichi leur activité commerciale par la pratique de l'édition d'art, et publié, entre 1919 et 1926, la revue bimestrielle *Le Bulletin de la vie artistique*, sous l'égide de Félix Fénéon et Guillaume Janneau. Pierre Bonnard, souhaitant témoigner de son amitié à Gaston Bernheim-Jeune, fit figurer dans le coin inférieur droit d'une toile une petite brochure dont le titre était repris du roman éponyme de Josse Bernheim-Jeune : *La Vénus de Cyrène* (1930) – ce panneau décoratif, entré dans le stock des Bernheim en février 1930, est volé sous l'Occupation.

Le stock commercial de la galerie Bernheim-Jeune est évalué à 1 166 845 francs après l'inventaire comptable du 31 décembre 1940. À cette date, un administrateur provisoire est nommé, en charge d'« aryaniser » ce patrimoine juif. La nomination du commissaire-gérant Édouard Gras est stipulée le 21 décembre 1940, confirmée le 19 février 1941. Après le rachat des parts « israélites » par un groupe aryen, suivant l'acte dressé chez Mᵉ Chavane le 17 novembre

1941, Camille Borione est nommé gérant-associé de la nouvelle société.

Mais, dès le mois de février 1941, les 12 et 17, Édouard Gras a effectué deux voyages en zone libre pour saisir les tableaux entreposés dans des coffres-forts de la Banque de France à Dax (Landes) et à Niort (Deux-Sèvres). Il est toutefois compliqué pour Gras d'identifier, parmi les œuvres, celles qui appartiennent au stock commercial de la galerie de celles issues de la collection privée de Josse Bernheim-Jeune, évacuées de Paris en mai 1940. L'administrateur provisoire demande aux autorités occupantes un délai pour la réalisation complète du stock commercial, étant entendu qu'il s'agit d'« un commerce tout spécial ayant un stock important difficilement vendable rapidement[1] ».

Gras sollicite également l'autorisation de vendre au détail le stock de marchandises et de continuer la gestion de l'entreprise jusqu'à sa totale liquidation. Une vente des tableaux, dessins, aquarelles et sculptures de la société Bernheim-Jeune est donc organisée le 22 décembre 1941 à l'Hôtel Drouot, sous l'autorité d'Alphonse Bellier, assisté d'André Schoeller et Jean Metthey. Nous n'avons trouvé, pour cette vente, aucune trace de catalogue. Parmi la clientèle, Maud Van der Klip achète 38 dessins, aquarelles, gouaches et tableaux pour la somme de 402 264 francs.

Le 2 mars 1942, une nouvelle vente volontaire de tableaux modernes provenant du stock Bernheim-Jeune se tient à la réquisition d'Édouard Gras et de Camille Borione, sous l'autorité de Mᵉ Bellier, assisté des experts Jean Metthey et André Schoeller. Le stock de la galerie Bernheim-Jeune, composé de tableaux, aquarelles et dessins (Bonnard, Boudin, Camoin, Chagall, Dufy, Forain, Gromaire, Manet, Manguin, Vlaminck) et de sculptures, est âprement disputé entre trois acheteurs principaux : les experts André Schoeller et Jean Metthey et l'intermédiaire John Van der Klip. Sa fille Maud achète cette fois-ci 18 dessins, aquarelles, gouaches et tableaux pour la somme de 320 367 francs. Le 9 novembre 1942, une troisième vente, de livres, achève de dépecer la galerie Bernheim-Jeune. Les catalogues raisonnés et autres précieuses documentations des marchands de tableaux sont dispersés à l'encan.

Des tableaux de la collection privée, récupérés par Édouard Gras en zone libre dans les coffres loués au nom de la société Bernheim-Jeune, sont également vendus sur le marché de l'art. Ce sont par exemple trois Cézanne, *L'Estaque*[2], *Pommes et biscuits* et un *Portrait de l'artiste par lui-même* ; deux peintures de Corot, *Venise, la gondole sur le canal en face de l'église San Giorgio Maggiore* et *La Femme turque* ou *La Femme grecque*, dont le modèle pourrait être Emma Dobigny. Les deux Corot seront retrouvés en 1945 dans la succession Veraguth à Zurich.

La vente des « biens israélites » d'Alphonse Kann

Dans sa livraison du 31 octobre 1942, *La Gazette de l'Hôtel Drouot* signale, à la rubrique des annonces judiciaires et légales, une vente des « biens israélites Khann ». On apprend que trois jours durant, les 3, 4 et 5 novembre, seront mis à l'encan des meubles anciens et modernes : lits, stalles, sièges, encoignures, consoles, vitrines et bureau ;

puis des tableaux anciens et modernes, cadres, faïences, pierres, bronzes et bibelots. Derrière l'erreur sur l'orthographe du nom de famille, « Khann » au lieu de « Kann », très souvent commise pendant l'Occupation, il faut comprendre qu'est dispersée une partie des biens d'Alphonse Kann.

La vente a été décidée par Élie Pivert, nommé le 30 mars 1942 administrateur provisoire des biens du collectionneur. Celui-ci s'est tourné pour disperser l'immense collection vers le commissaire-priseur Georges Blond. Des insertions publicitaires ont été publiées dans les journaux, tel *Le Moniteur des ventes*. Nul ne peut donc ignorer l'origine des biens exposés pour présentation dans la salle n° 9 de l'hôtel des ventes le 3 novembre 1942 de 14 heures à 17 h 30.

Lors de la première vacation, les antiquaires, courtiers et galeristes parisiens sont au rendez-vous, leurs noms consignés dans le procès-verbal de la vente[3]. Ainsi Paul Prouté achète une gravure pour 3 300 francs, un sous-verre d'Odilon Redon pour 1 800 francs. Charles Ratton acquiert un tableau moderne par Kann pour 300 francs. Un certain Kleinmann semble emporter la mise, en dépensant 47 350 francs et se portant acquéreur d'une dizaine d'œuvres, dont une nature morte signée Picasso (32 100 francs) et plusieurs tableaux de Georges Bouche. La galerie Louise Leiris, également présente, pousse l'enchère jusqu'à 20 000 francs pour un tableau de Fernand Léger, *Usine*. Une déclaration de Léonce Rosenberg après-guerre à la Commission de récupération artistique livre quelques détails sur l'œuvre[4] : une réalisation en 1911 et un titre différent, *Les Toits* ; elle confirme la transaction. Le montant total de la vente spoliatrice Kann est de 979 888 francs.

PETITES MANŒUVRES POUR GROS PROFITS

Le 24 novembre 1941 à partir de 14 h 30, au cours de la vente de tableaux modernes, aquarelles, gouaches, dessins, sculptures et céramiques en salle n° 10, le commissaire-priseur Alphonse Bellier mène « les enchères avec une rondeur, une fermeté et un entrain qui font merveille et conduit son marteau d'ivoire comme un bâton de chef d'orchestre[5] ». Parmi les vendeurs se trouve Martin Fabiani, dont la seule présence nous invite à étudier de près le procès-verbal de la vente. Parmi les acheteurs avérés, on relève les noms du marchand Georges Aubry, de ses collègues Pierre Colle et Henri Joly, administrateur provisoire de Jos. Hessel, de l'intermédiaire Van der Klip et du fondeur Eugène Rudier. Ce dernier achète un dessin, *Torse de femme nue*, de Maillol et une aquarelle, *Femme nue penchée en avant, les deux bras à terre*, de Rodin.

Le lot portant le numéro 44 est intéressant. Cette huile sur toile titrée *Au jardin des oliviers*, signée Maurice Denis et datée en bas à gauche « 1893 », appartenait à la collection de Jos. Hessel : il s'agit donc d'une œuvre présentant de fortes suspicions de spoliation ; elle est achetée par Baheux pour la somme de 9 200 francs. Également intéressante, une toile de Matisse titrée *La Calanque*, signée en bas à gauche et mesurant 75 par 60 centimètres, est vendue 45 000 francs à Pierre Colle. Encore à ce jour, la provenance de cette œuvre reste problématique. Aucune œuvre de Matisse renvoyant explicitement à un paysage marseillais ne porte ce titre. Et, « à Marseille, Matisse n'a peint que des petits formats », selon Wanda de Guébriant, directrice des archives Matisse. Les dimensions de l'œuvre sont déterminantes dans cette quête, car il semblerait que ce format ne puisse correspondre qu'à un paysage peint en Bretagne, c'est-à-dire avant le XXe siècle. Parmi les paysages bretons, trois œuvres possèdent un format qui pourrait correspondre à celui que nous recherchons. L'une d'entre elles, intitulée *Rochers à Belle-Île*[6], présente dans la chaîne du transfert de propriété une collection privée allemande non identifiée à ce jour. Le tableau acheté sous le titre *La Calanque* par Pierre Colle aurait donc été peint à Belle-Île par Matisse ; la toile aurait été revendue, par Colle ou un autre, à un collectionneur privé allemand.

Dans cette vente suspecte à tous égards, une autre particularité du catalogue est à signaler. La description laconique du lot n° 100, « sculptures ou tableaux omis », permet d'imaginer un coulage possible. Dans cette rubrique, les professionnels du marché de l'art ont en effet pu glisser des œuvres de provenance douteuse. Combien d'œuvres spoliées ont transité par ce canal ? Cette question n'aura sans doute jamais de réponse précise.

Le 27 janvier 1943, un certain M. Manteau de Bruxelles achète dans une vente publique à l'Hôtel Drouot, sous l'autorité du commissaire-priseur Me Bellier, un petit tableau de Braque, *Les Citrons*, pour la somme de 75 000 francs. Le catalogue ne porte aucune indication d'origine. Le tableau est cédé le jour même par Manteau à Raymonde Van der

Klip, propriétaire du commerce Sacheries Saint Nom. L'œuvre provient de la collection Paul Rosenberg : après la Libération, celui-ci intentera une action de récupération devant le tribunal civil de la Seine.

Le Déjeuner de Vuillard, appartenant également à la collection Paul Rosenberg, passe à l'Hôtel Drouot le 18 février 1944, sous le ministère de Me Beaudoin. Cette toile figure dans l'inventaire Roganeau des œuvres prises par effraction le 28 avril 1941 dans le coffre-fort de la Banque nationale pour le commerce et l'industrie à Libourne. Elle est alors estimée par le directeur de l'école des beaux-arts de Bordeaux à 30 000 francs. À notre connaissance, aucun catalogue de la vente du 18 février 1944 n'est édité, et les archives lacunaires versées par l'étude de Me Beaudoin aux Archives de Paris rendent l'enquête difficile. Cependant, les résultats de l'audience du tribunal civil de la Seine du 29 janvier 1949 opposant Paul Rosenberg et Henri Joly permettent de reconstituer le transfert de propriété de l'œuvre de Vuillard. Après la vente de 1944 puis diverses transactions illégales impliquant quatre ou cinq intermédiaires, Henri Joly – que l'on connaît comme administrateur de la galerie Jos. Hessel – s'est porté acquéreur de l'œuvre. *Le Déjeuner* fut restitué à son propriétaire d'avant-guerre en respect de la législation portant sur la reconnaissance de la nullité de la vente du tableau sous l'Occupation (ordonnance du 21 avril 1945).

Les exemples d'œuvres de provenance douteuse proposées à la vente à l'Hôtel Drouot peuvent être multipliés à l'envi. Ainsi, *Femmes et fleurs* (1939) de Matisse est proposé au feu des enchères le 10 mars 1944 sous le marteau d'Alphonse Bellier. Dans *La Gazette de l'Hôtel Drouot* du 8 mars, une annonce dans la rubrique des ventes de tableaux modernes est illustrée avec *Femmes et fleurs*. La *Gazette* prévoit déjà la plus belle vacation de ce début d'année 1944 : à côté des tableaux de Matisse, sont proposées aux enchères des œuvres de Pierre Bonnard, Maurice Denis, André Derain, Raoul Dufy, Othon Friesz, Pierre Laprade, Paul Gauguin, Henri Lebasque, Maximilien Luce, Stanislas Lépine, Claude Monet, Pierre Montezin, André Dunoyer de Segonzac, Paul Sérusier, Maurice Utrillo, Maurice de Vlaminck, Édouard Vuillard.

Le 10 mars, devant une large assemblée, Alphonse Bellier, assisté des experts Martin Fabiani et André Schoeller, procède à la vente de 72 tableaux et dessins modernes. Les Musées nationaux se portent acquéreurs d'une toile de Maurice Denis, *La Plage* (1903, 131 000 francs), et d'une toile de Dunoyer de Segonzac, *Paysage de Saint-Tropez* (400 000 francs). Le chef-d'œuvre de la vente, *Femmes et fleurs*, reproduit dans le catalogue sous le n° 48, est adjugé 300 000 francs à son acheteur.

La présence de cette œuvre à Drouot étonne. Une photographie conservée aux Archives nationales illustre un temps fort au Jeu de Paume sous l'Occupation : la présentation en décembre 1941 par Bruno Lohse de quatre œuvres de Matisse à Hermann Göring, sous l'œil avisé de Walter Andreas Hofer, le responsable de la collection du Reichsmarschall. Parmi ces œuvres : *Femmes et fleurs*. Nous l'avons vu, l'ERR échangeait des œuvres spoliées, dont certaines provenaient de la « salle des martyrs » du Jeu de Paume. *Femmes et fleurs* aurait donc été spolié par l'ERR dans la collection de Paul Rosenberg, transporté au Jeu de Paume et rangé parmi les œuvres dites « dégénérées », puis vendu ou échangé par l'ERR à un acheteur qui le vendit lui-même en 1944 à Drouot. *Femmes et fleurs* est aujourd'hui visible à l'Art Institute de Chicago.

Nu assis au peignoir à rayures, peint par Matisse à Nice en 1921, est également proposé lors de la vente du 10 mars 1944. Vendue alors à un sieur Ponchon, 38, rue du Colisée à Paris, l'œuvre reste impossible à localiser aujourd'hui.

L'ART D'OBTENIR UNE VIRGINITÉ DE PROVENANCE

« Un tableau adjugé à l'Hôtel Drouot n'est donc pas toujours vendu ? Ah certes, non ! Ce n'est un secret pour personne : il y a des tableaux, même excellents, même de peintres cotés qui ne trouvent pas acheteur ou qui restent en panne comme on dit à Drouot, à un prix dérisoire, qui ferait le plus grand tort au peintre, à son marchand, et à la peinture en général. Ce qui se passe alors, vous le devinez. Voyant la toile abandonnée, le marchand ou même le peintre la rachètent si la première enchère n'est pas couverte[7]. »

Cette technique du « ravalage », connue des initiés, permet également d'inscrire une œuvre dans une vente afin de lui délivrer une virginité de provenance. C'est le cas d'au moins trois lots proposés lors d'une vente du 9 mars 1942, sous l'autorité d'Alphonse Bellier, assisté d'André Schoeller et de Jean Metthey : quatorze aquarelles de

Dufy inscrites sous le numéro 10, ravalées, nous révèle le procès-verbal de la vente, pour la somme de 140 francs ; une toile par Charbonnier présentée lot n° 51 ; enfin le lot n° 82, un tableau de Matisse, « retiré par le vendeur à deux cent soixante-deux mille francs ». Le catalogue de la vente fait apparaître un titre plus précis de l'œuvre de Matisse : *La Femme à l'ombrelle*, toile de 1919, mesurant 65 par 46 centimètres, signée en bas à gauche. La notice est enrichie d'une référence bibliographique : « Cité et reproduit, page 133, dans l'ouvrage de Raymond Escholier, sur Henri Matisse. » Elle est également complétée – cela mérite d'être souligné – d'une provenance : « Ancienne collection Paul Rosenberg ». Les acheteurs potentiels ne pouvaient donc manquer d'être informés de l'origine de *La Femme à l'ombrelle*. Une photographie de l'œuvre est également reproduite en pleine page dans le catalogue.

M. Berthet, demeurant 182, rue du Faubourg-Saint-Honoré à Paris, a mis en vente le 9 mars 1942 le tableau de Matisse, puis l'a retiré de cette même vente, « ravalé ». Le passage à l'Hôtel Drouot de *La Femme à l'ombrelle* et, plus encore, son inscription dans le catalogue lavent de tout soupçon la provenance de l'œuvre : lorsqu'elle sera de nouveau mise en vente par M. Berthet, personne ne pourra savoir qu'elle faisait auparavant partie des œuvres spoliées dans la collection de Paul Rosenberg. Le tableau peut être présenté sans difficultés dans d'autres maisons de ventes, à l'étranger si possible. Et en effet, l'expert Jean Metthey, propriétaire de la galerie de l'Élysée, voisin de Berthet, aurait vendu *La Femme à l'ombrelle* à Gustave Bornant, résidant dans la commune de Launay, en Suisse, pour la somme de 400 000 francs.

Une œuvre de Matisse, classée suivant les critères esthétiques du IIIe Reich dans la catégorie « judéo-bolchevique », peut ainsi devenir *in fine* un objet de spéculation financière. Les marchands et intermédiaires allemands et français, conscients de la valeur intrinsèque de la production artistique des avant-gardes, loin de suivre les prescriptions de la doctrine nationale socialiste, n'hésitent pas à tirer profit de sa mise en vente.

On retrouve ensuite *La Femme à l'ombrelle* à Genève, le 30 octobre 1943, dans une vente aux enchères publiques de tableaux anciens et modernes[8]. Sous l'autorité de M^e Ch. Cosandier, assisté de Georges Moos, propriétaire de la galerie où se tient la vente, la toile, qui porte le numéro 116 du catalogue, est achetée à l'encan par Henri-Louis Mermod, de Lausanne. Or, aucune licence ne semble avoir été sollicitée pour la sortie du territoire français du tableau de Matisse.

Direction l'Allemagne

La loi du 23 juin 1941 fait obligation à ceux qui sortent des objets d'art de France pour les vendre à l'étranger de soumettre leur demande d'exportation au visa du secrétariat général des Beaux-Arts. Il s'agit d'empêcher que de trop nombreux tableaux du patrimoine français quittent le territoire. Cette procédure est la règle entre 1941 et 1944. Elle requiert de la part des conservateurs des Musées nationaux un examen de toutes les œuvres qui leur sont présentées par le service des douanes. Les Musées nationaux désignent tout particulièrement pour cette tâche Michel Martin, chargé de mission au département des Peintures. Martin impose au vendeur d'une œuvre qu'il lui fournisse : 1) l'auteur, l'attribution ou l'école, 2) les mesures, 3) la nature du support (toile, bois, cuivre, etc.), 4) une indication du sujet traité, 5) la valeur. Par ailleurs, il doit exiger l'examen physique de l'objet en question. En ce qui concerne les demandes de licences d'exportation à destination de l'Allemagne, le délai laissé à l'administration française pour faire connaître son avis est court : trois semaines à partir du jour du dépôt. Passé ce terme, la licence est, semble-t-il, accordée *de facto*.

Cette loi connut pourtant une application limitée. Une décision consignée dans une lettre du 13 octobre 1941 signée de Jérôme Carcopino, secrétaire d'État à l'Éducation nationale et à la Jeunesse, et adressée au président du syndicat des négociants en objets d'art, facilite les exportations d'objets artistiques vers le Reich :

« J'ai l'honneur de vous faire connaître qu'un accord est effectivement intervenu entre mon administration et les autorités d'occupation, aux termes duquel aucune opposition ne sera faite à l'exportation d'objets à destination d'amateurs résidant dans le Reich allemand et dans les autres territoires où l'accord de compensation franco-allemand est en vigueur, à savoir Dantzig, Eupen, Malmedy, Moresnet, protectorat de Bohême et Moravie[9]. »

Le terme « amateurs », aux contours larges, peut évidemment englober les marchands d'art.

À la Libération, Michel Martin signale les marchands ou intermédiaires ayant consciencieusement demandé des licences d'exportation pour l'Allemagne : parmi eux, Theo Hermsen, l'intermédiaire de Gurlitt ; les archives diplomatiques conservent quelque 134 formulaires de sa main[10]. D'autres marchands déclarèrent quelques ventes à des Allemands mais en réalisèrent de beaucoup plus nombreuses non déclarées : parmi eux, Paul Cailleux, Alice Manteau, Raphaël Gérard, Jean-François Lefranc, Gustav Rochlitz, Jean-Paul Dutey, Georges Destrem. Enfin, certains marchands ne déclarèrent aucune vente aux Allemands : on relève sans surprise les noms d'Hugo Engel, Ernest Garin, Allen Loebl, de Martin Fabiani, Félix Mestrallet, d'André Schoeller et de Roger Dequoy.

De nombreuses irrégularités aux règles d'exportation ont pu par ailleurs être délibérément opérées, dès lors que les intermédiaires étrangers pouvaient se livrer au jeu des prête-noms pour permettre à leurs collègues français d'échapper à la fiscalité nationale. Les marchands allemands, non soumis au régime fiscal de l'État français, jouissaient même de privilèges. Michel Martin le déplore auprès de sa hiérarchie, dans une lettre adressée le 1er août 1943 au directeur des Musées nationaux et de l'École du Louvre :

« Étant donné la valeur des transactions effectuées, qui se chiffrent par millions de francs, je crois de mon devoir de vous signaler, à toutes fins utiles, cette fraude fiscale préjudiciable à l'intérêt général des citoyens français[11]. »

Chapitre 12

Des biens juifs liquidés à Nice

Dans les colonnes de *L'Éclaireur de Nice et du Sud-Est*, le commissaire-priseur Jean-Joseph Terris annonce qu'il proposera en 1942-1943 une série de vacations et que l'année lui semble prometteuse quant au marché de l'art. On ne peut qu'abonder dans son sens. De nombreuses familles juives victimes des exactions nazies repliées en zone libre se trouvent contraintes de se débarrasser dans l'urgence de leurs derniers biens afin souvent de financer leur départ, depuis un port de la Méditerranée, vers une terre plus accueillante. Des biens de peu de valeur sont d'abord dispersés dans les ventes publiques : linge de maison, vaisselle, fripes, pelleteries, outils, etc. Puis sont cédés à l'encan de riches mobiliers, des tapisseries, des pianos à queue et surtout des objets d'art.

Le Commissariat général aux questions juives – sous la direction, depuis mai 1942, de Louis Darquier de Pellepoix – met en œuvre sur la Côte d'Azur son action antisémite. En 1942-1943, il organise aux enchères publiques au moins trois ventes d'objets d'art issues de la liquidation de biens juifs : la vente Dorville du 24 au 27 juin 1942, la vente Burton du 7 au 10 juillet 1943 et la vente Jaffé les 12 et 13 juillet 1943. Nice, et plus particulièrement l'hôtel Savoy-Palace, offre un cadre idéal à ces ventes sous administration de Vichy. Pour l'occasion, le hall du célèbre établissement, paré de calicot rouge, devient un pendant de l'Hôtel Drouot : on s'y presse pour la dispersion de belles collections.

ARMAND DORVILLE, COLLECTIONNEUR DE CONSTANTIN GUYS

En ce mois de juin 1942, la vente Dorville s'annonce riche. Est proposé au feu des enchères un beau cabinet d'amateur parisien, composé de tableaux modernes et anciens des XVIIe et XVIIIe siècles. On dénombre pas moins de 450 lots, parmi lesquels quatre peintures par Pierre Bonnard, cinq par Thomas Couture, sept par Félix Vallotton, neuf par Édouard Vuillard, deux par Auguste Renoir et une aquarelle par Édouard Manet. En vente également : quatre-vingt-quinze aquarelles par Constantin Guys et trente-quatre peintures, aquarelles et gouaches par Jean-Louis Forain, ainsi que des œuvres d'Eugène Delacroix. S'y ajoutent des cires originales, des bronzes et terre cuite de Jean-Baptiste Carpeaux, d'Auguste Rodin, etc. La vente est dirigée par le commissaire-priseur Jean-Joseph Terris, assisté de son confrère lyonnais Maurice Bussillet et de l'expert Eugène Martini.

Dans le souci d'assurer son succès, une annonce a été publiée le 13 juin dans *La Gazette de l'Hôtel Drouot* ; deux catalogues ont été édités : l'un présente une liste des lots, décrivant les techniques et les dimensions des œuvres, l'autre, destiné à une clientèle sélectionnée en zones libre comme occupée, y ajoute une série d'illustrations. Tandis que les amateurs suisses peuvent trouver des renseignements et passer leurs ordres d'achat chez un certain Martinet, expert d'art ancien et moderne à Genève. Les deux catalogues mentionnent de manière sybilline l'origine des biens cédés : « le cabinet d'un amateur parisien ». C'est le procès-verbal de la vente[1] qui nous révèle l'identité du collectionneur : Armand Isaac Dorville. L'avocat et homme politique, petit-fils du fondateur de l'œuvre philanthropique La Bienfaisance israélite, est décédé le 28 juillet 1941 à Cubjac, en Dordogne.

Traqué dès l'été 1940, Me Dorville avait fui Paris et son appartement de la rue Séguier[2] pour se replier, avec sa collection d'art, dans sa résidence de Dordogne. L'avocat était un grand collectionneur, des peintres du XIXe siècle en général, et de Constantin Guys en particulier. Dans la préface du catalogue de l'exposition « Constantin Guys (1802-1892) » qui s'était tenue au musée des Arts décoratifs en 1937, il avait rapporté cette anecdote :

« 2 août 1914, 1er jour de la mobilisation, deux amis s'étreignent avant de se séparer. – Armand j'ai fait mon testament cette nuit : je te laisse mes Constantin Guys. – Pierre j'ai fait mon testament cette nuit : je te laisse mes Constantin Guys. Le 25 août, Pierre Goujon était tué à Méhoncourt. Nous avions aimé Guys ensemble. Ensemble nous avions parcouru les ventes, fouillé les cartons. »

La collection de Constantin Guys d'Armand Dorville était connue d'un cercle d'initiés, parmi lesquels la conservation du musée des Arts décoratifs, Henri Verne, le directeur des Musées nationaux, Jean-Louis Vaudoyer, le conservateur du musée Carnavalet, ou encore Gabriel Rouchès, du Louvre. Dans ses dernières volontés, Armand Dorville déclarait vouloir léguer au musée des Arts décoratifs ses aquarelles et dessins de Constantin Guys, avec une collection de boîtes précieuses ; au musée du Louvre un tableau de Weenix (*Personnages de fantaisie dans une barque*) et une étude de Pietà par Delacroix ; au musée Carnavalet tous ses tableaux de Jean Béraud.

À son décès, l'homme de loi et esthète laissait, outre sa collection d'art, un château du XIIe siècle restauré au XVIIIe, situé en Dordogne et acquis en 1935, une splendide bibliothèque (vendue aux enchères à Lyon le 1er juillet 1942 par un administrateur provisoire pour la somme totale de 744 405 francs) et une collection d'autographes (également liquidée à Lyon, le 5 novembre 1942). Armand Dorville ne possédait pas de lignée directe ; son frère Charles et ses sœurs Valentine et Jeanne Dorville étaient légataires universels de l'usufruit. Ses quatre nièces, Denyse, Monique, Marie-Thérèse Lion et Marie-Louise Lévy, furent instituées légataires universelles. Tous persécutés par les législations antisémites, ils ne pouvaient gérer la succession : Charles s'engagea dans les Forces françaises libres, tandis que Valentine, Jeanne et leurs familles respectives cher-

Par ordre du Commissariat général aux questions Juives : l'entrée des Juifs dans les Salles de l'Hôtel des Ventes est interdite d'une manière absolue.

À la demande du Commissariat général aux questions juives, des affiches ont été apposées le 17 juillet 1941 à l'entrée de l'Hôtel Drouot interdisant aux Juifs l'accès aux salles des ventes

En janvier 1942, des fourrures sont vendues aux enchères à Drouot au profit du Secours national (Organisation humanitaire du régime de Vichy).

© LAPI/Roger-Viollet

En décembre 1943, à l'Hôtel Drouot, une vente aux enchères de vins de Bourgogne.

© LAPI/Roger-Viollet

En 1942, un commissaire-priseur dirige une vente de tableaux à l'Hôtel Drouot.

© Ministère de la Culture, Médiathèque de l'architecture et du patrimoine, Dist. RMN-Grand Palais/Noël Le Boyer

Le 30 octobre 1942, l'acteur français Jean Tissier examine un tableau présenté aux enchères publiques à Drouot.

© Ministère de la Culture, Médiathèque de l'architecture et du patrimoine, Dist. RMN-Grand Palais/Noël Le Boyer

Le 30 octobre 1942, Jean Tissier achète à Drouot un catalogue de vente.

© Ministère de la Culture, Médiathèque de l'architecture et du patrimoine, Dist. RMN-Grand Palais/Noël Le Boyer

En 1942, un marchand ou un amateur éclairé, un tableau sous le bras, s'éloigne de l'Hôtel Drouot.

chèrent refuge à Lyon, en Dordogne, puis à Megève, où cinq membres furent arrêtés, puis transférés à Drancy et déportés à Auschwitz[3].

Le 5 juin 1942, Gilbert Jacquin, cultivateur à Cubjac, en Dordogne, sollicite auprès du directeur régional du service de l'aryanisation économique de Limoges l'autorisation d'acquérir « une petite propriété sise en cette commune et appartenant aux familles Levy et Lion Israélites recensés ». Cette proposition d'achat appelle la nomination d'un administrateur provisoire : ce sera Marcel Reydy, demeurant à Marsac. Reste à aryaniser les biens mobiliers, et en particulier la collection de tableaux. Le 24 juin, le Commissariat général aux questions juives nomme Amédée Croze administrateur provisoire des biens mobiliers et valeurs dépendant de la succession d'Armand Dorville.

Le procès-verbal de la vente Dorville indique la présence dans le hall du Savoy d'une foule d'amateurs et de professionnels du commerce de l'art, tous à l'affût de la belle affaire. Des marchands parisiens et des intermédiaires de clients allemands ont fait le déplacement. Le commissaire-priseur Alphonse Bellier remporte les enchères notamment sur deux panneaux de Jean-Louis Forain ; une étude d'Eugène Delacroix au pastel d'une lionne au repos[4] ; deux toiles de Fantin-Latour, *Cristal, roses blanches, raisin et poire* et *Les Brodeuses* ; deux toiles de Renoir se faisant pendant, *M. et Mme Lecœur* ; une toile de Félix Vallotton, *À Montmartre* ; deux pastels et une toile, *Une loge à l'entracte*, signés Édouard Vuillard. Son confrère Maurice Bussillet achète les onze lots suivants : une toile de Philippe Benoist, *Vue panoramique de Paris* ; une aquarelle de Thomas Boys,

Vue panoramique de Paris, du Pont-Neuf ; un sépia de Jean-Baptiste Wynantz ; un lavis de Constantin Guys ; un dessin à l'encre de Jean-Louis Forain ; une pendule en porcelaine émaillée présentant une reproduction d'un Daumier ; une gouache en grisaille signée Gustave Doré ; quatre aquarelles de A. Giraud et une de Justin Ouvrié ; une toile d'Abel Truchet, *La Place Moncey par temps de pluie* ; un panneau attribué à Verwée et une peinture par Tissot hors catalogue. Soit à eux deux un enchérissement sur plus de vingt lots.

Les marchands Nicolas Brimo, Alfred Daber et Roger Dequoy leur emboîtent le pas, en se portant acquéreurs eux aussi d'un nombre important d'objets d'art. Brimo achète un panneau de Giuseppe De Nittis, *Paysage fluvial animé*, signé à gauche et daté 1879. Daber acquiert une toile attribuée à Hanz-Claez de Hondecoeter, *Volatiles dans un paysage*, et une aquarelle de Pierre Laprade. Dequoy remporte deux toiles qui se font pendant de Pieter-Nicolaus Spierings, *Vue de la Tour de Nesle, du Louvre et de la Seine* ; huit lavis de Constantin Guys ; un panneau de Pierre Bonnard, *Midinettes sur les boulevards* ; un panneau de carton, *Au café* ; un portrait de femme et un *Atelier du maître* de Thomas Couture ; une toile de Fantin-Latour, *Pêches dans une bourriche* ; un carton d'Henri de Toulouse-Lautrec, *Portrait du peintre Grenier* (1885). Félix Mockers, marchand de la Côte d'Azur, achète une toile de l'école française du XVIIIe siècle, *Scène de brigandage dans un paysage boisé*. Tandis que René Gimpel, vraisemblablement présent, se porte acquéreur d'un lavis de Constantin Guys et d'un pastel d'Edgar Degas.

LES MUSÉES NATIONAUX
COMPLÈTENT LES COLLECTIONS PUBLIQUES

Un représentant des Musées nationaux se trouve dans l'assemblée. Dès le 16 juin 1942, Jean Vergnet-Ruiz, conservateur du château de Compiègne, a fait part au directeur des Musées nationaux de la possibilité d'acquérir dans la vente Dorville « plusieurs pièces très importantes » pour le musée du Second Empire de sa ville. Dans un autre courrier, en date du 20 juin, il attire l'attention sur une statuette de cire figurant l'impératrice Eugénie à cheval (1865) par Pierre-Jules Mêne et plusieurs Constantin Guys représentant des scènes du Second Empire. Et Jean Vergnet-Ruiz de conclure : « Compiègne ne possède pas un seul Guys ; certes c'est le contraire d'un maître rare, mais Dorville avait du goût, et les faux Guys pleuvent… Pour la statuette, elle est unique, et ce serait bien regrettable de la manquer[5]. » Gabriel Rouchès, du Louvre, abonde en ce sens, et présélectionne treize œuvres dont huit Constantin Guys pour le musée parisien.

Diligenté pour cette mission et riche d'un crédit pour compléter les collections publiques, René Huyghe, conservateur en chef du département des Peintures du Louvre, replié à Montauban où il est responsable de dépôt des collections publiques, a parcouru les six cents kilomètres qui le séparent de Nice : c'est lui qui représente les Musées nationaux à la vente Dorville. Il y acquiert douze lots. Tout d'abord, des aquarelles de Constantin Guys : *Jeune femme et sa duègne* ; *La Présentation du visiteur* ; *Cavaliers et ama-*

zones ; *La Loge de l'Empereur pendant une représentation de Mme Viardot dans « Orphée »* et *Revue aux Invalides par l'empereur Napoléon III*. Huyghe, dans son compte rendu de la vente, insiste sur la qualité du lot n° 149 :

> « *La Loge de l'empereur* est certainement une des plus belles aquarelles de Guys ; dans cette œuvre, la qualité artistique primant de beaucoup l'intérêt historique, il me semble que cette pièce serait davantage à sa place au Cabinet des dessins même qu'au Musée historique de Compiègne. Le document d'histoire est, en effet, d'un intérêt relativement mince, tandis que la beauté de la peinture en ferait une des œuvres les plus représentatives de Guys dans les collections du Louvre[6]. »

Le conservateur au Louvre se porte également acquéreur de quatre œuvres de Henry Monnier (*Portraits de Joseph Prudhomme et de Henry Monnier, Les Trois Matrones, Les Visiteurs, Une soirée chez Mme X*), d'une *Femme à la terrasse fleurie*[7] de Jean-Louis Forain et d'un dessin aquarellé, *La Diligence en danger*[8], de Camille Roqueplan, signé à gauche et daté 1829, particulièrement digne de figurer, selon René Huyghe, dans les collections du Louvre. Enfin, les enchères du conservateur se portent sur le lot n° 433 : un bronze d'une cire originale de Pierre-Jules Mêne intitulé *L'Amazone* pour le musée de Compiègne.

Un des clous de la vente est une petite aquarelle d'Édouard Manet intitulée *Jeune femme couchée en costume espagnol*[9]. Les enchères s'envolent, jusqu'à une annonce du commissaire-priseur : « Le conservateur René Huyghe, chef du département des Peintures au musée du Louvre, agissant au nom du musée du Louvre, déclare réserver le droit de préemption appartenant audit musée en ce qui concerne le tableau numéro 341 du catalogue. » Le public et les acquéreurs sont invités à en prendre bonne note. Selon les prérogatives d'usage du droit de préemption des Musées de France, l'aquarelle d'Édouard Manet est réservée au musée du Louvre contre la somme de 320 000 francs.

Le droit de préemption est applicable pendant un délai de quinze jours. L'administration des Beaux-Arts renoncera finalement le 7 juillet à l'application de ce droit sur l'aquarelle de Manet. Les Musées nationaux n'en dépensent pas moins la somme de 294 622 francs lors de la vente Dorville, deuxième poste de dépenses réalisées pour des acquisitions depuis le début de l'année 1942. Les enchères portées sur l'ensemble des 95 œuvres de Constantin Guys s'élèvent quant à elles à environ 2 800 000 francs.

Les intermédiaires de marchands allemands sont également nombreux lors de cette vente. Pour preuve, la présence repérée dès 2013 dans la collection d'Hildebrand Gurlitt de trois œuvres qui en sont issues : de Constantin Guys un lavis (*Amazone au cheval cabré*) et de Jean-Louis Forain un panneau (*Jeune femme présentée de profil*) et une aquarelle gouachée (*Jeune femme en blanc*).

Le produit des biens de la succession Dorville, une fois réalisé, est remis à l'administrateur provisoire. L'instrument de Vichy au service de la « déjudaïsation » de la France s'empare ainsi des liquidités engendrées par la vente publique d'un collectionneur juif. Le 20 avril 1943, Croze, à la suite de trois ventes supplémentaires, est autorisé à percevoir à titre d'émoluments, et en sa qualité d'administrateur de biens israélites, une somme conséquente.

LA VENTE À VIL PRIX DE LA COLLECTION JAFFÉ

Le 5 mars 1942 meurt dans son élégante villa néoclassique du 38 (on lit quelquefois 37), Promenade des Anglais, à Nice, Anna Jaffé, veuve de John Jaffé, née Gluge, sujet britannique de confession juive. Elle laisse comme héritiers des neveux dont l'un, Théophile Gluge, est déjà interné au camp de Drancy – il sera déporté à Auschwitz par le convoi n° 36 du 23 septembre 1942 –, tandis qu'un autre s'est engagé dans les Forces françaises libres. La villa Jaffé, construite en 1880, acquise par le couple en 1889, est idéalement située sur la Promenade, entre la rue Cronstadt et le boulevard Gambetta. Le Commissariat général aux questions juives s'empare de cette succession constituée, outre la villa, de bijoux de grande valeur, de splendides meubles et d'une collection réputée de tableaux.

Le 1er avril 1943, Paul Bonhomme est nommé administrateur provisoire, « ses pouvoirs étendus à l'universalité des biens dépendant de la succession Jaffé ». La villa Jaffé, louée par l'administrateur provisoire à une commission italienne, la *Sezione Autonoma Rifornimenti Costa Azzura*, subit des déprédations – il est fort possible que des objets d'art ou des tableaux disparaissent à cette occasion. Elle est mise en vente le 23 novembre. L'architecte Honoré Aubert, sollicité pour l'évaluation, propose une estimation de 5 millions de francs. La villa, mise à prix 3 millions, est finalement cédée pour 2 001 000 francs. La transaction est réglée comptant par l'acquéreur Jean Faraut, gérant de la Société niçoise des hôtels du Littoral, lors de la rédaction d'un acte notarié le 20 juillet 1944 devant Mᵉ Dumarquez.

La vente aux enchères de la collection John Jaffé les 12 et 13 juillet 1943 a lieu à 14 h 30 dans le hall du Savoy, sous le ministère de Mᵉ Jean-Joseph Terris, commissaire-priseur, avec le concours de Ferdinand Courchet, de Jules Reymonenq et de l'expert Eugène Martini. Elle comprend de l'argenterie, des bronzes italiens des XVIᵉ et XVIIᵉ siècles, des bronzes français des XVIIIᵉ et XIXᵉ siècles, des émaux, des bibelots, des céramiques, des terres cuites, un magnifique tapis Kirma de grande dimension, une documentation artistique et cinquante-sept importants tableaux anciens et modernes. Pour l'occasion, un catalogue de 28 pages est édité.

Les catalogues de vente sont toujours à prendre avec précaution. Celui-ci peut-être plus que les autres. Ici, aucun peintre n'est nommé dans les notices, alors que la collection Jaffé était connue des meilleurs spécialistes. On parle d'« école française », d'« école de Lancret », d'« école italienne », du « genre de Canaletto », du « genre de Guardi », d'un panneau « dans la manière de Constable », etc. Par ailleurs, à partir du lot n° 84, soit avant de procéder à la vente des cinquante-sept tableaux, Eugène Martini fait la déclaration suivante, consignée dans le procès-verbal :

« Avant de procéder à la vente des tableaux, je considère qu'il est scrupuleux de ma part d'apporter toutes précisions à ce sujet. Je garantirai d'une façon formelle quelques tableaux, les autres seront vendus sans garantie malgré les signatures et les cartels qu'ils portent et malgré les ouvrages qui les accompagnaient à l'exposition[10]. »

L'expert déprécie donc volontairement la collection Jaffé : les prix fixés sont largement en deçà de la cote du marché. Pourtant, certains tableaux font figure d'œuvres de première importance, reconnues par les experts et historiens de l'art les plus réputés. Où réside, alors, l'intérêt de disperser des œuvres aux estimations aussi basses ? À qui profite la vente à vil prix ? Notons que l'expert Eugène Martini lui-même achète un panneau de l'école française du XVIIIe siècle, *Paysage de rivière*, pour 15 000 francs, et deux natures mortes de fleurs, pour 30 000 francs.

200 000 FRANCS POUR UN REMBRANDT

Des marchands parisiens ont fait le déplacement à l'hôtel Savoy – certains comme prête-noms de clients allemands. Ernest Garin, le couple Bonfils, la famille Brimo sont bien décidés à en découdre avec la clientèle locale – Félix Mockers notamment.

Le portrait en pied de Don Manuel Garcia de la Prada, alcade de Madrid sous Napoléon, peint par Goya vers 1771, ne figure pas dans le catalogue de la vente Jaffé. Il est pourtant bien vendu à cette occasion. Pour la somme modique de 76 500 francs, il est cédé à l'intermédiaire Jean-Paul Dutey, agissant de compte à demi avec Roger Dequoy. Le lendemain de la vente, l'historien de l'art allemand August

Liebmann Mayer, spécialiste en matière de peinture espagnole, est mandaté par Dutey pour une expertise. Il s'agit d'assurer l'authenticité du tableau à la seule vue d'une photographie. L'œuvre figure en page 191 de son catalogue raisonné *Francisco de Goya*[11], ouvrage de référence depuis sa publication en langue allemande en 1923. Mayer accepte de fournir une expertise de complaisance contre 400 000 francs payés immédiatement ou 150 000 francs auxquels s'ajouteraient 10 % du prix de la vente.

L'œuvre toilettée, assurée, est ensuite acheminée vers Paris. Raphaël Gérard achète le tableau à Dutey pour la somme de 3 millions de francs en juillet ou août 1943. Le marchand de tableaux s'empresse ensuite, en octobre, de le proposer au musée du Louvre pour la somme de 6 millions de francs. L'institution décline l'offre. Une demande de licence d'exportation est formulée le 26 juillet 1944 pour une valeur déclarée de 5 200 000 francs. Michel Martin y répond défavorablement. L'œuvre présentée à Gabriel Cognacq et Germain Bazin, connue du département des Peintures du Louvre, est déclarée comme appartenant à l'école espagnole et présentant un intérêt artistique de premier ordre ; elle avait retenu l'attention des Musées nationaux pour une éventuelle acquisition. Le motif du refus est libellé en ces termes : « Ce tableau qui présente un intérêt exceptionnel ne doit pas être soustrait au patrimoine national[12]. » En définitive, le Goya est acheté en 1944 pour la galerie Gersternberger de Chemnitz à l'initiative de l'acheteur allemand Wilhelm Grosshenning. Malgré le refus d'exportation, celui-ci confie le transport du tableau à la société de déménagement Knauer. L'œuvre figurait dans la collection de Linz sous le numéro d'inventaire 3546[13].

La traçabilité de l'œuvre était pourtant claire. L'expert Eugène Martini, en possession de la documentation des collectionneurs Anna et John Jaffé également mise en vente le 13 juillet, pouvait facilement reconstituer les transferts de propriété et assurer les acheteurs de son authenticité. À la vente de la collection Émile Pacully du 4 mai 1903, à la galerie Georges Petit, sous la houlette du commissaire-priseur Lair Dubreuil, seules six œuvres de l'école espagnole avaient été proposées. Parmi elles, clou de la séance, le portrait de *Garcia de la Prada alcade corregidor de Madrid*, acquis par Émile Pacully directement auprès de la famille du modèle, lui-même intime de Goya, avait remporté l'enchère la plus haute. L'œuvre est reproduite dans le livre *Goya*[14] de Paul Lafond, conservateur de Pau, qui, dans une lettre du 1er décembre 1901[15], assurait que ce tableau était une merveille. Ce sentiment est partagé par le directeur du Prado, A. de Beruete y Moret, dans son ouvrage *Goya, pintor de retratos*[16].

Deux œuvres de Rembrandt sont également proposées lors de la vente Jaffé. La première, titrée *Portrait d'un jeune homme avec un col uni rabattu*, peinte vers 1629 sur un panneau de chêne de 18 par 15,5 centimètres, avait été exposée à La Haye en 1903. Elle est inscrite comme appartenant à la collection John Jaffé dans le huitième volume de l'*Œuvre complet de Rembrandt* par Wilhelm von Bode. L'œuvre est d'ailleurs reproduite dans le numéro de *La Gazette de l'Hôtel Drouot* daté du 26 juin 1943. Pourtant, les résultats de la vente Jaffé, donnés le 3 septembre 1943 dans la

Gazette, infirment son authenticité : ils indiquent pour le lot n° 134 « école de Rembrandt, Hollande vers 1640, *Tête de jeune homme* (20 x 19), 200 000 francs ». Le tableau a été acquis par le couple Bonfils, en même temps que les huit volumes du catalogue raisonné de Wilhelm von Bode, édition 1900.

La seconde œuvre, un panneau sur bois d'une dimension de 27 par 22 centimètres titré *Le Père de Rembrandt*, est désignée comme appartenant à « l'école de Rembrandt ». Elle est vendue le 12 juillet à Nice pour la somme de 310 000 francs au marchand de biens Jean-Jacques Mécatti : un prix ridiculement bas s'il s'agit d'un authentique Rembrandt. Ce résultat de vente pourrait être confronté à celui d'une autre œuvre du peintre hollandais, représentant un membre de la famille Raman : proposée aux enchères le 25 avril 1951 à la galerie Charpentier lors de la dispersion de la collection Nathan Katz, l'œuvre trouva preneur pour quelque 10 millions de francs.

Dans son catalogue raisonné de Rembrandt en huit volumes (ouvrage présent, nous l'avons vu, dans la documentation des époux Jaffé), Wilhelm von Bode indique deux provenances successives pour l'œuvre avant qu'elle ne rejoigne la collection Jaffé : la galerie Sedelmeyer à Paris, puis la collection du docteur Melville Wassermann, également à Paris. Elle est reproduite dans le tome I de l'*Œuvre complet de Rembrandt* sous le n° 133 en planche 25. *Le Père de Rembrandt au regard fixe* figure également en page 40 dans *Rembrandt, l'œuvre du maître*, ouvrage illustré de 643 gravures, édité par la librairie Hachette en 1922. En aucune manière le tableau ne peut donc être considéré comme une œuvre apocryphe. L'expert avait tout le loisir de consulter les ouvrages de la collection Jaffé pour ses estimations. Pourtant, il a ignoré la provenance de l'œuvre et son authenticité. *Le Journal des arts* en date du 20 août 1943, relatant la vente de la collection John Jaffé, mentionne : « Un portrait du *Père de Rembrandt* que Wilhelm Bode attribuait au maître mais qui n'était présenté que comme de l'école de Rembrandt a fait : 390 000 francs et un *Jeune homme à la collerette* (même attribution) : 262 000 francs. » Dans *Les Ventes de tableaux, aquarelles, gouaches, dessins, miniatures à l'Hôtel Drouot. Répertoire et prix d'adjudication*, qui rendent compte aussi des ventes hors Drouot, aucune mention n'est faite entre septembre 1942 et juillet 1943 d'une vente d'une œuvre de Rembrandt. Sont indiqués en revanche quatre œuvres « d'après Rembrandt », dix tableaux « de l'école de Rembrandt » et une toile « dans le genre de Rembrandt ».

La chaîne de transfert de propriété du tableau *Le Père de Rembrandt* est éclairée par le dossier aux Archives de Paris[17] du marchand Paul Pétridès, qui eut après la guerre des comptes à rendre quant à ses activités et profits. Les schémas cependant diffèrent d'un interrogatoire à l'autre.

Dès décembre 1944, une enquête fut ouverte à Nice au sujet de la liquidation frauduleuse de la collection Jaffé. En mai 1945, Jean-Jacques Mécatti, qui avait acquis le Rembrandt à Nice le 12 juillet 1943, fut interrogé, mais refusa de donner sa localisation. Une action en justice fut intentée contre lui. Le 8 novembre, le tribunal de Nice ordonna la restitution du tableau par Mécatti. Ce dernier fit appel de la décision, puis, condamné par la cour d'appel d'Aix-en-Provence, déclara qu'il avait vendu le Rembrandt, qui ne se trouvait donc plus en sa possession.

En juin 1948, une piste complémentaire fut découverte par le 3ᵉ comité des profits illicites[18]. L'artiste Adrion aurait acheté ce tableau chez Mlle de Beauperthuis. Or, interrogée, cette dernière répondit que l'œuvre ne lui appartenait pas. Adrion aurait effectué cette opération pour le compte du marchand allemand Bernhard A. Böhmer, mais, se trouvant à court de fonds, aurait demandé au couple Pétridès d'avancer le montant du prix. Odette Pétridès aurait accepté la mission, et prié Mlle de Beauperthuis de patienter. Après trois semaines, Adrion aurait reçu l'argent nécessaire et envoyé Odette Pétridès prendre livraison du tableau. Le couple Pétridès aurait alors reçu 25 000 francs de commission.

Difficile de démêler le vrai du faux. Quoi qu'il en soit, le résultat est bien le même ; une œuvre de Rembrandt, authentifiée comme telle avant la guerre, vendue à vil prix, est aujourd'hui encore non localisable à la suite des nombreuses transactions douteuses réalisées sous l'Occupation. Le consulat général de Grande-Bretagne basé à Zurich signalait de son côté, dès le 6 avril 1944, que certaines peintures de la collection John et Anna Jaffé de Nice avaient été proposées à la vente en Suisse par L. Steinemann. Parmi celles-ci, un *Portrait d'une dame* par Goya, une *Femme filant* par Vélasquez, un *Doge* par Titien et un *Paysage* par Constable.

Signalons le parcours de cette œuvre de Constable issue de la collection Jaffé et vendue à Nice les 12 et 13 juillet 1943. Titrée *Vallée de la Stour* ou *Dedham from Langham*, cette huile datée après 1820 est intitulée *Crépuscule* dans le catalogue. Elle est achetée à Nice par Yves Perdoux, puis acquise successivement par Félix Mockers, Pierre Garsonnin, la galerie Georges Moos de Genève et enfin les époux Junod en 1946. Décédée le 11 janvier 1986 à La Chaux-de-Fonds, Madeleine Junod lègue une série de tableaux à sa commune afin qu'ils soient exposés au musée des Beaux-Arts dans une salle dédiée. *La Vallée de la Stour* de Constable fait partie de la collection.

L'indivision Jaffé[19] revendique une première fois l'œuvre le 14 juin 2006, puis de nouveau, devant la justice, le 15 janvier 2016. *La Vallée de la Stour* est finalement rendue à la famille Jaffé le 12 mars 2018. Aujourd'hui, aux cimaises du musée des Beaux-Arts de La Chaux-de-Fonds, en lieu et place du tableau, est exposée une photographie du revers de l'œuvre signée de l'artiste Philippe Gronon. Le dos des œuvres consigne les traces de provenance des anciens propriétaires : l'image de Philippe Gronon rappelle les aspects éthiques et moraux qui ont présidé à la restitution de l'œuvre de Constable, reconnaissant à travers elle les actes antisémites dont ont été victimes les membres de la famille Jaffé.

IV

RÉCUPÉRATIONS, RESTITUTIONS ET AMNÉSIE

CHAPITRE 13

À la recherche en Suisse
des œuvres spoliées

Sera-t-il possible un jour d'avancer le nombre, même approximatif, d'œuvres exportées de façon illégale en Suisse (voir l'annexe 7) ? Sans doute pas. On peut en revanche sans difficulté tracer le parcours de quelques objets importants confisqués du stock de la galerie de Paul Rosenberg ou de sa collection personnelle retrouvés en Confédération helvétique. Un recel d'œuvres spoliées en France a bien eu cours en Suisse. Parmi celles de la collection Rosenberg, des tableaux de Matisse, de Picasso et une partie du cabinet graphique. La plupart sont passées entre les mains du propriétaire de la galerie Fischer. Lors de l'interrogatoire de Théodore Fischer le 7 mars 1945 par Douglas Cooper, lors de sa mission à Berne en tant que membre de la section *Monuments, Fine Art and Archives* (MFA&A)[1], le galeriste aurait lui-même dressé la liste des dessins de la collection Paul Rosenberg stockés dans sa galerie : *Cirius* de Daumier ; *Jeune fille assise* de Corot ; *Petite danseuse vue de face* et

Danseuse vue de dos de Degas ; *Portrait d'un homme au chapeau* et *Portrait de M. et Mme Ramel* par Ingres ; *Études de cinq têtes*, *Danse à la campagne* et *Portrait d'homme sous l'ombrelle* de Renoir ; *Blouse blanche* de Seurat, etc.

LES PÉRÉGRINATIONS D'UNE *ODALISQUE* DE MATISSE

L'*Odalisque au tambourin*[2], tableau de Matisse datant de 1926, aussi appelé *Harmonie en bleu*, entre dans la collection Paul Rosenberg en 1937. Il a été précédemment, en décembre 1936, la propriété à compte à demi de la galerie Pierre et de la galerie d'Alfred Daber, puis est probablement passé par la galerie de Jos. Hessel. Cette huile, dont la toile mesure 92 par 73 centimètres, est encore titrée *Danseuse sur fond bleu* et porte le numéro 3605 dans l'inventaire du stock de la galerie Rosenberg. L'œuvre se trouve en bonne place dans l'exposition Matisse[3] présentée entre octobre et novembre 1938 à la galerie de la rue La Boétie. Et Paul Rosenberg prend soin de la déposer en 1940, avec dix-sept autres Matisse, à l'abri dans le coffre-fort de la Banque nationale pour le commerce et l'industrie de Libourne. Elle est confisquée par les forces occupantes en avril 1941 en même temps que quelque 160 tableaux.

Selon l'inventaire dressé le 6 mai 1941 par le directeur de l'école des beaux-arts de Bordeaux, l'*Odalisque au tambourin* est estimée à 30 000 francs, soit sept ou huit fois moins que sa valeur d'avant-guerre. Puis l'œuvre, transférée au musée du Jeu de Paume, est fichée le 5 septembre 1941 comme « PR 24 » (collection Paul Rosenberg) par deux historiennes de l'art au service de l'ERR : les docteurs Helga Eggemann et Anne-Marie Tomforde. Le 3 décembre, elle est l'objet d'un échange au profit de Göring. En l'occurrence, quatre huiles de Matisse sorties du Jeu de Paume – dont trois identifiées à ce jour, *Odalisque au tambourin*, *Femme et fleurs* (1939) et *La Robe persane* (1940) – sont vendues à un certain Klein (trois huiles) et à Ernest Rosner (une huile), tandis qu'une huile sur panneau du peintre flamand Jan Brueghel, *Le Port d'Anvers*[4], propriété de longue date du marchand allemand Gustav Rochlitz, rejoint la collection de Göring.

Six mois après la libération de Paris, en février 1945, Paul Rosenberg alerte par câble depuis New York la direction des Musées nationaux, en la personne d'Albert Henraux, de la nécessité de mener en Suisse des enquêtes fouillées concernant des œuvres confisquées dans le coffre de Libourne :

« Viens apprendre par Docteur Walter S. Schiess, avocat à Bâle venu ici pour conférence que BUHRLE ORLIKON, Zurich, a acheté pour un million de francs suisses tableaux m'appartenant entre autres Corot "Liseuse" [*Femme au corsage rouge*], Degas "Courses" [*Jockeys à cheval*], Manet "Fleurs" [*Roses dans un vase de cristal*],_STOP_ Mes beaux dessins que connaissiez se trouvent chez FISCHER, Lucerne, un Monsieur NATHAN les a vus _STOP_ "Homme à l'oreille coupée"[5] se trouve chez Docteur VIDEKEHR BAHNOFSTRASSE Zurich, acheté à Théodore FISCHER _STOP_ Suis informé que d'après Lois Suisses avons seulement cinq ans après date d'achat réclamer œuvres _STOP_ Vous remercie démarches que ferez _STOP_ Suis informé personnes mauvaise réputation et mauvaise foi. Amitiés. Paul Rosenberg[6]. »

Les informations de Paul Rosenberg obtenues par voie officieuse se vérifient. Elles vont également permettre de reconstituer la traçabilité de l'*Odalisque au tambourin*. L'œuvre parvenue au Jeu de Paume est donc passée par échange entre les mains de l'intermédiaire Gustav Rochlitz[7] : celui-ci l'a cédée à Max Stöcklin qui, à son tour, l'a vendue à Georges Schmidt à Zurich. La toile s'est retrouvée à la galerie Neupert[8], qui l'a marchandée à la galerie Toni Aktuaryus de Zurich pour environ 12 000 francs suisses. Elle a ensuite été achetée 14 000 francs suisses et intégrée dans la collection d'Emil Georg Bührle[9].

Dès la première quinzaine de septembre 1945, Paul Rosenberg se rend en Suisse : à Bâle, à Genève et à Zurich. Il y effectue le tour des galeries d'art à la recherche des œuvres confisquées de son stock ou de sa collection. Certaines confrontations avec les marchands sont des plus informatives. Interrogé par Rosenberg sur la présence dans sa collection d'œuvres lui appartenant, Emil Bührle commence par évoquer les tableaux qu'il a acquis auprès de la galerie Fischer. Il affirme à Paul Rosenberg le 15 octobre 1945 :

« Je ne suis pas le seul qui ait acheté de tels tableaux chez la galerie Fischer à Lucerne bien que mes achats soient quant au volume les plus importants. Cela s'explique par le fait que bien avant la Première Guerre mondiale, j'ai déjà aspiré à une belle collection de tableaux français du XVIIIe et surtout du

XIXe siècle, car pendant mes études dans les années précédant la Première Guerre mondiale, j'ai acquis un intérêt particulier pour les impressionnistes français. [...] On sait que je possédais avant 1939 une collection remarquable de ces artistes. Vu que la galerie Fischer à Lucerne est une importante maison suisse jouissant d'une bonne réputation, je n'avais aucun motif de me méfier de ces tableaux offerts (à la vente). Je dois ajouter qu'au moment où j'ai effectué les achats de tableaux en question chez Fischer, les avertissements des Alliés n'avaient pas encore paru[10]. »

Emil Bührle évoque ensuite l'*Odalisque* de Matisse, tableau acheté quant à lui à la galerie Tony Aktuaryus de Zurich :

« Lorsque Monsieur Rosenberg m'a rendu visite [...] et quand à cette occasion, j'ai pour la première fois obtenu des renseignements précis au sujet de ces tableaux illégalement appropriés, j'ai spontanément déclaré que j'étais à tout temps disposé d'annuler ces achats. [...] Monsieur Rosenberg m'a informé qu'un de mes tableaux que j'ai acheté à la galerie Aktuaryus à Zurich et non pas chez Fischer, provenait également de sa collection. Il s'agit d'une toile de Matisse (danseuse). Ce tableau m'a été offert par la galerie Neupert à Zurich et plus tard seulement de Monsieur Aktuaryus. Je tiens à remarquer que Monsieur Aktuaryus est Français et Israélite. Dans ces conditions, je n'avais certainement pas la moindre raison de supposer que quelque chose ne pourrait être en ordre avec ce tableau. Je suis également tout à fait convaincu que Monsieur Aktuaryus m'a vendu ce tableau avec la même bonne foi que je l'ai acheté.

Une autre peinture de Matisse (*Femme à la fenêtre*) m'a été offerte en son temps par un marchand de tableaux non professionnel. J'ai refusé cette offre quoique ce tableau m'aurait au fond beaucoup plu. La meilleure preuve que mes achats de tableaux étaient toujours de bonne foi résulte d'ailleurs du fait que je ne les ai jamais dissimulés, au contraire, je n'ai jamais hésité de montrer tous mes tableaux de ma collection[11]. »

En même temps qu'il reconstitue le parcours de l'*Odalisque*, Emil Bührle confirme donc le rôle de la galerie de Théodore Fischer dans l'écoulement des œuvres de la collection Rosenberg en Suisse.

Conscient de l'impact qu'aurait l'ébruitement de l'affaire sur la réputation de son établissement, Fischer aurait proposé à Paul Rosenberg un arrangement à l'amiable : lui rendre les œuvres en échange d'une indemnisation de 800 000 francs suisses. Emil Bührle propose de son côté le marché suivant : si Rosenberg accepte de perdre 20 % des tableaux spoliés, les 80 % restants pourraient lui être restitués. Il essuie un refus catégorique. Rosenberg souhaite dorénavant que les négociations soient traitées par la voie officielle de gouvernement à gouvernement, et déclare vouloir « ne pas être mêlé à aucune combinaison qui ne soit pas légale ni en France ni en Suisse[12] ».

Quant à l'*Odalisque au tambourin*, sa restitution à Paul Rosenberg est ordonnée le 3 juin 1948 par le tribunal fédéral de Berne.

Une *Pomme* de Picasso à Zurich

C'est une huile titrée *Pomme*[13], de petites dimensions (22 par 27 centimètres), signée Picasso et datée « 18 » en bas à droite. Paul Rosenberg l'avait directement acquise auprès du maître. Elle affiche le n° 2.176 de l'inventaire du stock Rosenberg. Volée dans la propriété de Floirac, l'œuvre figure aussi sur une liste dressée par Rose Valland à la date du 10 mars 1942[14]. Elle est visible sur une photographie de la « salle des martyrs » au musée du Jeu de Paume.

Au Jeu de Paume, elle est l'objet le 14 mai 1942 d'un échange en faveur de Göring[15]. Cet échange numéro 16 est réalisé par l'ERR avec Alexandre von Frey de Lucerne. En mai 1945, à Zurich, la galerie Aktuaryus présente *Pomme*, par Picasso, à Berta Coninx-Girardet. Cette dernière l'achète pour la somme de 3 200 francs suisses[16].

Après la guerre, un procès oppose cette acheteuse occasionnelle à Paul Rosenberg. La restitution de *Pomme* est ordonnée en mars 1947. Berta Coninx-Girardet ne peut se retourner contre la galerie Aktuaryus, celle-ci ayant fait faillite.

Il n'y eut pas que des peintures proposées sur le marché de l'art suisse. À au moins une occasion y fut présentée une affaire de grande envergure : la galerie Bernheim-Jeune à Paris, murs et fonds de commerce. La maison Bernheim-Jeune, considérée par les nazis comme une affaire juive, fut proposée, sans doute par Édouard Gras, pour la somme de 1 million de francs français au galeriste Gottfried Tanner, à

Zurich. Les personnes impliquées furent Charles Montag, citoyen suisse, l'antiquaire parisien Étienne Bignou et Adolf Wüster, attaché de l'ambassade d'Allemagne à Paris.

D'autres pays que la Suisse cachent, aujourd'hui encore, des œuvres d'art spoliées lors de la Seconde Guerre mondiale. La principauté du Liechtenstein, le Luxembourg, le Portugal, la Suède, mais également les États-Unis et d'anciens satellites de l'URSS pourraient également faire l'objet d'investigations poussées. Les ports francs helvètes, les banques, les réserves de certains musées européens, américains ou russes, ou encore les stocks de certains marchands ou les collections de certains particuliers n'ont sans doute pas livré tous leurs secrets.

Pour ne citer que quelques exemples d'œuvres, toutes appartenant à la collection de Paul Rosenberg, toutes peintes par Matisse : *Femme en robe de soirée assise dans un fauteuil Louis XIII* (1940), confisqué du coffre de Libourne, parvenu au Jeu de Paume le 5 octobre 1941, *Femme avec branche d'amandier dans une potiche jaune* (1940), confisqué de la propriété de Floirac, et *Jeune femme, blouse verte et fougère* (1939) sont toujours en déshérence.

Chapitre 14

Un marché de l'art peu inquiété

Le 18 octobre 1944, une ordonnance du gouvernement provisoire définit la notion de profit illicite résultant essentiellement du commerce avec l'ennemi. Elle figure parmi les premières mesures économiques destinées à la reconstruction de la France. Le 26 octobre, par arrêté du ministère des Finances, deux comités de confiscation des profits illicites de la Seine sont créés. Leur nombre passera à six le 31 janvier 1945 et à douze le 24 décembre 1946.

Cependant, à la sortie de la guerre, les protagonistes français du marché de l'art, dont les pratiques suspectes ont fait florès pendant les années d'Occupation, sont peu inquiétés. Ils n'ont guère à répondre de leurs achats, ventes, échanges et trafics, ni des profits exceptionnels tirés des opérations réalisées avec l'ennemi. Leur habileté réside dans l'art de tourner casaque, dans une volonté de sauver les apparences. Des cas de brouillage entre collaboration et Résistance ne sont pas rares. Certains parmi les professionnels du marché de l'art ayant œuvré sans scrupules pendant les années d'Occupation organisent ainsi à la Libération des ventes aux enchères au profit aussi bien des enfants évacués des Alpes-Maritimes (vente de deux tableaux, de Bonnard et de Matisse, offerts par les artistes organisée à Drouot le 26 mai 1944 sous l'autorité de Mᵉ Alphonse Bellier, Mᵉ Étienne Ader, assistés des experts André Schoeller et Martin Fabiani) que des FFI et de leurs familles, des maisons d'accueil des prisonniers et déportés rapatriés (Hôtel Drouot les 17 et 23 novembre 1944).

L'HÔTEL DROUOT, « SALON FRANCO-NAZI » : UN JOURNALISTE DÉNONCE

« La trahison de certains marchands de tableaux coûte 500 milliards à la France » : l'article, signé Jean Dutour et publié dans l'hebdomadaire *Action* le 9 novembre 1945, revient sur la traîtrise de certains marchands de tableaux français. Il mérite d'être cité longuement, pour sa lucidité quant aux pratiques des professionnels du marché de l'art pendant l'Occupation :

> « Les Allemands ont volé à la France pour 500 milliards de francs d'objets d'art et de tableaux. Volé n'est pas tout à fait exact car, dans certains cas, les Allemands achetèrent. Il faut dire qu'aucune pièce des collections de l'État, à l'exception du retable de "l'Agneau Mystique" de Van Eyck, n'a été prise par eux. En effet, ils attendaient le traité de paix pour s'attribuer ce qui leur aurait plu. Il n'en reste pas moins que les Allemands ont emporté pour 500 milliards d'œuvres. Ils furent beaucoup aidés dans cette belle opération par des experts, des commissaires-priseurs et des marchands français. »

Jean Dutour décrit ensuite les opérations de spoliations :

« Les Juifs étaient volés de deux façons ; ou le commissaire-gérant vendait à l'encan les biens qu'il était chargé d'administrer, ou bien l'on pillait les garde-meubles. Il y avait un organisme des biens juifs avenue Marceau, qui triait tous les jours des multitudes de tableaux et d'objets d'art que des camions apportaient. M. Schoeller expertisa tout cela. C'est ainsi que les collections Bernheim et Rothschild, pour n'en citer que deux, sont parties en Allemagne. La collection Bernheim volée comportait en particulier : 10 Cézanne, 6 Renoir, 2 Corot, 3 Toulouse-Lautrec, 4 Manet, 2 Sisley, 1 Berthe Morisot, 2 Bonnard, 1 Matisse, 1 Vuillard, 1 Odilon Redon. »

Le journaliste évoque le scandale Fabiani. Martin Fabiani a dû en effet répondre, devant le 3e comité de confiscation des profits illicites, du commerce avec l'ennemi, du marché noir et des diverses spéculations qu'il a réalisés entre le 1er septembre 1939 et le 31 décembre 1944 : une confiscation de 34 101 600 francs et une amende de 136 millions de francs lui ont été infligées le 19 octobre 1945.

« Le mois dernier, lorsque le scandale Fabiani a éclaté, on s'est beaucoup indigné, on a beaucoup crié, mais en réalité Fabiani, qui a gagné quelques millions, n'est qu'un comparse. Fabiani, avant guerre, était quelque chose comme un danseur mondain. C'est dire qu'il ne connaissait pas grand-chose à la peinture. Mais M. Schoeller, lui, expert renommé et célèbre, connaissait fort bien la question et travaillait en liaison étroite avec Fabiani. Toutes les ventes à l'Hôtel Drouot se faisaient sous l'étiquette Schoeller-Fabiani. »

Jean Dutour n'incrimine pas uniquement les experts, les intermédiaires, les « hommes de paille » et les marchands d'art français actifs à l'Hôtel Drouot. Il insiste aussi sur les complicités des filières franco-allemandes : unies dans une convoitise du profit, elles ont orchestré l'écoulement d'une partie du patrimoine artistique français, recourant à des actes de confiscation, de spoliation, des ventes à vil prix et des manœuvres frauduleuses. Des connexions parfois initiées bien avant la déclaration de guerre. Jean Dutour souligne à quel point les opérations de vol des Allemands ont été facilitées par la complicité des Français.

« Les Allemands n'auraient pas eu grand-chose si les tableaux n'avaient été offerts sur le marché. Pensez donc, jamais on ne vit de ventes plus tapageuses que sous l'occupation ; elles étaient retransmises par la radio : il y avait un micro dans la salle. Ces ventes étaient annoncées par de luxueux catalogues que Me Étienne Ader adressait de préférence aux personnalités allemandes. Les experts s'appelaient Schoeller, Mathey, et Cailleu [*sic*] [...].

« Me Étienne Ader avait fait de l'Hôtel Drouot, un véritable salon franco-nazi, réservant à ses amis allemands les meilleures places. Ces amis, c'étaient Bruschwiller [*sic*] qui sauva Hitler lors du putsch de Munich, et Wurster [*sic*], Führer de la peinture en France. Me Ader, du reste, ne bornait pas ses bons offices à des mondanités. Il aidait les Allemands à masquer leurs achats en faisant prendre les enchères par des intermédiaires. On a entendu très souvent Schoeller crier en pleine audience, à la dernière enchère : "Schoeller pour...", ce qui signifie dans le jargon de l'Hôtel Drouot : "Schoeller enchérit pour le compte de M. X." Ce M. X., c'était bien entendu toujours le Reich. »

On le voit : dès 1945, les pratiques des Français complices des Allemands étaient connues. Elles furent pourtant peu sanctionnées. Certes, une ordonnance du 21 avril 1945, précisant une décision de 1943 du Comité national français à Alger, privait d'effets les actes de spoliation accomplis entre le 1er septembre 1940 et la fin du conflit, par l'ennemi ou sous le contrôle de Vichy : étaient reconnus « nuls les transferts et les transactions de toute nature effectués pendant la période où le territoire français se trouvait sous l'autorité directe ou indirecte de l'ennemi ». En ce sens, la loi protégeait les biens des familles juives en souhaitant les réintégrer au sein du patrimoine français. La théorie formulée, son exécution s'avéra plus complexe, comme l'illustre le cas du marchand Paul Pétridès.

« L'ARAIGNÉE AU MILIEU DE SES TOILES »

Paul Constantin Pétridès, né britannique à Chypre le 18 août 1901, est naturalisé français le 18 septembre 1943, sur intervention de la femme du peintre Othon Friesz auprès du ministre Georges Bonnet. Dès 1941, le 30 avril, le journal *La France au travail* évoquait sans aménité ce changement de nationalité :

« Le marchand de tableaux Pétridès, Juif cypriote, avait au début de la guerre un passeport grec. Pour montrer sa sympathie à la cause des Alliés, il changea son passeport grec en un passeport anglais. Quand la débâcle fut venue, en juin 1940, il crut prudent de redevenir grec. Aujourd'hui, il est fort embarrassé. La Grèce est entrée en guerre. Quelle nationalité va-t-il choisir ? C'est une question qu'on se pose sur la Butte où ce marchand de tableaux ne jouit pas d'une grande considération. On l'a appelé "l'araignée au milieu de ses toiles". »

Pétridès vit depuis 1920 en France où il s'est marié en 1929, sous le régime de la communauté légale, avec Odette Alexandrine Bosc, née en 1899 à Bordeaux. Pétridès a tenu un magasin de « tailleur pour hommes » et, depuis 1940, se consacre à l'exploitation de la galerie de tableaux que sa femme a installée 6, avenue Delcassé, dans le VIIIe arrondissement de Paris. Pendant toute l'Occupation, il réalise sur une vaste échelle des transactions d'objets d'art avec les Allemands.

Le 6 juin 1945, Paul Pétridès est invité à comparaître devant la cour de justice de la Seine en charge des faits de collaboration, afin de répondre de ses activités commerciales pendant l'Occupation. L'enquête fait apparaître un accroissement rapide de sa fortune dans le négoce des peintures, avec un chiffre d'affaires de 1,3 million de francs en 1942. Odette et Paul Pétridès ont été mis en relation avec les milieux culturels allemands par l'intermédiaire du peintre Lucien Adrion, sujet alsacien, qui les a convaincus de leur vendre des tableaux et de l'aider à trouver des toiles pour le marchand d'art Bernhard A. Böhmer. C'est ainsi que Pétridès, en lien avec l'amiral Bard, chef de cabinet du maréchal Pétain, et d'autres personnalités telles que l'ambassadeur Otto Abetz, est devenu en France l'un des intermédiaires les plus réputés pour la vente de tableaux de maîtres. Il a ainsi contribué à la décoration des bureaux de la Propagandastaffel, comme le démontre un inventaire réalisé le 30 août 1944 sur ordre du directeur général des Beaux-Arts. Pétridès ne demanda jamais l'autorisation d'exporter des œuvres vers l'Allemagne ; il n'avisa jamais les services du Louvre de son activité.

La plaidoirie fine et le mémoire en défense de l'avocat de Pétridès, Mᵉ Moncorgé, étayés de nombreux témoignages, conduisent la cour à l'indulgence. Parmi les documents produits, deux cartes postales signées de la main de Jean Moulin, une du 31 janvier 1943, l'autre non datée, qui témoignent de la confiance que le chef résistant avait placée dans le couple Pétridès. Le 8 novembre 1946, le parquet de la cour de justice du département de la Seine rend une décision de classement en faveur de Paul Pétridès : toutes les poursuites engagées à son encontre sont abandonnées. Le marchand d'art peut dès 1947 ouvrir une galerie à son nom, rue La Boétie, au 53.

Mais Paul Pétridès a également été cité à comparaître le 19 mars 1945 devant le comité de confiscation des profits illicites de la Seine. Le 3ᵉ comité eut à traiter plus de quarante dossiers d'acteurs du marché de l'art. Parmi ceux-ci, quelques-uns des protagonistes que nous avons croisés dans ces pages : Lucien Adrion (décision rendue le 18 juillet 1949), Étienne Ader (6 mars 1947), Pierre Colle (19 janvier 1949), Roger Dequoy (24 janvier 1947), Charles Durand-Ruel (8 février 1949), Pierre Durand-Ruel (8 février 1949), Martin Fabiani (12 septembre 1947), Henri Joly (24 décembre 1948), Allen Loebl (15 juin 1950),

Maurice Renou (16 janvier 1949), André Schoeller (6 mars 1947).

Les motifs de la citation de Paul Pétridès sont explicités : « Elle a été provoquée par des dénonciations anonymes mais se justifie par les ventes faites aux Allemands et les réclames faites dans les journaux notamment le *Pariser Zeitung*[1]. » Pétridès ne conteste pas ces charges. Une nouvelle enquête relève :

> « Il est tenu un livre d'achats et ventes qui a donné lieu à la remarque suivante : chaque tableau est précédé d'un numéro et de sa dénomination. En regard sont indiqués : le prix et la date de l'achat, la date et le prix de vente. Une colonne est réservée aux noms des acheteurs. Il a été constaté que sur 167 tableaux vendus pendant l'Occupation, 23 seulement portent le nom des acheteurs, dont 16 sont des Allemands[2]. »

Le 4 janvier 1946, le 3ᵉ comité condamne Paul Pétridès à une confiscation de 1 669 095 francs et à une amende d'à peu près le triple : 5 millions de francs. Le 19 février, le marchand d'art interjette appel de cette décision. À la suite d'une enquête complémentaire, le 23 novembre, le comité maintient le montant de la confiscation mais ramène l'amende à 3 333 000 francs, sous réserve que l'intéressé abandonne son recours. Le 30 novembre 1948, Paul Pétridès, en homme d'affaires avisé, déclare se désister de son recours. Ayant échappé à la prison, il peut se consacrer à sa carrière de marchand de Maurice Utrillo et Suzanne Valadon, et à l'écriture de ses Mémoires, *Ma chance et ma réussite* (Plon, 1978).

CHAPITRE 15

L'amnésie des institutions

La mémoire du marché de l'art à Paris sous l'Occupation, et plus largement celle du pillage et des spoliations par les nazis des œuvres d'art en France, a longtemps été marquée par l'amnésie.

PRIORITÉ, RÉCUPÉRER LES ŒUVRES

Le 24 novembre 1944, une Commission de récupération artistique (CRA) est instituée auprès de la Direction générale des arts et des lettres, sous la tutelle du ministère de l'Éducation nationale. Ses objectifs : 1) Étudier les problèmes posés par la récupération des œuvres d'art, souvenirs historiques, objets précieux, documents d'archives, livres et manuscrits enlevés par l'ennemi ou sous le contrôle de celui-ci pendant l'Occupation ; 2) Recueillir et contrôler, en vue de cette récupération, les déclarations des intéressés et tous les éléments d'information, les objets ainsi définis appartenant aux collectivités françaises ou à des ressortissants français.

Albert S. Henraux, collectionneur, membre du conseil des Musées nationaux en 1934, est nommé président de cette commission. Rose Valland fait fonction de secrétaire. La commission est constituée presque exclusivement de hauts fonctionnaires des Musées nationaux : parmi eux, Marcel Aubert, René Huyghe et Jean Charbonneaux, conservateurs au Louvre, Georges Bourgin, conservateur aux Archives nationales, Paul Étard, bibliothécaire de l'École normale supérieure, ou encore Georges Salles, directeur des Musées de France. Elle exclut *de facto* les mandataires des victimes de spoliations artistiques. Aucun représentant des grands collectionneurs juifs spoliés n'est invité à participer à la vaste entreprise de récupération et de restitution du patrimoine privé. On pense notamment à David David-Weill, ancien président du conseil des Musées nationaux, aux membres des familles Rothschild, tous collectionneurs et mécènes, ou encore aux héritiers de Lucie-Mathilde et d'Adolphe Schloss, également fins connaisseurs. Jean Dutour souligne ce problème de légitimité dans le numéro d'*Action* déjà cité, daté du 9 novembre 1945 :

> « Il convient de noter que, depuis le 14 décembre 1944 [en réalité le 24 novembre], il existe une commission française dite de récupération des œuvres d'art, qui n'a point daigné communiquer le nom des membres qui la composent. On en connaît toutefois le président : c'est M. Henraux qui, sous Vichy, a organisé des manifestations franco-allemandes fort bien réussies. Détail piquant, M. Henraux a vaillamment défendu

l'entrée de la commission à des collectionneurs israélites de la notoriété de MM. Wildenstein, Bernheim et Bensimon. »

Il est possible que la cooptation ait présidé à la sélection des membres de la commission.

LES MUSÉES NATIONAUX
EXPOSENT LEURS ACQUISITIONS

Avant même d'avoir récupéré toutes les œuvres d'art volées par les Allemands, les Musées nationaux se félicitent publiquement des « Nouvelles acquisitions réalisées entre le 2 septembre 1939 et le 2 septembre 1945 ». C'est le thème d'une exposition présentée au musée du Louvre entre le 28 septembre 1945 et le 11 février 1946. Le visiteur s'étonnera peut-être, « malgré l'Occupation et dans des conditions de travail plus que difficiles, non seulement pour défendre le patrimoine national mais encore pour l'enrichir[1] », de l'abondance des nouvelles pièces. C'est que, font valoir les organisateurs de l'exposition, les professionnels des musées ont poursuivi leur mission aux heures les plus sombres : non seulement ils ont sauvé les collections publiques de la tourmente, en les évacuant de Paris dès l'été 1939 sous la houlette de Jacques Jaujard, mais ils ont accru de façon notable le patrimoine national, à travers les legs, les dons et les achats effectués sur le marché de l'art. « Comment a-t-on sous l'orage réussi à engranger tant de richesses ? C'est un nouveau chapitre et non le moindre de l'histoire de nos musées pendant la guerre[2] », souligne le directeur

Georges Salles dans la préface du catalogue de l'exposition. L'administration, explique-t-il, n'a pas hésité « à s'engager sur le terrain des biens privés et à disputer un marché que l'occupant tentait de mettre en coupes réglées. Les lois de protection perdaient leur efficacité quand il s'agissait des gros morceaux convoités par les hauts personnages "du régime". Mieux valait devancer l'acheteur et être le premier à dépister les pièces importantes. Des crédits spéciaux ayant été obtenus, la campagne fut si active que le Louvre ainsi que les autres musées s'enrichirent davantage en ces jours de misère qu'ils ne l'eurent fait en des temps plus heureux. La battue fut serrée, la dépense moins comptée. On voit ici le résultat. »

DES ŒUVRES PRIVÉES DE PROPRIÉTAIRES

La Commission de récupération artistique peut dès 1946 présenter le produit de son travail, dans une exposition qui se tient à l'Orangerie des Tuileries (le pendant du Jeu de Paume) entre le 12 juin et le 3 novembre : « Les Chefs-d'œuvre des collections privées françaises retrouvés en Allemagne par la Commission de récupération artistique et les services alliés ». Quelques-uns des objets les plus prestigieux parmi ceux récupérés en Allemagne ont été sélectionnés. Albert Henraux, dans sa préface au catalogue[3], évoque « l'aboutissement d'une affreuse et admirable aventure ». Il se fait lyrique :

« C'est de ce beau jardin des Tuileries que les œuvres d'art étaient parties, c'est ce même jardin calme et tranquille de Le Nôtre qu'elles retrouvent aujourd'hui. Quel symbole de la victoire alliée et quelle preuve de la vanité du pillage des barbares ! Voilà *nos* chefs-d'œuvre revenus sur la Place de la Concorde, théâtre de la dernière bataille de la capitale et de sa délivrance. Guérie de ses blessures elle aussi, l'Orangerie les recueille après leur long exil et les replace, à l'ombre des drapeaux alliés, dans leur atmosphère, celle de Paris et de la France. »

Les musées accomplissent là leur mission première : rassembler, étudier, protéger, en un mot conserver pour exposer les œuvres à la délectation du public, avec l'autorité conférée par l'institution. Henraux souligne qu'en revanche il n'a pas été possible d'indiquer les noms des propriétaires des œuvres. N'était-ce pas là, pourtant, la mission première de la CRA ? Une fois les objets d'art récupérés en Allemagne et transférés sur le territoire français, ne devaient-ils pas être restitués au plus vite à leurs propriétaires ? L'ordonnance du 21 avril 1945 sur la nullité des actes de spoliation était explicite sur la question : « Lorsque la nullité est constatée, le propriétaire dessaisi reprend ses biens, droits ou intérêts exempts de toutes charges et hypothèques dont l'acquéreur ou les acquéreurs successifs les auraient grevées. » Et la commission disposait, pour ce faire, de la mémoire immédiate des spoliations ainsi que des revendications des intéressés – lorsqu'ils avaient la possibilité morale de se consacrer à ce crime mineur au regard des souffrances endurées pendant la guerre.

Ainsi le *Portrait de la baronne Betty de Rothschild*[4] de Jean Auguste Dominique Ingres, une huile sur toile de grandes dimensions, ne présentait aucune difficulté d'origine. Commandée par le baron James de Rothschild et réalisée par l'artiste en 1848, l'œuvre avait été léguée aux ayants droit successifs de la branche française d'Alphonse de Rothschild. Et, en haut à droite de la toile, au-dessus des armes de la famille, on peut lire l'inscription : « Baronne Betty de Rothschild ». Même chose pour l'*Astronome* (1668) de Jan Vermeer. Son propriétaire était connu : il s'agissait du baron Édouard de Rothschild[5]. La notice du catalogue de l'exposition de l'Orangerie ne le mentionne pas. Elle indique en revanche le fait que l'*Astronome* devait rejoindre le musée voulu par Hitler à Linz : une lettre d'Alfred Rosenberg du 13 novembre 1940 annonçait à Martin Bormann, afin qu'il en informe Hitler, la prise du tableau de Vermeer confisqué aux Rothschild[6] :

« Dans sa générosité magnanime, le Parsifal national-socialiste faisait don à son musée de Linz de l'extraordinaire *Astronome*, peint par Ver Meer de Delft avec une perfection qui tient de la magie. Il s'agit là d'une pièce capitale dans l'œuvre restreinte et si précieuse de l'un des plus mystérieux génies de la peinture européenne[7]. »

Moins sensationnel mais également probant est le cas d'un pastel, *Trois danseuses en jupe saumon à pailletis blanc*, d'Edgar Degas, de la collection de Paul Rosenberg. L'autorisation d'exposition ne fut jamais demandée à la famille du marchand d'art, comme en témoigne une lettre d'Edmond Rosenberg datée du 19 juin 1946 réclamant la restitution du pastel après qu'il l'eut découvert par hasard à l'Orangerie.

Le Centre de la documentation juive contemporaine s'empare à son tour du sujet en publiant, en 1947, *Le Pillage par les Allemands des œuvres d'art et des bibliothèques appartenant à des Juifs en France.* Outre les textes introductifs de haute tenue de Jacques Sabille et de Jean Cassou (redevenu conservateur en chef du musée d'Art moderne et qui dirige l'ouvrage), des documents d'archives dévoilent notamment les origines de la « razzia » allemande, les rivalités entre les divers services, le rôle de l'ambassade du Reich à Paris, l'action du service de protection des arts, les réactions du gouvernement de Vichy. Pour la première fois est abordée sans détour la question du pillage et de la spoliation des œuvres d'art appartenant à des Juifs déchus de leur nationalité française par Vichy, mais aussi celle du pillage des bibliothèques. Isaac Schneersohn, président du Centre de la documentation juive contemporaine, s'en explique dans l'avant-propos :

« Le moment nous semble venu de projeter quelque lumière sur un aspect moins connu de son irrémissible forfaiture : nous voulons dire celle consistant à s'emparer – sous le couvert d'idéologie anti-juive – de tout ce qui lui tombait entre les mains du patrimoine artistique français. Nous savons maintenant que, d'un bout à l'autre du pays, ce fut un lacis d'intrigues et de basses manœuvres, par lesquelles les plus redoutables des meneurs du national-socialisme se défièrent et s'affrontèrent dans une lutte sournoise et tenace pour la possession de telle toile célèbre, de tel bronze de prix. Mais toujours en s'ingéniant à sauver la face. Ne s'agissait-il pas de proclamer tout haut les droits légitimes et imprescriptibles du grand Reich victorieux, tout en acheminant vers les cachettes allemandes – chacun vers la sienne, bien-entendu – autant que l'on pouvait des objets d'art français ? Et plus particulièrement, parce que l'excuse était plus plausible et l'impunité mieux garantie, ceux appartenant à des Juifs ? »

UN NOUVEAU STATUT : LES MNR

La mission de la Commission de récupération artistique est arrêtée en 1949, par un décret du 30 septembre qui transfère ses attributions à l'Office des biens et intérêts privés (OBIP). Celui-ci a été créé en 1919 pour défendre les biens, droits et intérêts privés des citoyens français en temps de guerre ; il est composé d'élus et de diplomates, et placé sous l'autorité conjointe du ministère des Affaires étrangères et du ministère des Finances. L'article 5 du décret de 1949 se penche sur la restitution des biens spoliés par l'ennemi, en fixant le sort des œuvres récupérées en Allemagne à la fin de la Seconde Guerre mondiale :

« Sous réserve de la législation relative aux biens spoliés, une commission présidée par le directeur général des arts et lettres procédera à un choix des œuvres d'art retrouvées hors de France, qui n'auront pas été restituées à leur propriétaire. Les œuvres d'art choisies par la commission seront attribuées par l'Office des biens et intérêts privés à la direction des musées de France, à charge pour elle de procéder dans un délai de trois mois à leur affectation ou à leur mise en dépôt dans les musées nationaux ou les musées de province. Ces œuvres d'art seront exposées dès leur entrée dans ces musées et inscrites sur un inventaire provisoire qui sera mis à la disposition des collectionneurs pillés ou spoliés jusqu'à expiration du délai légal de revendication. »

Quelque 2 000 œuvres récupérées sont ainsi sélectionnées par la commission de choix et confiées aux musées : on les désigne désormais comme « MNR », pour « Musées nationaux récupération ». On peut citer, parmi les plus exceptionnelles, un volet de retable représentant *Saint Pierre* de Lucas Cranach (MNR 938), le *Portrait du père Desmarets* par Jean Auguste Dominique Ingres (MNR 156) ou encore un *Portrait de l'artiste* par Paul Cézanne (MNR 228). Insistons sur le fait que ces œuvres n'appartiennent pas au patrimoine de l'État : celui-ci n'en est que le dépositaire, dans l'attente d'une éventuelle restitution, « jusqu'à l'expiration du délai légal de revendication ».

Quel est le « délai légal » d'expiration des revendications ? Le décret de 1949 ne le précise pas, mais stipule bien qu'un tel délai existe, et que les œuvres MNR pourront, si elles ne sont pas réclamées à son expiration, venir enrichir le patrimoine national. Pourtant, ni la décision du Comité national français à Alger en 1943 ni l'ordonnance de 1945 sur la nullité des actes de transfert de propriété n'instauraient de limite dans le temps pour la récupération des œuvres.

Par ailleurs, la mise en œuvre du décret de 1949 implique une démarche active de la part des plaignants, qui doivent faire valoir leurs droits sur les œuvres d'art et fournir des preuves de leur propriété. « On attendait que les familles des victimes de spoliations fassent valoir leurs droits et viennent à notre rencontre pour pouvoir récupérer leurs œuvres », a pu souligner en 2014 Aurélie Filippetti, alors ministre de la Culture et de la Communication[8]. Aucune action spontanée de l'État n'est entreprise.

Au total, sur 100 000 œuvres et objets d'art transférés depuis la France en Allemagne pendant les années d'Occupation, 60 000 ont été récupérés. Parmi eux, 45 000 ont été restitués, entre 1945 et 1950, à leurs propriétaires ou ayants droit ; 13 000 objets d'art ont été vendus par l'État[9] ; tandis que 2 000 œuvres MNR ont été confiées à la garde des Musées nationaux.

Entre 1950 à 1954, la direction des Musées nationaux organise au Musée national du château de Compiègne une exposition pour permettre aux éventuels ayants droit de reconnaître les œuvres MNR. Aucun catalogue n'est publié : la publicité des œuvres exposées est donc limitée. De fait, seules vingt-cinq d'entre elles sont restituées entre 1951 et 1955. Parmi celles-ci, un Gustave Courbet, *Fleurs*, restitué à la galerie Paul Rosenberg ; une école du Rhin, *Portrait d'un évêque*, et une école italienne, *Moine en extase*, à la galerie Loebl ; une école italienne, *Nonnes dentellières*, à la galerie Paul Graupe ; un Étienne Jeaurat, *Rue animée*, à la famille Rothschild. L'exemple des restitutions aux Loebl semble prouver que l'OBIP ignore tout du rôle joué sur le marché de l'art par les frères pendant l'Occupation. On relève également, sans l'expliquer, des œuvres restituées à des États (un Thomas Shotter Boys, *La Présentation du*

Christ, à la Belgique ; un Jan Van Goyen, *Paysage*, aux Pays-Bas), et d'autres aux douanes (une école du Nord, *Paysage* ; un Andrea Locatelli, *Paysage avec personnages*) : que sont devenues ces œuvres restituées à des institutions fiscales ? Ont-elles été vendues par les Domaines ? Nous l'ignorons.

1960-1990, LES « TRENTE SILENCIEUSES »

Les décennies 1960, 1970 et 1980 – l'« ère des conservateurs » – voient se multiplier les témoignages sur la protection du patrimoine national pendant l'Occupation, la sauvegarde des collections publiques et leur retour triomphal à Paris, « de clou à clou » pour les tableaux ou de façon plus spectaculaire encore pour les grandes sculptures.

Lucie Mazauric, qui, attachée au musée du Louvre dès 1926, a participé à la sauvegarde des collections nationales pendant la guerre, raconte ainsi en 1967 le retour de *La Victoire de Samothrace* :

> « *La Victoire de Samothrace* fit une entrée particulièrement solennelle. On eut la bonne grâce de nous convier tous à assister à sa remise en place. Toute la maison était là, même les conservateurs des musées extérieurs. Massés sur le palier de la *Victoire*, c'était la première fois que nous nous retrouvions groupés et nous étions très heureux. Alors, commença l'ascension de la statue. Très lentement, au bout de son câble énorme, elle commença à gravir les marches que je l'avais vue descendre six ans auparavant, à peu près sans témoins. Quand elle atteignit le palier où elle allait reprendre sa place,

nous poussâmes un soupir de soulagement. Son allure ailée ne l'empêchait pas d'être très mal équilibrée et très fragile. Elle était formée de centaines de morceaux de parties dures réunies par du plâtre et c'est miracle qu'elle ait supporté tous ces déplacements sans le moindre accroc. Nous étions tous émus de la voir réinstallée. Sa présence était rassurante. Elle marquait la fin du cauchemar[10]. »

L'histoire des collections publiques pendant la guerre fascine, tout comme les campagnes photographiques de Laure Albin-Guillot, Pierre Jahan ou Marc Vaux couvrant l'évacuation des œuvres à l'été 1939. Les clichés des ballets incessants d'emballeurs amateurs et professionnels pris dans les galeries du Louvre, ceux retraçant les longues processions de convois dans la cour Visconti, puis le long des quais de Seine, et enfin ceux montrant l'arrivée des œuvres au château de Chambord ou à Valençay, illustrent admirablement la sauvegarde des collections nationales. Parmi les professionnels des musées, Pierre Ladoué est le premier, en 1960, à dévoiler les ressorts de ce grand déménagement. Dans *Et Versailles fut sauvé. Souvenirs d'un conservateur, 1939-1941*[11], le responsable des collections de Versailles relate la mise en place des mesures de protection du patrimoine national. Rose Valland, de retour d'Allemagne après une dizaine d'années passées sur la trace des œuvres spoliées du patrimoine artistique français, s'attelle à son tour, en tant que principal acteur de la récupération de ces biens, à la publication de ses Mémoires de guerre. Son ouvrage, *Le Front de l'art. Défense des collections françaises (1939-1945)*, publié en 1961, est précieux. Rose Valland est en effet la première à distinguer clairement le sort des collections privées, et plus particulièrement celles appartenant aux familles juives spoliées, de celui des collections publiques. L'ancienne conservatrice du Jeu de Paume s'attaque à un sujet encore tabou dans les années 1960.

Un cahier iconographique agrémente l'ouvrage. Une illustration originale, retrouvée dans le dossier préparatoire du livre[12], retient particulièrement l'attention. Elle montre l'arrivée au Jeu de Paume, par l'entrée latérale, d'Alfred Rosenberg, le 4 novembre 1943, « accompagné de sa suite dans sept autos » : il s'agit de l'unique visite de l'idéologue du IIIe Reich au musée parisien. Rose Valland était présente, comme en atteste une note[13] transmise à Jacques Jaujard ainsi qu'une longueur de jupe visible en bas à gauche du cliché. Le ministre du Reich est accueilli avec empressement par un homme en civil. L'historien de l'art allemand Bruno Lohse est également là, le bras levé dans un salut hitlérien. À gauche, un autre homme en civil exécute lui aussi un salut hitlérien, mais mal assuré : il s'agit vraisemblablement d'un fonctionnaire français. Or, pour l'illustration publiée dans *Le Front de l'art* en 1961, la photo a été coupée, le fonctionnaire français faisant le salut hitlérien, masqué. Cette suppression a permis à Germain Bazin de passer à la postérité, et avec les honneurs, sans avoir à répondre de ce geste. La photo est encore coupée dans les rééditions de 1997 et de 2014.

Les récits se multiplient durant ces décennies d'après-guerre : citons encore ceux de Louis Hautecœur, secrétaire général des Beaux-Arts à partir de juillet 1940, et d'Yvon Bizardel, conservateur du musée Galliera et du musée d'Art moderne de la Ville de Paris. Dans le même temps, les restitutions d'œuvres restent rares. De fait, pour ne prendre que l'exemple des MNR – qui ne recouvrent pas l'intégralité des spoliations, rappelons-le –, seuls quatre furent restitués entre 1957 et 1994 : un Benozzo Gozzoli, *Tournoi*, à la République fédérale d'Allemagne ; une école italienne, *Saint Georges*, à Paul Jonas en 1961 ; un devant de sarcophage antique, à Paul-Louis Weiller ; un bronze d'Auguste Rodin de 72 centimètres, fonte au sable d'Alexis Rudier, *Le Penseur*, aux héritiers de Fritz Todt (le directeur de l'Organisation Todt sous le IIIe Reich), en 1979.

Cette dernière restitution appelle un commentaire. Grâce à la documentation du musée Rodin, on sait que le bronze a été vendu le 29 juillet 1941 par le musée au prix de 85 000 francs au personnel de l'entreprise Todt, qui l'a offerte à Fritz Todt le 4 septembre, à l'occasion de son cinquantième anniversaire. L'œuvre est importée en Allemagne dans des conditions que nous ignorons, exposée dans la résidence des Todt, au n° 3 Pariserplatz à Berlin. La sculpture, récupérée par les Alliés, est rapatriée en France, et attribuée aux Musées nationaux le 18 juillet 1951 pour être mise en dépôt au musée Ingres de Montauban par arrêté du 26 août 1953. À partir de 1974, la fille de Fritz Todt, Mme Imogen-Betchel, revendique la propriété du bronze, argumentant une vente régulière réalisée par le musée Rodin. Un jugement rendu par le tribunal de grande instance de Paris le 3 janvier 1979 reçoit la fille Todt en sa demande de restitution.

CHAPITRE 16

L'État s'engage

LE TOURNANT HISTORIOGRAPHIQUE DE 1995

Un tournant s'opère au milieu des années 1990, dans un climat propice aux questionnements sur le rôle de la France pendant la Seconde Guerre mondiale. Le 16 juillet 1995, à l'occasion de la commémoration du 53ᵉ anniversaire de la rafle du Vel'd'Hiv, le président de la République Jacques Chirac reconnaît officiellement la responsabilité de la France dans la déportation des Juifs. Cette évolution mémorielle a des conséquences importantes. La question des biens culturels spoliés par les nazis et le gouvernement de Vichy est redécouverte à nouveaux frais.

Le temps est venu d'ouvrir le chantier, d'enquêter sur les conditions du pillage allemand, les spoliations artistiques sur le territoire national, les exactions commises par le Commissariat général aux questions juives, notamment les aryanisations, les séquestres des biens culturels des personnes déchues de la nationalité française, et enfin sur le rôle de certains acteurs français et allemands sur le marché de l'art pendant l'Occupation nazie. En parallèle, les publications scientifiques s'emploient à démontrer la collaboration d'une partie des élites artistiques et l'explosion du marché de l'art sous l'Occupation. En 1993, l'historienne Laurence Bertrand Dorléac est l'une des premières[1] à montrer, dans son ouvrage *L'Art de la défaite (1940-1944)*, l'ampleur du trafic d'objets d'art. Elle révèle ainsi que « durant la seule année 1941-1942, 2 millions d'objets transitaient par l'Hôtel Drouot[2] ». Dans cette même veine, la publication en français en 1995 de l'étude de Lynn H. Nicholas apporte une vision européenne, confrontant le marché de l'art français à celui des Pays-Bas : « En France, le marché de l'art était peut-être encore plus prospère et grouillant d'intrigues qu'aux Pays-Bas[3] », souligne l'historienne américaine.

Hector Feliciano, journaliste portoricain, publie lui aussi en 1995 une enquête minutieuse sur le pillage et les transferts d'œuvres d'art en France sous l'Occupation. Sans rien dissimuler des nombreux obstacles auxquels il s'est heurté pour ses recherches auprès des musées français, l'auteur retrace l'histoire des pillages et des spoliations des collections Bernheim-Jeune, David-Weill, Rosenberg ou encore Rothschild. Il consacre également un chapitre aux affaires florissantes réalisées par les Allemands et les Français sur le marché de l'art parisien. Cette publication jette un pavé dans la mare, en montrant que les musées n'ont pas recherché avec l'application attendue les propriétaires des œuvres ou leurs ayants droit. Le quotidien *Le Monde* peut titrer en première page le 28 janvier 1997 : « Les musées détiennent 1 955 œuvres d'art volées aux juifs pendant l'Occupation ». Des articles de Philippe Dagen, Hector

Feliciano et Laurent Greisalmer révèlent au grand public l'ampleur des spoliations des biens juifs entre 1940 et 1944 et le travail qu'il reste à entreprendre pour les réparer : 1 955 MNR demeurent donc non restitués.

Les Musées de France se doivent de réagir. Un colloque organisé le 17 novembre 1996 à l'amphithéâtre Rohan de l'École du Louvre entend mettre fin aux polémiques. Sollicités sur l'attitude des Musées nationaux sous l'Occupation, notamment vis-à-vis des collections d'art appartenant aux familles juives, deux inspecteurs généraux des Musées de France (Maurice Sérullaz, spécialiste de Delacroix, et Christiane Desroches Noblecourt, égyptologue) et un conservateur général du patrimoine (Jacques Foucart) mettent en avant le dévouement, lors de l'exode et du rapatriement des collections nationales, des conservateurs et de leurs collaborateurs autour d'« un très grand directeur : Jacques Jaujard » (c'est le titre de la communication de Christiane Desroches Noblecourt). Seules deux communications, « Le marché de l'art à Paris sous l'Occupation », par Laurence Bertrand Dorléac, et « Les MNR et quelques cas de spoliations en France », par Hector Feliciano, traitent des spoliations, soulignant l'absence de collaboration de l'administration dans les restitutions et la nécessité de « créer une commission indépendante chargée des MNR » (Hector Feliciano), tant le sujet paraît « capital au-delà des recherches d'héritiers », ainsi que le souligne Philippe Dagen dans *Le Monde* du 19 novembre. Les enjeux moraux et éthiques sont convoqués.

LA MISSION MATTÉOLI, 1997-1999

Implication concrète de la prise de position chiraquienne, une mission d'étude est créée le 25 janvier 1997. Mise en place en mars sous l'autorité de Jean Mattéoli, ancien déporté pour faits de résistance, président du Conseil économique et social, elle est en charge d'enquêter, ainsi que l'établit la lettre de mission du 5 février signée du Premier ministre Alain Juppé :

« Sur les conditions dans lesquelles des biens immobiliers et mobiliers appartenant aux Juifs résidant en France ont été confisqués, ou, d'une manière générale, acquis par fraude, violence ou dol, tant par l'occupant que par les autorités de Vichy entre 1940 et 1944. Dans le cadre de cette mission, [un groupe de travail] recherchera la destination que ces biens ont reçue depuis la fin de la guerre et déterminera, dans la mesure du possible, leur localisation et leur situation juridique actuelles. Il établira en outre un inventaire des biens accaparés sur le territoire français qui sont encore détenus par les autorités publiques. »

La création de la mission Mattéoli répond à une obligation morale mais aussi à une quête de vérité historique. Un pan nouveau de la responsabilité de l'État dans la persécution et la déportation de milliers de Juifs pourra ainsi être éclairé.

La mission s'attache à couvrir l'ensemble des domaines de la spoliation. Elle publie un rapport général, un guide des sources dans les archives des spoliations et des restitu-tions[4], ainsi que neuf volumes d'études spécifiques, parmi lesquels un rapport sur *Le Pillage de l'art en France pen-dant l'Occupation et la situation des 2 000 œuvres confiées aux musées nationaux*[5]. Trois années de travail afin de déterminer les conditions du pillage par les Allemands et la spoliation des objets d'art et culturels appartenant aux familles juives ont permis l'établissement de ce rapport, que d'aucuns qualifient de synthétique. Des thématiques impor-tantes se rapportant au sort des œuvres qui n'ont pas été restituées émergent. On apprend ainsi qu'une commission de choix présida à la sélection des quelque 2 000 œuvres qui devinrent le corpus des MNR, selon des critères énoncés lors d'une séance du 21 décembre 1949 :

« Les tableaux de haute qualité, dignes du Louvre, puis les œuvres de maîtres secondaires mais signées et datées ou les œuvres curieuses et rares destinées aux salles d'étude du Louvre et à ses réserves. Ensuite, un certain nombre de tableaux ont été envisagés dans l'intention de les proposer aux musées historiques. La province a fait aussi l'un des soucis particuliers de ce classement. Enfin, il a été pensé que l'occa-sion pouvait être saisie de commencer une collection d'œuvres qui seraient destinées à pourvoir les ambassades, ministères et autres organismes officiels[6]. »

Tout aussi éloignée des intérêts des familles juives spoliées, la vente aux enchères par l'administration des Domaines d'environ 13 000 objets d'art entre 1950 et 1953 est révé-lée par le travail d'enquête. Enfin, dans leur conclusion,

les conservateurs distinguent trois catégories de MNR :
163 œuvres présentent des présomptions très fortes de
spoliation ; 1 817 ont des historiques de provenance incomplets (dans ce sous-groupe, soulignons toutefois le chiffre
de 1 042 œuvres achetées par des Allemands sur le marché
de l'art français sous l'Occupation) ; 163 œuvres excluent
la notion de spoliation (c'est, à titre d'exemple, le cas des
œuvres issues de commandes allemandes pendant l'Occupation).

En 2008, dans le sillage des conclusions de la mission
Mattéoli, la direction des Musées de France organise une
présentation des MNR, tout d'abord au musée d'Israël à
Jérusalem, sous le titre « Looking for Owners », du 19 février
au 3 juin, puis au musée d'Art et d'Histoire du judaïsme à
Paris, « À qui appartenaient ces tableaux ? », du 24 juin au
28 septembre. Dans le même temps, une liste de 53 œuvres,
accompagnées de leurs notices historiques, est proposée
sur le site internet du ministère israélien de la Justice ; la
Réunion des musées nationaux publie simultanément un
catalogue illustré et bilingue français/anglais. La France
souhaite sortir de sa léthargie, inscrire son action dans le
mouvement international des restitutions qui s'esquisse à
Seattle (le musée de la ville restitue en 1999 l'*Odalisque
assise par terre*, d'Henri Matisse, aux ayants droit de Paul
Rosenberg), à Vienne (cinq œuvres de Gustav Klimt conservées au musée du Belvédère sont restituées en 2006 à Maria
Altman, héritière d'Adèle Bloch-Bauer), comme à Paris (en
2005, *L'Homme à la guitare* de Georges Braque fait l'objet
d'une procédure d'indemnisation en faveur des ayants droit
d'Alphonse Kann).

2018 : UN NOUVEL ÉLAN

En mars 2013, sous l'impulsion d'une mission d'information de la Commission de la culture, de l'éducation et de la communication du Sénat dirigée par la sénatrice du Maine-et-Loire Corinne Bouchoux, la ministre de la Culture et de la Communication Aurélie Filippetti initie une action volontariste destinée à anticiper les réclamations des ayants droit. Un groupe de travail, composé presque essentiellement de professionnels des musées, des archives et de membres de la Commission pour l'indemnisation des victimes de spoliations (la CIVS, émanation de la mission Mattéoli créée en 1999, chargée de l'examen des demandes déposées par les victimes et leurs ayants droit), entreprend de retrouver la provenance d'un corpus d'œuvres MNR suspectées d'avoir été spoliées ou à l'origine douteuse. Cette démarche laisse auguerer un engagement de l'État en faveur des restitutions d'œuvres spoliées : il suit en ce sens les principes de la déclaration de Washington de 1998 (qui détermine les règles de restitution des biens culturels volés par les nazis), comme ceux de la déclaration de Terezin de 2009 (par laquelle 46 pays s'engagent à poursuivre le processus de réparation des spoliations subies par les Juifs). Dès février 2016, la nouvelle ministre de la Culture et de la Communication Audrey Azoulay réaffirme l'enjeu moral des restitutions.

Entre 2013 et 2017, 14 MNR sont ainsi restitués, parmi lesquels *La Halte* de Pieter Asch aux ayants droit de Josef Wiener ; une *Allégorie de Venise* de Gaspare Diziani aux ayants droit de Richard Neumann ; un *Paysage montagneux* de Joos de Monper aux ayants droit du baron Cassel ; un *Portrait de femme* anonyme aux ayants droit de Jakob Oppenheimer ; *La Vierge à l'Enfant*, copie d'après un artiste du cercle de Lippo Memmi, aux ayants droit de Richard Soepkez ; un *Portrait d'homme* d'après Giovanni Moroni aux ayants droit d'August Liebmann Mayer ; *Première communion* de Gottfried Herz à l'ayant droit de Herz ; *Trois danseuses en buste* d'Edgar Degas aux ayants droit de Maurice Dreyfus ; *Les Noces d'Alexandre et Roxane*, attribué à Francesco Mazzuola, dit le Parmesan, aux ayants droit de Federico Gentili di Giuseppe ; *Un berger* attribué à Giambattista Tiepolo aux ayants droit de Jules et Marie-Louise Strauss.

Au printemps 2018, une nouvelle impulsion est rendue possible par la publication de deux rapports remarqués, signés de deux hauts fonctionnaires. Le premier est de la plume de David Zivie, conseiller chargé du patrimoine et de l'architecture auprès du ministère de la Culture[7]. Il dresse un état des lieux de la gestion des biens culturels spoliés présents dans les institutions culturelles. Remis en mars 2018 à Françoise Nyssen, ministre de la Culture, le rapport appelle de ses vœux une amélioration du dispositif des recherches de provenance des biens culturels issus de la récupération artistique. Le 6 juin, Marc Laménie, sénateur des Ardennes, consacre quant à lui un rapport d'information aux vingt années d'activité de la CIVS[8]. Il formule une trentaine de recommandations destinées à renforcer les moyens mis en place « pour mieux finir d'honorer la dette de réparation qui demeure ». Le rapporteur spécial insiste tout particulièrement sur la nécessité de replacer les restitutions au cœur de la réparation des spoliations d'objets d'art et de culture, ainsi que sur la dimension internationale des collaborations, qu'il souhaite voir se développer à court terme. Les deux rapports rappellent les limites des réparations intervenues après la Libération et concluent sur l'urgence de mettre en place une politique plus volontariste afin d'obtenir des solutions justes et éthiques. Et de lui allouer des moyens supplémentaires.

La démonstration de la volonté d'engagement de l'État en faveur de la mémoire et de la justice des victimes de spoliations antisémites est présentée lors du discours du Premier ministre Édouard Philippe le 22 juillet 2018, à l'occasion de la commémoration de la rafle du Vel'd'Hiv. Inscrit dans la lignée historiographique de la Commission Mattéoli, l'exposé du chef du gouvernement annonce un renforcement, auprès du ministère de la Culture comme de la CIVS, des services dédiés à la restitution aux Juifs des biens culturels spoliés pendant l'Occupation :

> « Il est un domaine dans lequel nous devons faire mieux : celui de la restitution des biens culturels. Vous le savez : dans les collections nationales se trouvent de nombreuses œuvres dont les Juifs ont été spoliés durant l'Occupation. Des biens que l'État n'est pas encore parvenu à identifier dans leur totalité, encore moins à restituer. Je ne mésestime pas les difficultés concrètes que posent ces opérations. Mais nous ne pouvons pas nous satisfaire de cette situation. C'est une question d'honneur. Une question de dignité. De respect des victimes de ces spoliations, de leur mémoire et de leurs descendants. C'est pourquoi j'ai décidé de doter la CIVS d'une nouvelle compétence, celle de pouvoir recommander la restitution de ces œuvres ou, à défaut, indemniser les personnes concernées. »

*

Soixante-quinze ans après les faits, on s'étonne que ce sujet suscite encore des réticences. Dès janvier 1945, un des premiers acteurs impliqués dans le processus de restitution des biens culturels aux familles juives, le chef du service de restitution Émile Terroine, nous livrait une juste analyse de ce qui devait présider à la notion de restituer :

> « La restitution des biens spoliés est une œuvre de justice et d'humanité dont la signification morale et politique dépasse de beaucoup les valeurs matérielles. Elle doit être, aux yeux de la France et du monde, une des grandes manifestations tangibles du rétablissement du droit et de la légalité républicaine[9]. »

Selon Émile Terroine, la restitution des biens juifs devrait s'inscrire dans le cadre d'une mission qui, loin de s'attacher aux opérations comptables permettant d'évaluer la valeur numéraire d'une œuvre, se donnerait les moyens nécessaires à l'établissement de son origine de propriété. Et ce afin de participer à la réparation d'un vol légalisé par l'aryanisation économique, que celle-ci procède des ordonnances nazies ou des lois de Vichy.

En ce sens, l'action de restituer doit être entendue comme une volonté d'apporter entendement et empathie aux familles des victimes des persécutions raciales. C'est uniquement à travers une reconnaissance des exactions perpétrées lors de la Seconde Guerre mondiale que la restitution apparaîtra véritablement réparatrice.

Notes

Introduction

1. Le premier article retraçant l'activité d'Hildebrand Gurlitt est signé Katja Terlau : « Hildebrand Gurlitt and the Art Trade during the Nazi Period », *Vitalizing Memory. International Perspectives on Provenance Research*, Washington, American Association of Museums, 2005.

2. Décompte obtenu par le dépouillement des fichiers 209 SUP 869 et 209 SUP 879 aux Archives diplomatiques du ministère des Affaires étrangères.

3. En 1998, 44 États signataires, dont la France, se sont engagés à initier des recherches de provenances et le cas échéant à restituer les œuvres d'art confisquées par les nazis lors de la Seconde Guerre mondiale.

4. Laurence Bertrand Dorléac, *L'Art de la défaite (1940-1944)*, Paris, Seuil, 1993, p. 150. La citation est tirée de l'ouvrage de Raymonde Moulin, *Le Marché de la peinture en France*, Paris, Minuit, 1967, p. 41.

I
LE MARCHÉ DE L'ART PARISIEN
SOUS LA BOTTE NAZIE

CHAPITRE 1
La confiscation des œuvres d'art

1. La date de cette photographie est encore aujourd'hui discutée.

2. Archives de la préfecture de police, BA 2436 PJ.

3. *Ibid.*

4. Document cité dans Jean Cassou (dir.), *Le Pillage par les Allemands des œuvres d'art et des bibliothèques appartenant à des Juifs en France*, Paris, Éditions du Centre de la documentation juive contemporaine, 1947, p. 77.

5. *Ibid.*, p. 78.

6. Rose Valland, *Le Front de l'art. Défense des collections françaises (1939-1945)*, Paris, RMN, 2014, p. 76.

7. Jean Cassou (dir.), *Le Pillage par les Allemands des œuvres d'art et des bibliothèques appartenant à des Juifs en France, op. cit.*, p. 84.

8. Rose Valland, *Le Front de l'art. Défense des collections françaises (1939-1945), op. cit.*, p. 58.

9. *Procès des grands criminels de guerre devant le tribunal militaire international*, Nuremberg, 14 novembre 1945-1er octobre 1946, édité à Nuremberg, Allemagne, 1947, p. 67.

CHAPITRE 2
Un musée des confiscations au Jeu de Paume

1. Les Archives diplomatiques et Jean-Marc Dreyfus, *Le Catalogue Göring*, préface de Laurent Fabius, Paris, Flammarion, 2015.

2. Les essais de et sur Rose Valland figurent dans la bibliographie générale de cet ouvrage, p. 265.

3. AMAE, 209 SUP 479.

4. AMAE, 209 SUP 417.

5. AMAE, 209 SUP 717.

6. AMAE, 209 SUP 707.

7. La date de l'autodafé dans le jardin des Tuileries est discutée. Nous retenons celle du 23 juillet 1943 consignée dans le folio n° 107 des *Carnets de Rose Valland*.

8. AMAE, 209 SUP 717.

CHAPITRE 3
Un marché de l'art parallèle

1. *Procès des grands criminels de guerre devant le tribunal militaire international, op. cit.*, p. 68.

2. AMAE, 209 SUP 714.

3. www.fold3.com/image/ #270015224.

4. www.errproject.org.

5. Les faits sont rapportés dans le rapport détaillé d'interrogatoire de l'OSS Art Looting Investigation Unit, le 18 septembre 1946.

6. AMAE, 209 SUP 714.

7. Rose Valland, *Le Front de l'art. Défense des collections françaises (1939-1945), op. cit.*, p. 118.

NOTES

CHAPITRE 4
Une pègre d'esthètes

1. Getty Research Institute, Douglas Papers, Box 42.

II

DES GALERIES D'ART MODERNE
DANS LA TOURMENTE

CHAPITRE 5
Une législation antisémite

1. André Fage, *Le Collectionneur de peintures modernes*, Paris, Les Éditions pittoresques, 1930, p. 124.

2. *Ibid.*

3. Les textes des ordonnances allemandes et lois de Vichy à l'encontre des Juifs sont réunis dans Claire Andrieu (dir.), *La Persécution des Juifs de France (1940-1944) et le rétablissement de la légalité républicaine. Recueil des textes officiels*, Mission d'étude sur la spoliation des Juifs de France, Paris, La Documentation française, 2000.

4. André Kaspi, *Les Juifs pendant l'Occupation*, Paris, Seuil, 1997, p. 115.

5. AMAE, 209 SUP 398.

6. Camille Mauclair, *La Crise de l'art moderne*, Paris, CEA, 1944.

CHAPITRE 6
L'aryanisation arrangée de la galerie Pierre

1. *Voyages à travers la peinture par Pierre Loeb*, galerie Pierre, Paris, Bordas, p. 54.

2. Citation d'André Berne-Joffroy reprise dans le catalogue de l'exposition « Il y a cent ans... Pierre et Édouard Loeb naissaient le 24 septembre 1897 », galerie Albert-Loeb, 24 septembre-18 octobre 1997, p. 21.

3. L'œuvre est aujourd'hui exposée à la Norton Simon Foundation à Pasadena, en Californie.

4. « Il y a cent ans... », *op. cit.*, p. 48.

5. *Voyages à travers la peinture par Pierre Loeb*, *op. cit.*, p. 44.

6. L'auteur tient à remercier chaleureusement Sonia et Albert Loeb de leur généreuse disponibilité et de leur confiance accordée. Les archives de la galerie Pierre, importantes à divers égards, sont composées de livres de comptabilité, d'inventaires, des cartons des vernissages, des écrits de Pierre Loeb ; elles donnent à voir l'ampleur de l'action de ce découvreur exceptionnel menée en faveur de la défense de l'art moderne. À court terme, les archives de la galerie Pierre seront versées à la bibliothèque de l'Institut national d'histoire de l'art à Paris.

7. Archives de la galerie Pierre.

8. *Ibid.*

9. Archives Picasso, classeur n° 89 de la correspondance générale, 515AP.

10. Entretiens de l'auteur les 27 février 2009, 16 avril et 17 mai 2014 avec Albert Loeb, fils de Pierre Loeb.

11. Ce catalogue est en ligne sur le site Rose Valland : http://www.culture. gouv.fr/documentation/mnr/pres.htm.

12. Madeleine Chapsal, « 40 ans de galerie, 40 ans de peinture », *L'Express*, 9 avril 1964.

CHAPITRE 7
Le pillage de la collection Paul Rosenberg

1. Anne Sinclair, *21 rue La Boétie*, Paris, Grasset, 2012, p. 67. L'auteur remercie très chaleureusement Anne Sinclair de sa confiance accordée depuis de longues années.

2. AMAE, 209 SUP 1.

3. *Ibid.*

4. *Ibid.*

5. *Ibid.*

6. AN, AJ38/2818.

7. Cette correspondance nous a été signalée par Marc Favreau, conservateur en chef au musée des Beaux-Arts de Bordeaux, que nous remercions sincèrement.

8. Archives du musée des Beaux-Arts de Bordeaux versées au musée d'Aquitaine, dossier 639 (1940-1941).

9. Archives Henri Matisse.

10. AMAE, 209 SUP 1.

11. *Jeune fille à la jupe rose* a été vu en janvier 1945 à la galerie Fabiani, *L'Ananas sur fond rose* et *La Dormeuse* étaient détenus après la guerre par deux particuliers qui les avaient achetés à la galerie Colle-et-Renou, à Paris.

12. AN, 20150497/215 (autrefois AMN, 030-438 [2] 1941).

13. *Ibid.*

CHAPITRE 8
Le marchand René Gimpel,
de la place Vendôme à la Résistance

1. René Gimpel, *Journal d'un collectionneur, marchand de tableaux*, préface de Jean Guéhenno, Paris, Calmann-Lévy, 1963.

2. René Gimpel, *Journal d'un collectionneur, marchand de tableaux*, *op. cit.*, p. 134.

3. *Ibid.*

4. Archives Gimpel Fils, Londres.

NOTES

5. *Ibid.*

6. *Ibid.*

7. René Gimpel, *Journal d'un collectionneur, marchand de tableaux, op. cit.*, p. 227.

8. Nous remercions Sandra Boujot, de la documentation du musée Rodin, de son aide dans la traçabilité de ce marbre unique de Rodin.

9. Archives Gimpel Fils, Londres.

10. *Ibid.*

11. L'auteur remercie chaleureusement René Gimpel, fils d'Ernest Gimpel et petit-fils de René Gimpel, et Claire Gimpel-Touchard, fille de Jean Gimpel et petite-fille de René Gimpel, de leur générosité à l'occasion des nombreuses consultations des archives à la galerie Gimpel Fils à Londres.

12. AN, Z/6/246. Jean-François Lefranc a été condamné en avril 1946 par la cour de justice de la Seine à cinq années de prison, à la dégradation nationale et à la confiscation de la moitié de ses biens.

III
EFFERVESCENCE DANS LES HÔTELS
DE VENTE AUX ENCHÈRES

Chapitre 9
L'Hôtel Drouot sous l'Occupation

1. AMAE, 209 SUP 398.

2. *Ibid.*

3. Mémorial de la Shoah, CDJC, CCXI-31.

4. *Ibid.*, XIb-509.

5. *Ibid.*, CXVI-170a.

6. *Ibid.*, XIb-614.

7. *Ibid.*, XIb-629.

8. Raymonde Moulin, *Le Marché de la peinture en France*, Paris, Minuit, 1967, p. 41.

9. Voir Lynn H. Nicholas, *Le Pillage de l'Europe. Les œuvres volées par les nazis*, Paris, Seuil, 1995, p. 46.

10. Nous remercions Christina Buley-Uribe pour ces informations.

Chapitre 10
Des ventes exceptionnelles sous les maillets d'ivoire

1. AN, Z/6NL/224.

2. La présence d'un catalogue annoté de cette vente dans le fonds des archives Hildebrand Gurlitt conservé actuellement au Zentralinstitut für Kunstgeschichte nous amène à penser que Gurlitt était également en salle.

3. Louis Léon-Martin, *Les Coulisses de l'Hôtel Drouot*, Paris, Les Éditions du livre moderne, 1943, p. 197.

4. AMAE, 209 SUP 399.

5. Laurence Bertrand Dorléac, « Le marché de l'art à Paris sous l'Occupation », *Pillages et Restitutions. Le destin des œuvres d'art sorties de France pendant la Seconde Guerre mondiale*, Paris, Adam Biro, 1997.

6. L'œuvre est aujourd'hui à la garde du musée Fabre à Montpellier, sous la cote MNR 278. Elle a donc été envoyée en Allemagne pendant le conflit, récupérée par la France à l'issue de celui-ci et se trouve toujours en attente de son propriétaire d'avant-guerre.

7. L'œuvre est aujourd'hui à la garde du musée d'Orsay, sous la cote MNR 1006.

8. Archives de Paris, D42E3 186.

9. Les dimensions des œuvres sont données selon les normes muséologiques en centimètres, la hauteur puis la largeur.

10. L'œuvre est aujourd'hui à la garde du musée des Augustins à Toulouse, sous la cote MNR 156.

11. http://digi.ub.uni-heidelberg.de/diglit/drouot1942_06_05/0001.

12. AP D42E3 17.

13. Lot acheté en 1939 par Paul Rosenberg, réclamé en 1945, sous le titre *Vins et liqueurs*, portant le numéro 5382 dans le tome II du *Répertoire des biens spoliés en France durant la guerre (1939-1945)*. AMAE, 209 SUP 753.

CHAPITRE 11
Des œuvres spoliées à l'encan

1. AN, AJ 38/2814.

2. L'œuvre a été présentée lors de l'exposition de la collection du docteur Gustav Rau au musée du Luxembourg en 2000.

3. AN, Z/6NL/8841.

4. MFAA, Fold 3, section of the Preparation and Restitution Branch, OMGUS, 1945-1951/Alphonse Kann, F103c.#295530445.

5. C'est ainsi qu'en 1930 André Fage décrivait les ventes dans son ouvrage *Le Collectionneur de peintures modernes*, Paris, Les Éditions pittoresques, 1930.

6. Nous remercions chaleureusement de cette information Wanda de Guébriant, directrice des archives Henri Matisse.

7. André Fage, *Le Collectionneur de peintures modernes*, *op. cit.*, p. 167.

8. http://digi.ub-uni-heidelberg.de/diglit/moos1943_10_30.

9. AN, Z/6/478.

10. AMAE, 209 SUP 869.

11. AMAE, 209 SUP 399.

NOTES

CHAPITRE 12
Des biens juifs liquidés à Nice

1. Le procès-verbal de la vente est consultable aux Archives départementales des Alpes-Maritimes sous la cote 185 J 101.

2. Le mobilier de son appartement fut enlevé par les autorités occupantes les 13, 14 et 15 décembre 1943.

3. Valentine Dorville (âgée de 63 ans) est décédée en déportation le 4 mai 1944 à Auschwitz, avec ses deux filles Denyse (âgée de 25 ans) et Monique (âgée de 23 ans) et ses deux petites-filles, Dominique Falk (âgée de 2 ans) et Marie-France Tabet (âgée de 4 ans).

4. *La Lionne accroupie* d'Eugène Delacroix est aujourd'hui conservée dans le département des Arts graphiques au musée du Louvre sous la désignation REC 148. Son attribution est contestée. Adjugé 40 000 francs à Alphonse Bellier pour le compte d'un tiers que l'on imagine allemand, le dessin est en effet revenu d'Allemagne à une date inconnue.

5. AN, 20150044/61.

6. AN, 20150044/61.

7. La fiche de l'œuvre est consultable sur la base Joconde, portail des collections des Musées de France, sous le titre *Jeune femme debout sur un balcon, contemplant des toits parisiens*, avec comme numéro d'inventaire RF 29342. L'œuvre est conservée dans le département des Arts graphiques au musée du Louvre.

8. Conservé aujourd'hui dans le département des Arts graphiques au musée du Louvre.

9. L'œuvre est aujourd'hui conservée dans le cabinet graphique de la Yale University Art Gallery aux États-Unis.

10. AN, Z6 478 carton 4554.

11. Munich, Verlag F. Bruckmann, 1923, traduit en espagnol en 1925 par Manuel Sanchez Sarto, aux éditions Labor (Barcelone), p. 190, notice n° 271 du portrait de *Don Manuel Garcia de la Prada*. L'expertise sera toutefois contestée plus tard, compte tenu de l'origine anglaise du support de la toile : Goya n'est jamais allé en Angleterre.

12. AMAE, 209 SUP 399.

13. Deutsche Historisches Museum, datenblatt li003558.

14. L'ouvrage sur Goya de Paul Lafond est consultable en place de réserve à la bibliothèque de l'INHA. Il est amputé en page 73 de l'héliogravure qui figurait le portrait de *Don Manuel Garcia de la Prada*.

15. La famille Pacully, selon le catalogue de la vente de 1903, conservait les lettres que Goya échangea avec Manuel Garcia de la Prada.

16. A. de Beruete y Moret, *Goya, pintor de retratos*, 2ᵉ éd., Madrid, Imprenta de Blass, 1928, p. 140.

17. AP, Pérotin, 3314/71/1/37. 3ᵉ comité de confiscation des profits illicites.

18. *Ibid.*

19. Alain Monteagle est le mandataire de l'indivision Jaffé. L'auteur le remercie très chaleureusement du partage des informations et de sa confiance donnée.

IV

' RÉCUPÉRATIONS, RESTITUTIONS ET AMNÉSIE

CHAPITRE 13
À la recherche en Suisse des œuvres spoliées

1. Le Monuments, Fine Art and Archives (Monuments, Œuvres d'art et Archives) est un programme des services alliés établi dès 1943 aux États-Unis dans le but de protéger le patrimoine et les œuvres dans les pays en guerre.

2. L'œuvre est actuellement visible à la Fondation Norton Simon de Pasadena en Californie.

3. Voir l'illustration de l'exposition Matisse de 1938 dans le cahier photographique de l'ouvrage d'Anne Sinclair, *21 rue La Boétie, op. cit.*

4. La localisation actuelle du *Port d'Anvers* de Jan Brueghel, n° RM-nr. 1119, reste inconnue. http://www.dhm.de/datenbank/Göring/dhm_Göring. php?seite=5&fld_0=RMG00346.

5. *Portrait de l'artiste avec l'oreille coupée*, toile sans cadre de Vincent Van Gogh, porte à son revers la mention « Rosenberg, Bordeaux ». Sous le titre *Hollandais à la pipe*, l'œuvre a été vendue en 1942 à Aloïs Miedl (de nationalité allemande), réfugié en Espagne après la guerre, vraisemblablement à Madrid. Ce dernier fait entrer l'œuvre en Suisse par la valise diplomatique et la dépose à la Volsbank dans un coffre au nom d'Arthur Wiederkehr à Zurich.

6. AMAE, 209 SUP 549.

7. The Getty Research Institute, Otto Wittmann, 910130, box 6.

8. Lynn H. Nicholas, *Le Pillage de l'Europe. Les œuvres d'art volées par les nazis, op. cit.*, p. 476.

9. Nous remercions pour cette information Lukas Gloor de la Fondation-Collection E.G. Bührle.

10. The Getty Research Institute, Cooper Papers 860161 Box 42.

11. *Ibid.*

12. AMAE, 209 SUP 549.

13. Une fois restitué, *Pomme* de Picasso est passé en vente aux enchères chez Christie's à New York, le 6 novembre 2007. L'œuvre a été adjugée pour la somme de 825 000 dollars.

14. Cette liste consigne les noms des artistes, les titres, les dimensions et parfois des indications de provenance de 134 œuvres.

NOTES

15. Consolited interrogation report n° 1 du 15 août 1945, les activités de l'ERR, Fold 3.

16. AMAE, 209 SUP 1.

CHAPITRE 14
Un marché de l'art peu inquiété

1. AP, 112W 14.

2. *Ibid.*

CHAPITRE 15
L'amnésie des institutions

1. *Vingt ans d'acquisitions au musée du Louvre (1947-1967)*, Orangerie des Tuileries, 16 décembre 1967-mars 1968, catalogue, p. 3.

2. *Musées nationaux. Nouvelles acquisitions, du 2 septembre 1939 au 2 septembre 1945*, Paris, 1945, p. 5.

3. Le catalogue *Les Chefs-d'œuvre des collections privées françaises retrouvés en Allemagne par la Commission de récupération artistique et les services alliés* est rédigé par Michel Florisoone, Carle Dreyfus, Jeanine Lemoine et Alexandre Serebriakoff, Paris, Imprimerie Frazier-Soye, 1946.

4. L'historique du *Portrait de la baronne Betty de Rothschild* est donné par Stéphane Guégan dans *Ingres (1780-1867)*, catalogue de l'exposition présentée au musée du Louvre entre le 24 février et le 15 mai 2006. Le tableau a été restitué en juin 1946 par descendance chez le propriétaire actuel.

5. Son nom est donné dans Gustave Vanzype, *Jan Vermeer de Delft*, Bruxelles et Paris, Librairie nationale d'art et d'histoire, G. Van Oest et Cie, 1921.

6. Cette lettre est publiée dans Jean Cassou (dir.), *Le Pillage par les Allemands des œuvres d'art et des bibliothèques appartenant à des Juifs en France, op. cit.*, p. 85.

7. Note sur l'exposition des chefs-d'œuvre récupérés à l'Orangerie des Tuileries (1946) dans Jean Cassou (dir.), *Le Pillage par les Allemands des œuvres d'art et des bibliothèques appartenant à des Juifs en France, op. cit.*, p. 239.

8. Discours de clôture du colloque organisé au Sénat par Corinne Bouchoux, « Bilan des actions publiques en France et perspectives suite aux conclusions de la mission d'information parlementaire sur les œuvres d'art spoliées par les nazis », le 30 janvier 2014.

9. À ce sujet, lire la thèse de doctorat de Corinne Bouchoux, « "Si les tableaux pouvaient parler"... Le traitement politique et médiatique des retours d'œuvres d'art pillées et spoliées par les nazis (France, 1945-2008) », Histoire, université d'Angers, 2011.

10. Lucie Mazauric, *Ma vie de châteaux*, Paris, Perrin, 1967, p. 268, repris avec André Chamson sous le titre *Le Louvre en voyage (1939-1945)*, Paris, Plon, 1978.

11. Les références de tous ces récits sont données en bibliographie, p. 265.

12. Conservé aux Archives du ministère des Affaires étrangères, 209 SUP 717.

13. Emmanuelle Polack, Philippe Dagen, *Les Carnets de Rose Valland. Le pillage des collections privées d'œuvres d'art en France durant la Seconde Guerre mondiale*, Paris, Fage, 2011, p. 84.

CHAPITRE 16
L'État s'engage

1. Signalons cependant les travaux de la sociologue Raymonde Moulin, *Le Marché de la peinture en France*, Minuit, Paris, 1967 ; réédité en 1989 et en 1995. Sept pages y sont consacrées au marché des peintures pendant la Seconde Guerre mondiale.

2. Laurence Bertrand Dorléac, *L'Art de la défaite (1940-1944)*, *op. cit.*, p. 150.

3. Lynn H. Nicholas, *Le Pillage de l'Europe. Les œuvres d'art volées par les nazis*, *op. cit.*, p. 183.

4. Caroline Piketty, Christophe Dubois, Fabrice Launay, *Guide des recherches dans les archives des spoliations et des restitutions*, Mission d'étude sur la spoliation des Juifs de France, Paris, La Documentation française, 2000.

5. Isabelle Le Masne de Chermont, Didier Schulmann, contribution de la direction des Musées de France et du Centre Georges-Pompidou aux travaux de la Mission d'étude sur la spoliation des Juifs de France, *op. cit.*

6. Anciennement AMN Z 15 B, le procès-verbal de cette séance est aujourd'hui conservé aux Archives nationales sous une nouvelle cote.

7. David Zivie, « *Des traces subsistent dans les registres...* ». *Biens culturels spoliés pendant la Seconde Guerre mondiale : une ambition pour rechercher, retrouver, restituer et expliquer*, Mission sur le traitement des œuvres et biens culturels ayant fait l'objet de spoliations pendant la Seconde Guerre mondiale, février 2018.

8. Marc Laménie, *La Commission d'indemnisation des victimes de spoliations antisémites. Vingt ans après, redonner un élan à la politique de réparation*, Commission des finances, n° 550, Sénat, 2017-2018.

9. *Rapport général*, Mission d'étude sur la spoliation des Juifs de France, *op. cit.*, p. 12.

Répertoire des protagonistes

Ce premier répertoire des protagonistes du marché de l'art en France sous l'Occupation, entre juin 1940 et le retrait définitif de la Wehrmacht en mai 1945, entend constituer un instrument de travail pour les lecteurs, étudiants, historiens et professionnels du monde de l'art. En effet, soixante-quinze ans après les faits, les recherches de provenance – qui étudient, à travers ses différents jalons, la chaîne de transfert de propriété d'une œuvre – demeurent souvent complexes et délicates. Des zones d'ombre subsistent parfois dans la transmission de propriété : l'origine de l'œuvre d'art est alors considérée comme douteuse.

Il nous semble aujourd'hui crucial de pouvoir déterminer une provenance exempte de soupçon, c'est-à-dire établir scientifiquement la traçabilité des propriétaires successifs d'une œuvre d'art. La présence du nom d'une personne dans la provenance d'un objet culturel pendant la période sombre pourra inciter à enquêter plus avant. Bien entendu, l'intérêt de cette liste est purement historique. Loin de nous l'idée de jeter un quelconque discrédit sur les héritiers des acteurs du marché de l'art des années 1940 et 1950 ou sur les acteurs actuels. En ce sens, par choix déontologique, les protagonistes dont les noms suivent, accompagnés d'une courte notice biographique, sont classés par ordre alphabétique.

Étienne, Jean, Yves ADER (1903-1993), commissaire-priseur à l'Hôtel Drouot, 16, rue Favart, Paris IIᵉ.

Lucien-Philippe ADRION (1889-1953), peintre d'origine alsacienne. Il fréquente assidûment les milieux culturels allemands pendant l'Occupation. Il est domicilié au 9, rue Bochart-de-Sarron, Paris IXᵉ, et au 41, rue du Docteur-Fillieux à Villiers-sur-Marne (Val-de-Marne).

Maria ALMAS-DIETRICH (1892-1971), antiquaire et marchande d'art allemande. Sa galerie se situe 9 Ottostrasse à Munich. Elle entretient des liens privilégiés avec Hitler et dispose de moyens exceptionnels pour les achats artistiques en faveur de la galerie de Linz. Sa fille, Mimi Thorade, née Dietrich, participe également au pillage.

Alexandre BALL (1889- ?), marchand d'art berlinois d'origine juive. Réfugié en France après l'arrivée des nazis au pouvoir en Allemagne, il devient pendant la guerre ressortissant américain. Son frère, Richard Ball, travaille avec lui dans la région de Marseille. Alexandre Ball est intermédiaire de Karl Haberstock pour la vente d'œuvres en zone non occupée. Il aurait fourni des renseignements sur certaines familles juives importantes, et notamment sur une villégiature de Guy de Rothschild.

Henri BAUDOIN (1876-1963), commissaire-priseur à l'Hôtel Drouot, 10, rue de la Grange-Batelière, Paris IXᵉ.

Germain BAZIN (1901-1990), historien de l'art, adjoint du conservateur au département des Peintures au musée du Louvre entre 1940 et 1945.

Simone DE BEAUPERTHUYS (1905- ?), courtière en antiquités, demeurant au 7, avenue de la Grande-Armée, Paris XVIIᵉ. Comme secrétaire d'Alexandre Ball, elle appartient au réseau d'intermédiaires mis en place par Karl Haberstock. Elle est en lien également avec Théodore Fischer.

Kurt VON BEHR (1890-1945), homme de paille de Göring. Il est, avec Bruno Lohse, le principal responsable à Paris des activités criminelles de l'ERR. Il assure entre le 1ᵉʳ novembre 1940 et le 6 avril 1943 la direction de l'organisme allemand au musée du Jeu de Paume, responsabilité qu'il cumule dès le 17 avril 1942 avec celle de *Leiter die Dienstelle Westen des Ostministeriums* (chef du département Ouest du ministère pour les Territoires occupés).

Alphonse, Louis, Marie BELLIER (1886-1980), commissaire-priseur à l'Hôtel Drouot, 30, place de la Madeleine, Paris IIᵉ. En résidence à Cannes lors de la vente Dorville.

Jacques BELTRAND (1874-1977), professeur de gravure à l'École nationale des beaux-arts à Paris, résidant 3, rue Max-Blondat à Boulogne-sur-Seine. Il se tient à la disposition des autorités allemandes pour les expertises.

Georges BERNHEIM, marchand d'art et expert. Il possède une galerie à son nom au 109, rue du Faubourg-Saint-Honoré, Paris VIIIᵉ.

Gaston BERNHEIM-JEUNE (1870-1953), peintre et marchand de tableaux, également connu sous le nom de Gaston Bernheim de Villers.

Josse BERNHEIM-JEUNE (1870-1941), marchand des pointillistes Henri-Edmond Cross, Georges Seurat et Paul Signac et des nabis Pierre Bonnard, Maurice Denis et Édouard Vuillard. Il est le père d'Henri et de Jean Bernheim-Dauberville. Josse et Gaston Bernheim-Jeune dirigent entre 1925 et 1941 la galerie Bernheim-Jeune, située au 27, avenue Matignon-83, rue du Faubourg-Saint-Honoré, Paris VIIIᵉ.

Étienne BIGNOU (1891-1950), marchand d'art français, 8, rue La Boétie, Paris VIIIᵉ. Il est le père du photographe d'art Michel, François Bignou (1919- ?), recruté par l'Institut allemand d'histoire de l'art pour couvrir une campagne photographique sur la sculpture gothique en France.

Zacharie BIRTSCHANSKY (1889- ?), marchand de tableaux d'origine russe, naturalisé français en 1931, domicilié 281, rue du Faubourg-Saint-Honoré, Paris VIIIᵉ. Il maintient des liens étroits avec Gustav Rochlitz.

Pierre BLANC (1890- ?), expert en tableaux anciens, français, domicilié 5, rue Monbel, Paris XVIIᵉ, puis 148, boulevard Malesherbes, Paris XVIIᵉ. Il est en contact avec le conseiller artistique de l'ambassade d'Allemagne à Paris entre 1942 et 1944, Adolf Wüster. Interrogé à la Libération par la 7e section des renseignements généraux, il est condamné le 1er février 1946 à trois ans de prison par la cour de justice de la Seine.

George-Henri BLOND (1900-1977), commissaire-priseur à l'Hôtel Drouot, 3, rue Bourdaloue, Paris IXe.

Alfred BOEDECKER, marchand de Francfort. Il est l'un des associés de la galerie Neupert, en contact avec Bruno Lohse, l'agent de Göring à Paris. Il voyage entre la France et la Suisse.

Bernhard A. BÖHMER (1892-1945), critique et marchand d'art allemand. Chargé de mission pour Goebbels et Göring aux Pays-Bas et à Paris, il est un client du marchand de tableaux Paul Pétridès et du peintre Lucien Adrion. Böhmer a également des connexions avec Hans Adolf Wendland et Théodore Fischer. Il est intermédiaire dans la vente de l'œuvre spoliée *Madame Camus au piano* d'Edgar Degas.

Achille BOITEL (1898-1944), marchand d'art français possédant des bureaux au 5, rue de Téhéran, Paris VIIIe, et propriétaire d'une usine à bois à Villeneuve-sous-Verberie dans l'Oise. Boitel est l'une des principales figures financières du marché artistique. Son secrétaire, Jules, Alfred Mahieu, dit Roland (1901-1984), est un proche du cercle de Hans Adolf Wendland, qui se sert de l'usine de Villeneuve-sous-Verberie pour des manipulations d'ordre monétaire. Boitel est abattu par la Résistance française le 31 juillet 1944 au moyen d'une bombe reliée au démarreur de son automobile.

Paul Fernand BONHOMME (1878- ?), administrateur provisoire de la succession d'Anna Jaffé, née Gluge, veuve de John Jaffé, 51, rue de la Buffa à Nice.

Camille BORIONE (1892-1976), chef du cabinet du Commissariat général aux questions juives sous Xavier Vallat entre mars 1941 et mai 1942.

Wolff BRAUMÜLLER, membre de la Gestapo, assistant de Kurt von Behr. Il est délégué en octobre 1940 à l'état-major du Devisenschutzkommando à Bordeaux.

RÉPERTOIRE DES PROTAGONISTES

Arno BREKER (1900-1991), sculpteur allemand. Artiste officiel du parti nazi, il est conseiller de Göring via Hermann Bunjes, également en contact avec Adolf Wüster, Lucien Adrion et d'autres marchands français. Le directeur administratif de la « Arno Breker GmbH » de Wriezen est un certain Hofmann qui s'occupe aussi d'acheter des œuvres d'art en France. L'atelier de Wriezen est la plaque tournante de l'organisation chargée du rassemblement, du transport et de la répartition des trésors d'art soustraits à la France sous l'Occupation.

Nicolas BRIMO (1887-1953), Villa *Albert* à Beaulieu (Alpes-Maritimes).

René BRIMO (1911-1948), archéologue, 58, rue Jouffroy, Paris XVIIe.

Eugen BRÜSCHWILLER (1889- ?), général allemand, proche d'Heinrich Hoffmann et de Hitler. Il devient en 1943 un important acheteur pour la mission de Linz. Il possède pendant toute la durée de la guerre une villa avenue Victor-Cauvin à Villefranche-sur-Mer.

Jeanne BUCHER (1872-1946), alsacienne. Dans sa galerie installée en 1935 au 9ter, boulevard du Montparnasse, Paris VIe, elle est une des premières à exposer Juan Gris, Fernand Léger, Jules Pascin, Max Ernst, Joan Miró. À partir de 1941, elle expose des œuvres dont l'esprit tranche avec les normes esthétiques imposées par les nazis.

Emil Georg BÜHRLE (1890-1956), marchand d'armes et collectionneur d'art de Zurich. Il se trouve en possession au lendemain de la guerre de tableaux spoliés aux familles juives de France pendant la Seconde Guerre mondiale. Il a en particulier acheté plusieurs toiles appartenant à Paul Rosenberg, pour 1 million de francs suisses.

Hermann BUNJES (1911-1945), directeur à Paris du Centre allemand de recherches d'histoire de l'art au 18, rue Bonaparte, Paris VIe. Il est conseiller personnel de Göring. Son agenda de l'année 1943 consigne : quinze visites d'Étienne Bignou, treize visites de Rudier (père et fils), une dizaine de visites de Martin Fabiani, et, le 22 février, la visite d'Arletty. Son implication est avérée dans la spoliation des collections Hirsch, Heilbronn, Mayer, une dame

Rothschild et Wildenstein. Arrêté en juillet 1945, il s'est pendu dans sa maison de Trèves le 25 juillet 1945.

Maurice A. BUSSILLET, commissaire-priseur, 6, rue de l'Hôpital à Lyon. Il est rapporteur en 1944 de la chambre nationale des commissaires-priseurs.

Paul CAILLEUX (1884-1964) ou Paul DE CAYEUX DE SÉNARPONT, autorité pour les peintures du XVIIIe siècle français, expert près le tribunal civil et expert-conseil du gouvernement près l'Administration des douanes. Pendant l'Occupation, il est président du syndicat des négociants en objets d'art. Son épouse semble avoir été inquiétée du fait de ses origines juives : Bruno Lohse l'aurait fait libérer en 1940 ; nul doute qu'il exerça en échange, *via* Paul Cailleux, des pressions sur le syndicat des négociants.

Henri-Edmond CANONNE (1867-1961), pharmacien, tout d'abord à Lille puis installé 49, rue Réaumur, Paris IIIe. Son succès dans l'invention de la pastille Valda en 1900 lui permet d'investir dans l'art. Sa collection artistique se compose d'importants Bonnard, Cézanne, Derain, Matisse, Monet, Pissarro, Renoir, Signac, Sisley, Utrillo, Vuillard.

Jacques CANONNE (1903-1996), fils d'Henri-Edmond, 46, rue de la Faisanderie, Paris XVIe.

Albert CARRÉ, négociant en objets d'art, tableaux et curiosités, 60, rue de Bellechasse, Paris VIIe.

Jean CASSOU (1897-1986), chargé de mission avant la guerre pour les questions de Beaux-Arts au cabinet du ministre Jean Zay, puis inspecteur des Monuments historiques. Il est nommé le 30 janvier 1938 conservateur adjoint du musée national du Luxembourg, puis, le 1er août 1940, conservateur du musée national d'Art moderne en remplacement de Louis Hautecœur. Il est révoqué de son poste le 27 septembre 1940 par le gouvernement de Vichy puis interné, entre le 12 décembre 1941 et le 18 juin 1943, au camp de Saint-Sulpice-la-Pointe, dans le Tarn. Cassou est nommé Compagnon de la Libération par décret le 12 juin 1945. Réintégré dans ses fonctions le 1er octobre suivant, il est nommé en août 1946 conservateur en chef du musée national d'Art moderne.

Georges-Auguste CHAIN (1899-1977), commissaire de police à Neuilly-sur-Seine. Il participe à l'été 1940 aux premières visites d'inspection des autorités allemandes dans les galeries parisiennes tenues par des Juifs.

Pierre CHALEYSSIN (1922-1999), décorateur, 121, boulevard Haussmann, Paris VIIIᵉ, 43, rue de France à Nice (galerie Chaleyssin) et 63, rue d'Antibes à Cannes.

Pierre COLLE (1900- ?), marchand de tableaux, 22, rue Saint-Dominique, Paris VIIᵉ.

André, Frédéric, Antoine COLLIN (1901-1984), commissaire-priseur, office n° 44, successeur de Mᵉ Recourat-Chorot, 16, rue de la Grange-Batelière, Paris IXᵉ.

Douglas COOPER (1911-1984), historien de l'art britannique. Grand collectionneur, il appartient au Monuments, Fine Art and Archives de la commission de contrôle pour l'Allemagne.

Ferdinand COURCHET (1908-1990), commissaire-priseur à Nice.

Amédée CROZE (1906-1992), administrateur provisoire, à partir du 24 juin 1942, de la succession d'Armand Dorville, à Nice.

Alfred DABER (1924-1970), marchand de tableaux, 85, boulevard de Port-Royal, Paris XIIIᵉ, et 103, boulevard Hausmann, Paris VIIIᵉ.

Louis DARQUIER DE PELLEPOIX (1897-1980), fondateur du Rassemblement anti-juif de France. Il prend la direction du Commissariat général aux questions juives à la suite de Xavier Vallat en mai 1942.

David DAVID-WEILL (1871-1952), banquier, collectionneur. Membre puis président du conseil artistique de la Réunion des musées nationaux à partir de 1932, il est reçu membre de l'Académie des beaux-arts de l'Institut de France le 14 février 1934, régent de la Banque de France en 1935 et 1936.

Maurice DELACRE (1862-1938), collectionneur, originaire de Gand. Sa collection, réputée, est composée de tableaux de premier ordre de Boudin, Corot, Delacroix, Fantin-Latour, Ingres ou encore Monticelli.

Paul, Philippe DELORME (1900- ?), commissaire-priseur, office n° 77, successeur de Mᵉ Georges Tixier, son beau-père, 3 rue de Penthièvre, Paris VIIIᵉ.

Roger, Louis, Adolphe DEQUOY (1892-1963), familier du marché de l'art avant la guerre, il a travaillé notamment avec Georges Wildenstein et Karl Haberstock. En mai 1941, il participe à l'aryanisation de la galerie Wildenstein. Pendant l'Occupation, son réseau s'étend à Martin Fabiani, Hugo Engel, Allen Loebl, Charles Montag et Adolf Wüster. Il est reconnu comme l'un des plus importants collaborateurs des milieux du marché de l'art, notamment pour son rôle dans la vente à Haberstock de deux Rembrandt de la collection Nicolas.

André, Pierre, Jean DEURBERGUE (1908-1999), nommé commissaire-priseur en 1936, 48, rue Laffitte, Paris IXᵉ.

André DÉZARROIS (1890-1979), historien de l'art. Il devient en 1930 conservateur du musée du Jeu de Paume aux Tuileries. Ses connaissances en art contribuent à valoriser le travail d'artistes tels que Picasso, Dali et Juan Gris, mais aussi les artistes appartenant à l'école de Paris. Sa santé fragile l'aurait éloigné de son poste durant l'Occupation.

Jean DIETERLE (1885- ?), expert d'art, spécialiste de Jean-Baptiste Corot.

Jan DIK, commerçant d'Amsterdam. Son associé est un certain Modrezewski, citoyen allemand d'origine polonaise, résidant à Amsterdam.

Armand Isaac DORVILLE (1875-1941), avocat de confession juive au barreau de Paris et collectionneur d'art. Ancien membre du Conseil de l'Ordre, chevalier de la Légion d'honneur à titre militaire, il demeure au 16, rue Séguier, Paris VIᵉ. Réfugié à Cubjac, en Dordogne, il y décède le 28 juillet 1941.

Pierre (1899-1961) et Charles (1905-1985) DURAND-RUEL, 37, avenue de Friedland, Paris VIIIe. Les petits-fils du marchand d'art Paul Durand-Ruel sont experts.

Jean-Paul Louis DUTEY (1897-1954), antiquaire expert en tableaux, 12, rue de Lota, Paris XVIe, puis 9, rue Crevaux, Paris XVIe.

Hugo ENGEL (1883- ?), réfugié autrichien. Il est un des principaux agents de Karl Haberstock. Son fils, Herbert Engel, agit comme indicateur pour Haberstock dans le sud de la France.

Martin FABIANI (1899-1986), protégé d'Ambroise Vollard dont il se fait nommer exécuteur testamentaire. Il est réputé, avec Roger Dequoy, comme l'un des marchands-collaborateurs les plus actifs pendant l'Occupation : il a l'obligation après la guerre de rendre pas moins de 24 peintures à Paul Rosenberg. Sa galerie se situe 26, avenue Matignon, Paris VIIIe. Le 29 septembre 1945, le tribunal civil de la Seine ordonne le séquestre des biens de Fabiani ; la même instance annule la vente du fonds de commerce de vente de tableaux ayant appartenu à André Weill le 28 mai 1946.

Jean FARAUT (1899-1982), docteur en médecine, 99, quai des États-Unis à Nice.

Félix FENÉON (1861-1944), galeriste et critique d'art parisien. Il codirige entre 1919 et 1926 le *Bulletin de la vie artistique*.

Odile FIRER (1912-2001), gouvernante de René Gimpel. Née à Strasbourg (Bas-Rhin) et domiciliée au 37, rue de l'Université, Paris VIIe.

Théodore FISCHER (1878-1957), parfois orthographié Theodor Fischer, marchand d'art suisse et commissaire-priseur exerçant à Lucerne. Il est également propriétaire de la galerie Fischer, Haldenstrasse 19, à Lucerne. Il organise le 30 juin 1939 une vente d'« art dégénéré » à la demande du régime nazi, et de Goebbels en particulier.

Alexander VON FREY, marchand d'art. D'origine allemande, il possède la nationalité hongroise et réside à Lucerne, en Suisse, et à Paris, 14, villa Saïd et 5, rue Crevaux, XVIᵉ. On lui connaît des connexions avec Bruno Lohse, Gustav Rochlitz et Hans Wendland.

GALERIE AKTUARYUS, 3, Pelicanstrasse, Zurich.

GALERIE CHARPENTIER, 76, rue du Faubourg-Saint-Honoré, Paris VIIIᵉ. Elle est dirigée à partir de 1941 par Raymond Nasenta (ou Nacenta), ancien architecte-décorateur. Au cours des années 1942-1943, la galerie Charpentier organise des expositions qui attirent le Tout-Paris : « La Femme et les Peintres » ; « Le Paysage de Corot à nos jours » ; « 50 ans de peinture de Van Dongen » ou « Trois siècles de jardins en France ».

GALERIE NEUPERT, Bahnhofstrasse 1, Zurich.

GALERIE RENOU ET COLLE, 164, rue du Faubourg-Saint-Honoré, Paris VIIIᵉ.

GALERIE SCHMIDTLIN, 5 Bahnhofstrasse, Zurich.

GALERIE TANNER, Zurich, Suisse.

GALERIE ZAK, place Saint-Germain-des-Prés, dans le VIᵉ arrondissement de Paris, 16, rue de l'Abbaye. À la mort en 1926 du peintre et dessinateur d'origine juive polonaise Eugène Zak, Hedwige Zak expose les œuvres de son mari et des écoles étrangères contemporaines d'Amérique latine. Par arrêté du 19 janvier 1942, un administrateur provisoire est nommé pour la galerie. Hedwige Zak est arrêtée à Nice et envoyée à Auschwitz le 20 novembre 1943 ; elle est gazée dès son arrivée.

Ernest GARIN (1903-1971), marchand de tableaux, 9, rue de l'Échelle, Paris Iᵉʳ, et 4, villa de Ségur, Paris VIIᵉ. Il est le prête-nom d'Allen Loebl et de son établissement, la galerie Kleinberger. La galerie Garin est un des lieux incontournables du marché de l'art, fréquenté par les collaborateurs comme par les marchands allemands : ainsi Hans Wendland, Yves Perdoux, Victor Mandel-Markowsky et Achille Boitel.

Raphaël, Louis, Félix GÉRARD (1886-1963), marchand de tableaux, 4, avenue de Messine, Paris VIIIᵉ, et son frère Christian Gérard (1917- ?), 6, rue Labie, Paris XVIIᵉ, vendent aux Allemands de nombreux tableaux et œuvres d'art. La galerie Raphaël Gérard est spécialisée dans l'école de Barbizon, les impressionnistes et les maîtres contemporains.

René GIMPEL (1881-1945), marchand de tableaux. De confession juive, il est dénoncé aux Allemands par son confrère Jean-François Lefranc.

Erhard GÖPEL (1906-1966), historien de l'art. Un des principaux marchands de la galerie de Linz, il achète beaucoup aux Pays-Bas, en Belgique et en France. Il est en lien avec Vitale Bloch, Adolf Wüster et l'expert Theodore Ward Holzapfel. Sa participation est importante dans la négociation de la vente de la collection de la famille Schloss.

Katia GRANOFF (1895-1989), 13, quai de Conti, Paris VIᵉ. Elle expose Georges Bouche, Marc Chagall, Albert Laprade, Marie Laurencin, André Lhote, Emmanuel Mané-Katz, Jules Pascin, Georges Rouault, Maurice Utrillo, Maurice de Vlaminck.

Édouard, Alexandre GRAS (1887- ?), expert comptable domicilié au 7 bis, rue Fabre-d'Églantine, Paris XIIᵉ. Il est nommé administrateur provisoire de la galerie de tableaux Bernheim-Jeune et Cie.

Paul GRAUPE (1881-1953), marchand d'art juif allemand. Il se réfugie en Suisse entre mai 1939 et décembre 1940, avant de gagner les États-Unis *via* Lisbonne.

Helene Hanke GURLITT (1895-1965), épouse d'Hildebrand Gurlitt. Danseuse professionnelle, elle est issue de l'école de Mary Wigman de Dresde. Hildebrand ouvre une galerie d'art sous le nom d'emprunt de son épouse au Kaiserstrasse 24-26 à Dresde.

Hildebrand GURLITT (1895-1956), historien de l'art. Proche des courants artistiques décriés par les nazis, il est désigné par Joseph Goebbels pour vendre les œuvres d'« art dégénéré ». Grand amateur des œuvres de Max Beckmann, Otto Dix, Emil Nolde, Ernst Ludwig Kirchner et Marc Chagall, ne pouvant se résoudre à les céder, il les achète lui-même, semble-t-il, à bas prix et les stocke dans sa collection personnelle. Le décès le 6 mai 2014 de son fils Cornelius Gurlitt met en lumière l'héritage d'une incroyable collection d'art.

LE MARCHÉ DE L'ART SOUS L'OCCUPATION

Karl HABERSTOCK (1878-1956), chef de file des marchands allemands affiliés au parti nazi. Impliqué dès 1933 dans la lutte contre l'art dit dégénéré, dont il aurait vendu de nombreuses œuvres, il devient en 1936 le marchand d'art d'Adolf Hitler (Kurfünstrenstr, 59, Berlin). En France, depuis la zone non occupée et jusqu'à novembre 1942, il tisse un réseau autour de trois intermédiaires, Simone de Beauperthuys, Alexandre et Richard Ball, chargés de repérer des objets d'art sur la French Riviera. Parmi les marchands d'art allemands ayant acheté à Paris durant la Seconde Guerre mondiale, il est considéré comme le plus prolifique. Il maintient des liens forts avec Théodore Fischer en Suisse.

César MONGE DE HAUKE (1900-1965), marchand et historien de l'art. Il collabore avec le marchand Germain Seligmann en France puis aux États-Unis, et devient responsable d'un département de peintures modernes françaises ; il s'intéresse plus particulièrement à l'œuvre de Georges Seurat. En France à partir d'août 1940 et pendant toute la période de l'Occupation, il est proche des autorités allemandes, évoluant dans l'entourage de Göring. Dans son réseau figurent Walter Andreas Hofer, Karl Haberstock et Adolf Wüster.

Louis HAUTECŒUR (1884-1973), conservateur du musée national du Luxembourg à partir de 1929. Il devient en 1940 directeur général des Beaux-Arts en remplacement de Georges Huisman, révoqué par le gouvernement de Vichy, poste qu'il occupe jusqu'en mars 1944. Élu membre de l'Institut en 1952, il devient secrétaire perpétuel de l'Académie des beaux-arts en 1955 ; il démissionne en 1964 pour des raisons de santé.

Theodorus, Antonius HERMSEN (1905-1944), dit Theo HERMSEN, marchand hollandais. Il est l'agent principal d'Hildebrand Gurlitt sur le marché parisien, en contact notamment avec Hugo Engel, agent de Karl Haberstock. Il réside à l'hôtel Jersey, 5, rue de la Grange-Batelière, Paris IXᵉ. Il décède à Paris le 12 juin 1944.

Joseph HESSEL (1859-1942), dit Jos. Hessel, marchand d'art, neveu de Bernheim-Jeune. Il installe sa galerie au 6, rue La Boétie,

Paris VIIIe, et vend des toiles de ses amis Pierre Bonnard, Ker Xavier Roussel et Édouard Vuillard. Il est également expert près la cour d'appel et près le tribunal de la Seine, au 26, rue La Boétie, Paris VIIIe. Pendant la Seconde Guerre mondiale, il trouve refuge à la villa *Sapho*, rue du Dragon, à Cannes. Édouard Gras est administrateur provisoire de son fonds de commerce.

Walter Andréas HOFER (1893-1971), marchand d'art. Dès 1937, il conseille Hermann Göring dans ses choix artistiques, avant de veiller à l'enrichissement et à la conservation de la collection du Reichsmarschall à *Carinhall*. Son épouse se charge de la restauration des œuvres de la collection de Göring.

René HUYGHE (1906-1997), conservateur en chef du département des Peintures au musée du Louvre. Il fait usage du droit de préemption des musées nationaux dans plusieurs ventes aux enchères publiques, et notamment lors de la vente des biens de la succession Dorville sous l'administration provisoire d'Amédée Croze. Il est intégré dans le groupe de résistants du colonel Veny le 6 juin 1944, incorporé aux FTP en août 1944.

John JAFFÉ (1843-1934), président de la chambre de commerce à Belfast (Irlande). Grâce aux conseils avisés de Wilhelm von Bode, lui et son épouse Anna (1890-1942) se trouvent à la tête d'une importante collection de tableaux anciens et modernes des écoles anglaise, flamande, hollandaise, française et italienne. Ils sont grands donateurs du musée Masséna à Nice.

Jacques JAUJARD (1895-1967), sous-directeur des Musées nationaux entre 1933 et 1939, il participe à la protection des collections du Prado, à Madrid, en organisant à Genève durant la guerre civile espagnole une exposition des chefs-d'œuvre du musée. En 1938 et en 1939, il supervise en France les deux évacuations des collections nationales. Directeur des Musées nationaux entre le 1er janvier 1940 et 1944, il joue un rôle important dans la sauvegarde des collections nationales. Rose Valland se trouve sous son autorité. Directeur général des Arts et Lettres entre août 1945 et 1959, il devient alors secrétaire général du ministère des Affaires culturelles.

Henri JOLY, administrateur provisoire de Jos. Hessel, expert honoraire près la cour d'appel et près le tribunal de la Seine, 11, rue La Boétie, Paris VIIIe.

Édouard JONAS (1883-1961), antiquaire et ancien député des Alpes-Maritimes, ancien président de la Commission des travaux publics. 41, avenue d'Iéna, Paris XVIe.

Paul A. JURSCHEWITZ, intermédiaire, à l'initiative de la dénonciation du coffre de Libourne (Gironde) appartenant à Paul Rosenberg. Demeurant 77, rue Charles-Laffitte, à Neuilly-sur-Seine (Hauts-de-Seine), il vend de nombreuses œuvres à Maria Almas-Dietrich, Walter Bornheim, Josef Mühlmann et Karl Haberstock à Munich. Au lendemain de la guerre, il est inculpé d'atteinte à la sûreté extérieure de l'État.

Daniel-Henry KAHNWEILER (1884-1979), marchand de tableaux, éditeur et écrivain. La galerie Kahnweiler devient galerie Simon entre 1920 et 1940 au 29 bis, rue d'Astorg, Paris VIIIe. Elle est répertoriée par les lois de Vichy comme bien juif. Kahnweiler quitte Paris le 12 juin 1940 ; Louise Leiris acquiert la galerie avec son assentiment et lui donne son nom.

Alphonse KANN (1870-1948), banquier et collectionneur d'art, ressortissant britannique, né à Vienne (Autriche). Il arrive très jeune en France, et réside avant la Seconde Guerre mondiale à Saint-Germain-en-Laye (Yvelines). Il parvient à se réfugier à Londres. Il meurt en 1948 au Royaume-Uni.

Siegfried KOTZ (1915- ?), marchand allemand, domicilié à Hambourg.

Maurice LAFAILLE (1898-1987), décorateur puis marchand de tableaux à Nice.

Hans, Wolfgang LANGE (1904-1945), commissaire-priseur, directeur d'une importante maison de ventes à Berlin. Il achète principalement pour les musées berlinois.

RÉPERTOIRE DES PROTAGONISTES

Jean-François LEFRANC, marchand d'art et administrateur provisoire des collections Schloss, Simon Bauer et André Weil. Il réside 9, quai Voltaire, Paris VIIe. Il entretient des contacts étroits avec Erhard Göpel, Bruno Lohse et Cornelius Postma. Il est à l'origine de la dénonciation de René Gimpel.

Louise LEIRIS (1902-1988), née Godon, belle-sœur du marchand d'art Daniel-Henry Kahnweiler, propriétaire de la galerie Simon à Paris, VIIIe. Elle acquiert la galerie en 1940 et lui donne son nom.

Allen LOEBL (1887- ?), négociant en tableaux, d'origine hongroise, naturalisé français en 1920, de confession juive. Il demeure 34, quai de Passy, Paris XVIe. Il est directeur de la galerie Kleinberger, 9, rue de l'Échelle, Paris Ier, aryanisée par Ernest Garin. Bruno Lohse aurait assuré à Loebl la libération du camp de Drancy d'un membre de sa famille, peut-être son frère, se garantissant ainsi sur le négociant un moyen de pression pour obtenir des tableaux.

Pierre, Simon LOEB (1897-1964), marchand de tableaux, 2, rue des Beaux-Arts, Paris VIe. Il est un ami personnel de Picasso. La galerie Pierre est aryanisée le 23 mai 1941 par Georges Aubry. Pierre Loeb la récupère en 1945.

Bruno LOHSE (1911-2007), chef adjoint de l'ERR et agent de Göring à Paris. Son implication est avérée en 1941 dans la rédaction de l'inventaire de la collection Alphonse Kann, puis en 1943 dans la confiscation de la collection Schloss. Il est, avec Kurt von Behr, le principal responsable de la confiscation des œuvres d'art mise en œuvre par l'ERR. Le 15 août 1945, Bruno Lohse fait l'objet d'un interrogatoire par les autorités américaines à Nuremberg. Il est extradé vers la France, appelé à comparaître le 23 décembre 1948 devant le tribunal militaire permanent de Paris. Condamné à plusieurs années d'emprisonnement, il aurait été relâché très rapidement. On le retrouve par la suite établi comme marchand d'art à Munich.

Maurice LOYER (1869- ?), négociant en objets d'art, tableaux et curiosités, 4, rue de Tournon, Paris VIe.

Victor MANDEL-MARKOWSKY (1890- ?), marchand à Berlin de nationalité tchécoslovaque et de confession juive. Réfugié en France en 1938 (9, rue du Boccador, Paris VIIIᵉ), il devient courtier en tableaux, et travaille en étroite collaboration avec Hans Wendland, Maria Almas-Dietrich, Hermann Voss, Erhard Goepel, Josef Muehlmann, Bruno Lohse, Allen Loebl et Yves Perdoux. Au lendemain de la guerre, il est inculpé de commerce avec l'ennemi par le parquet de la cour de justice de la Seine.

Alice MANTEAU (1890- ?), de nationalité belge, demeurant au 14, rue de l'Abbaye, Paris VIᵉ. Épouse de Joseph Cloots.

Michel MARTIN (1905-2003), chargé de mission au département des Peintures, au musée du Louvre. Il est affecté au service de contrôle des exportations d'œuvres d'art en Allemagne en raison de ses compétences linguistiques en allemand.

Eugène MARTINI (1905-1989), expert, Villa *Bellevue* à Saint-Laurent-du-Var (Alpes-Maritimes).

Jacques MATHEY (1883-1973), expert en tableaux anciens près le tribunal civil, 50, avenue Duquesne, Paris VIIᵉ. Il est également propriétaire de la galerie de l'Élysée, 69, rue du Faubourg-Saint-Honoré, Paris VIIIᵉ.

François MAX-KANN (1898- ?), expert, 78, avenue Mozart, Paris XVIᵉ.

August LIEBMANN MAYER (1885-1944), expert en art, 21, boulevard des Moulins, à Monte-Carlo.

Jean-Jacques MÉCATTI (1921-1992), 25, Promenade des Anglais, à Nice.

Henri-Louis MERMOD (1891-1962), éditeur à Lausanne. Il est également mécène et collectionneur d'art.

Félix MESTRALLET (1901-1955), marchand de tableaux, 22, avenue Matignon, Paris VIIIᵉ.

Jean METTHEY (1907-1976), expert, 69, rue du Faubourg-Saint-Honoré, Paris VIIIᵉ.

Félix MOCKERS, 31, avenue de la Coste à Monte-Carlo, et avenue de la Victoire à Nice. Il est un des acheteurs de la galerie de Linz.

Charles MONTAG (1880-1956), ou Carl MONTAG, artiste peintre d'origine suisse, naturalisé français. Son attitude germanophile a été soulignée lors de la Première Guerre mondiale. Il est également expert, et délégué artistique des musées de la ville de Zurich en France. Il réside au 72, rue de Paris à Meudon-Val-Fleury (Hauts-de-Seine).

Raymond NASENTA (1899- ?) ou NACENTA , architecte-décorateur puis marchand de tableaux. Il est gérant de la galerie Charpentier à partir du 30 juin 1941.

Fritz NATHAN (1895-1972), spécialiste de l'art moderne. Il est l'un des conseillers artistiques d'Emil Bührle, marchand d'armes et collectionneur d'art de Zurich.

Yves PERDOUX (1875- ?), marchand d'art français. Il possède une galerie au 178, rue du Faubourg-Saint-Honoré, Paris VIIIe, et une seconde au 6, rue de Téhéran, Paris VIIIe. Il réside au 6, boulevard Flandrin, Paris XVIe. C'est un proche de Bruno Lohse, de même qu'il entretient des liens avec Walter Bornheim et Gustav Rochlitz.

Odette Alexandrine PÉTRIDÈS (1899-1975), née Bosc, négociante en tableaux, 6 avenue Delcassé, Paris VIIIe.

Paul Constantin PÉTRIDÈS (1901-1993) né à Paphes (Chypre), gérant d'un magasin de tailleur entre 1929 et 1938. Il est ensuite marchand de tableaux avec son épouse Odette au 6, avenue Delcassé, Paris VIIIe.

Arthur PFANNSTIEL (1901-1984), peintre et marchand allemand. Résidant en France à partir de 1926, il appartient à la section de Bordeaux de l'ERR. Il est en contact avec Kurt von Behr et Adolf Wüster. En 1946, il est incarcéré à la prison de Fresnes, inculpé d'espionnage par ordre du juge Fayon du tribunal de la Seine.

Jacques PFEIFFER (1897-1986), avocat au barreau de Paris. Associé et exécuteur testamentaire d'Armand Dorville.

Élie PIVERT (1881-1945), capitaine d'infanterie coloniale, chevalier de la Légion d'honneur. Il demeure au 2, rue Georges-de-Porto-Riche, Paris XIVᵉ. Il est nommé administrateur provisoire des biens d'Alphonse Kann. Décédé le 2 décembre 1945, il ne peut être interrogé après la guerre.

Baron Gerhard VON PÖLLNITZ, riche officier de la Luftwaffe. Il stationne à Paris pendant l'Occupation. Il est le représentant d'Hugo Engel pour la vente des peintures en Allemagne. Il participe avec Karl Haberstock à l'aryanisation de la galerie Wildenstein. Il est l'amant de Jeanne Weyll. Von Pöllnitz est en contact avec Roger Dequoy, Bruno Lohse et Hildebrand Gurlitt qu'il accueille après la guerre au Schloss Pöllnitz, à Aschbach, près de Bamberg.

Hans POSSE (1879-1942), archiviste, conservateur du musée de Dresde. Il est nommé par Hitler, sur la recommandation de Karl Haberstock, directeur du Führermuseum de Linz.

Cornelius POSTMA (1881-1954), marchand de nationalité hollandaise résidant à Paris pendant l'Occupation, à l'hôtel de Nice, 4ᵇⁱˢ, rue des Beaux-Arts, VIᵉ. En contact avec Bruno Lohse, Walter Andreas Hofer et Maria Almas-Dietrich, il est impliqué aux côtés de Jean-François Lefranc dans la vente et l'expertise de la collection Schloss.

Paul PROUTÉ, expert près le tribunal de la Seine et les douanes françaises, spécialiste des gravures anciennes et modernes. Sa galerie se trouve au 74, rue de Seine, Paris VIᵉ.

Charles Henri François Joseph QUEILLE (1885- ?), commissaire-priseur à l'office n° 34, et successeur de maître P. Pellerin et Bernier, 11, rue Saint-Lazare, Paris IXᵉ.

Charles RATTON (1895-1986), marchand et expert près la cour d'appel de Paris et près les douanes françaises, 14, rue de Marignan, Paris VIIIᵉ.

Willy REMON, négociant en objets d'art, tableaux et curiosités, 36, rue du Colisée, Paris VIIIᵉ.

Maurice RENOU, marchand de tableaux, 32, rue de Washington, Paris VIIIᵉ.

Robert REY (1888-1964), historien de l'art, conservateur du musée de Fontainebleau.

Jules REYMONENCQ (1880-1972), commissaire-priseur à Nice.

Serge ROCHE (1898-1988), décorateur, 125, boulevard Haussmann, Paris VIIIe, puis administrateur provisoire, 279, rue Saint-Honoré, Paris VIIIe, et 11, rue Las Cases, Paris VIIe.

Gustav ROCHLITZ (1889-1972), acteur très actif dans le trafic d'objets d'art entre la France et l'Allemagne. Porteur d'un mandat officiel du commandant en chef du Kunstschutz, il travaille pour le compte soit de personnalités nazies, soit des musées allemands, le Landesmuseum de Bonn en particulier, et profite largement des spoliations de l'ERR pour son commerce. Son domicile se trouve au 15, rue Vineuse, Paris XVIe, et son magasin au 222, rue de Rivoli, Paris Ier. Il se réfugie en 1944 dans un dépôt de l'ERR à Hohenschwangau en Bavière. Il est redevable de sommes importantes au titre de la législation sur les profits illicites, en vertu d'une décision du président du 2e comité de la Seine en date du 28 mars 1945. Arrêté en Allemagne en décembre 1945, puis incarcéré au camp de Sorgues (Vaucluse), il est condamné le 28 mars 1947 par la cour de justice de la Seine, pour collaboration économique, à trois ans de prison et à la confiscation de ses biens ; l'administration des Domaines est désignée en qualité de séquestre de ses biens. Rochlitz obtient en 1950 une remise de peine par la grâce présidentielle ; il cherche alors à récupérer ses biens confisqués.

François-Maurice ROGANEAU (1883-1973), peintre et sculpteur. Il est entre 1929 et 1958 directeur de l'école des beaux-arts de Bordeaux. Il est l'expert de la collection spoliée au marchand Paul Rosenberg dans le coffre-fort de Libourne.

Léonce ROSENBERG (1879-1947), marchand et éditeur d'art, à la tête de la galerie Haute Époque puis L'Effort moderne au 19, rue de la Baume, Paris VIIIe. Il présente les peintres Georges Braque, Pierre Gleizes, Juan Gris, Fernand Léger, Jean Metzinger, etc. Léonce

Rosenberg est nommé expert lors du séquestre des biens artistiques de Daniel-Henry Kahnweiler. Il est le frère de Paul Rosenberg.

Paul ROSENBERG (1881-1959), un des principaux marchands, à partir de 1908, de l'avant-garde en France. Sa galerie du 21, rue La Boétie, Paris VIIIe, sert d'écrin aux peintres cubistes sans renier les maîtres classiques. Sous le coup des lois antisémites, Paul Rosenberg quitte la France le 17 juin 1940. Il a entreposé 162 tableaux dans un coffre de la Banque nationale du commerce et de l'industrie de Libourne (Gironde), forcé le 28 avril 1941 par les autorités occupantes et dont le directeur de l'école des beaux-arts de Bordeaux, François-Maurice Roganeau, dresse l'inventaire le 6 mai 1941. Paul Rosenberg poursuit son activité de marchand de tableaux sur la 57e Rue à New York. De retour en France en septembre 1945, il part sur les traces des œuvres spoliées de sa collection.

Ernest ou Ignacy ROSNER (1889- ?), artisan fourreur polonais en faillite en 1927. Il est l'un des plus importants acquéreurs de Gustav Rochlitz pour les œuvres échangées par l'ERR. Il disparaît dès la Libération ; le mandat d'arrêt décerné à son encontre ne peut être mis à exécution.

Rudolf RUSCHEWEYH (1905-1954), homme d'affaires allemand, membre de l'Abwehr. Il est le représentant à Paris du marchand d'armes Emil Bührle auprès de l'Office d'armement du Reich. Détenteur d'un passeport diplomatique du Liechtenstein, il réside à la villa *Octogon* à Schaan, au Liechtenstein.

Adolphe SCHLOSS (1842-1910), collectionneur, à la tête d'un fabuleux ensemble de quelque 333 tableaux de maîtres des écoles du Nord, flamands et hollandais. Mise en sûreté par les héritiers d'Adolphe et Mathilde Schloss (Henri Schloss, arrêté à Saint-Jean-Cap-Ferrat le 6 avril 1943, Lucien Schloss, arrêté à Lamastre, en Ardèche, le 8 avril 1943, Marguerite Schloss et Juliette Schloss-Weill), la collection devient l'objet d'une quête de l'ERR à destination du musée de Linz. Jean-François Lefranc dénonce le 10 avril 1943 sa cachette au château de Chambon, à Laguenne, dans les environs de

Tulle. Devenu liquidateur de la collection, il procède à la vente des œuvres. 284 tableaux sont conservés par les autorités occupantes, dont 262 envoyés au Führerbau à Munich. Le musée du Louvre fait valoir son droit de préemption sur les 49 tableaux restants.

Georges SCHMIDT, 101, Forchstrasse, Zurich. Il fait partie de la société Fundus Treu Institut près la société des banques suisses.

André SCHOELLER (1929-2015), expert, spécialiste des peintures françaises du XIXe siècle, et plus particulièrement de Gustave Courbet. Il dirige des ventes publiques. C'est un ami de longue date d'Adolf Wüster. Il possède par ailleurs la galerie André Schoeller, 13, rue de Téhéran, Paris VIIIe.

Robert SCHOLZ (1902-1981), chef des experts scientifiques de l'ERR. À partir du 21 avril 1943, il est le chef de l'ERR, qu'il dirige depuis Berlin. Il est aussi directeur du musée de Halle, en Allemagne, entre 1939 et 1945.

André Jean SELIGMANN (1891-1945), marchand d'art et collectionneur. Il travaille dans la galerie familiale Jacques Seligmann & Co, située à la fois 128, rue du Faubourg-Saint-Honoré, Paris VIIIe, et 9, rue de la Paix, Paris IIe.

Jean Arnold SELIGMANN, gérant de la galerie Arnold Seligmann Fils, 23, place Vendôme, Paris Ier.

Paul SÉZILLE (1879-1944), capitaine. Il est nommé le 22 juin 1941 secrétaire général de l'Institut d'études des questions juives. Il organise l'exposition « Le Juif et la France » (septembre 1941-janvier 1942).

Alfredo SIDÈS (1882-1951), marchand d'art, 25, quai des Grands-Augustins, Paris VIe.

Max STÖCKLIN (1901- ?), citoyen suisse. Il s'installe dans les années 1930 à Bruxelles où il devient un intermédiaire, se livrant à divers trafics. Il est condamné en janvier 1946 pour intelligence avec l'ennemi.

Jean-Joseph TERRIS (1890-1976), commissaire-priseur, 3, rue Provana à Nice.

LE MARCHÉ DE L'ART SOUS L'OCCUPATION

Rose VALLAND (1898-1980), conservatrice. Elle devient en 1932 attachée de conservation bénévole au musée des écoles étrangères contemporaines au Jeu de Paume, et, en 1940, en l'absence du conservateur André Dézarrois, responsable des collections et du bâtiment, alors même que l'ERR prend place dans le musée à partir du 1er novembre. Elle surveille les activités de l'ERR, récoltant des informations qui se révéleront précieuses au lendemain de la guerre. Dès novembre 1944, Rose Valland devient secrétaire de la Commission de récupération artistique (CRA), mais, souhaitant aussi partir sur la piste des œuvres identifiées au Jeu de Paume, elle intègre en mai 1945 la 1re armée du général de Lattre de Tassigny en Allemagne. De retour en France en 1952, nommée conservateur des Musées nationaux, elle poursuit la question des restitutions artistiques.

Christiane VAN DER KLIP (1921-1975), gérante de la galerie Berri, 12, rue de Berri, Paris VIIIe. Fille de John, sœur de Maud et de Raymonde, elle est l'épouse d'Edwin Livengood et la mère de John Livengood.

John, Philippe VAN DER KLIP (1887-1966), de nationalité belge, habitant à partir d'octobre 1942 au 36, rue de Courcelles, Paris VIIIe. Il est consultant artistique auprès de ses filles Christiane, Maud et Raymonde. Son petit-fils John Livengood (1952-2006), détenteur par héritage de *L'Homme assis appuyé sur une canne* (1918) d'Amedeo Modigliani, propose l'œuvre à la maison Christie's en 1996. Un procès en cours oppose la famille du marchand d'art Oscar Stettiner, juif, propriétaire de l'œuvre en 1944, et le marchand David Nahmad. L'œuvre pourrait avoir été adjugée le 3 juillet 1944 pour la somme de 16 000 francs (vil prix) lors d'une vente sous administration provisoire au domicile d'Oscar Stettiner. John Van der Klip acquiert également en octobre 1942, chez Raphaël Gérard, 4 avenue de Messine, Paris VIIIe, une nature morte titrée *Mandoline, fruits et bouteille* de Braque, volée par les Allemands à Paul Rosenberg, retrouvée en Belgique chez la galeriste Alice Manteau.

Maud VAN DER KLIP (1917-2008), gérante d'un fonds de négoce en tableaux au 9, boulevard Raspail, Paris XIVᵉ. Fille de John Van der Klip, elle est la sœur de Christiane et de Raymonde.

Raymonde VAN DER KLIP (1915-1996), propriétaire des Sacheries Saint Nom, au 120, avenue des Champs-Élysées, Paris VIIIᵉ. Fille de John Van der Klip, elle est la sœur de Christiane et de Maud.

Jean VERGNET-RUIZ (1896-1972), attaché à la conservation des peintures. Il est conservateur du château de Compiègne.

Henri VERNE (1880-1949), historien de l'art. Il est directeur des Musées nationaux entre 1926 et 1940. Son implication est avérée dans une transaction concernant deux œuvres douteuses de Rembrandt avec Bruno Lohse et dans celle d'une œuvre d'Adriaen Brouwer spoliée de la collection Schloss.

Paul VEROUDART (1875- ?), négociant en objets d'art, tableaux et curiosités, Maison Michon, 156, boulevard Haussmann, Paris VIIIᵉ.

Georges VIAU (1855-1939), grand collectionneur d'objets d'art. Ancien professeur honoraire à l'École dentaire, chevalier de la Légion d'honneur, il demeure au 83, rue de Monceau, Paris VIIIᵉ ou au 39, rue d'Artois, Paris VIIIᵉ. C'est un proche d'Édouard Vuillard, qui a réalisé en 1914 son portrait, *Le Docteur Georges Viau dans son cabinet dentaire*, actuellement visible au musée d'Orsay.

Hermann VOSS (1884-1969), directeur de la commission de Linz, du musée de Linz et de la galerie de Dresde à partir de mai 1943, succédant à Hans Posse, décédé. Impliqué dans les ventes forcées des collections Schloss et Mannheimer, il fait partie des principaux personnages officiels portant une responsabilité dans le système de spoliations et d'achats mis en œuvre par Hitler. Il est détenu par les autorités américaines de la 3ᵉ armée, à Munich, en septembre 1945.

André WEILL (1895- ?), marchand de tableaux. 85 tableaux spoliés de sa collection sont achetés par Raphaël Gérard en 1943. Sa galerie André Weil, 26, avenue Matignon, Paris VIIIᵉ, est vendue à Martin Fabiani le 16 septembre 1941, vente constatée nulle le 28 mai 1946 par une ordonnance du tribunal civil de la Seine.

Hans Adolf WENDLAND (1880-1965), expert en art. Il ne possède pas de galerie mais travaille en tant que commissionnaire, vivant alternativement à Paris, à Florence, en Allemagne et en Suisse. Principal protagoniste des marchands allemands opérant en Suisse, il est l'un des agents les plus actifs de Walter Andreas Hofer. Il est également l'un des principaux receleurs des peintures modernes échangées issues de la confiscation des collections françaises privées ; son rôle est primordial dans l'importation des œuvres d'art en Suisse réalisée sans licence d'exportation. Il se place enfin comme l'un des intermédiaires majeurs de l'écoulement des œuvres spoliées en Suisse au travers des filières auxquelles participent Théodore Fischer, Albert Skira et Alexander von Frey. Arrêté à Rome par les troupes américaines le 25 juillet 1946, Wendland est transféré à Oberursel, près de Francfort, en août. Il est ensuite envoyé au camp d'internement de Wansee, près de Berlin, où il est interrogé. En février 1950, Hans Wendland est toutefois acquitté par le tribunal militaire de Paris.

Jeanne WEYLL, alsacienne, maîtresse du baron von Pöllnitz. Elle effectue des achats pour Karl Haberstock, dont une *Annonciation* de Solario, ensuite vendue à la galerie de Linz.

Adolf WÜSTER (1888-1972), peintre et amateur d'art. Il réside à Paris avant la guerre, au 88, rue de Grenelle, Paris VIIe. Conseiller artistique de l'ambassade d'Allemagne à partir de juillet 1942, il y est engagé comme expert au rang de consul. Principal intermédiaire en France pour l'achat des œuvres en faveur du ministre des Affaires étrangères, Joachim von Ribbentrop, il est également signalé à Bâle, Zurich, Lucerne et Berne. En contact étroit avec Kurt von Behr et Bruno Lohse, il a pour principaux fournisseurs en œuvres d'art André Schoeller, Victor Mandel-Markowsky, M.O. Leegenhoek et Raphaël Gérard. Il voyage en Suisse, en Suède et en Espagne pour l'acquisition d'œuvres. Son extradition est demandée par le gouvernement français au lendemain de la guerre.

Annexe 1

Autodafé aux Tuileries

Le 23 (ou 27) juillet 1943, des œuvres modernes sont détruites, sous l'autorité allemande, dans un incendie au jardin des Tuileries. La liste (non exhaustive) en a été dressée par Rose Valland.

Nom du collectionneur	Nom de l'artiste	Support et titre des œuvres
Spiro	Spiro	Huile sur carton
		Dessin
Loewell	Loewell	Caricature
	Cassies	
	Sem	*M. Loewell défenseur de Goldsky*
Loewenstein	Tableaux et aquarelles de Loewenstein	
G. Michel	G. Michel	*Fleurs, fantaisie, marine*
	Marval	*Danseuses*
	Perdriat	*Jeunes filles au jardin*
	Mané-Katz	*Dahlias et –*
	Ferrari	*Fleurs*

LE MARCHÉ DE L'ART SOUS L'OCCUPATION

Nom du collectionneur	Nom de l'artiste	Support et titre des œuvres
	Hayden	*Nature morte*
	Uzerow	*Cloches de Pâques*
	Picabia	*Portrait de femmes*
	Severins	*Composition avec des cartes*
	Kisling	*Nu couché*
Kapferer	Fresnaye	*Paysage*
	Picasso	*Nature morte avec instrument de musique*
	De la Fresnaye	*Paysage*
		Portrait d'homme
	Valadon	*Carottes, citrouilles*
Kann	P. Klee	*Bateaux sur fond vert Dame au voile*
	A. Masson	*Chevaux*
	Hürnnel	*Parc*
	Picasso	*Nu assis*
	Max Ernst	
	Léger	*Deux femmes et nature morte*
	Miro	*Composition*
	Papazoff	*Composition*
Esmond		*Portrait de femmes et autres toiles*
Watson	Max Ernst	*Composition*
	Klee	*Bateaux noirs*

Source : AMAE, 209 SUP 717.

Annexe 2

La rive droite,
temple de l'art moderne avant la guerre

En 1939, à Paris, les galeries spécialisées dans l'art moderne sont nombreuses, surtout installées sur la rive droite.

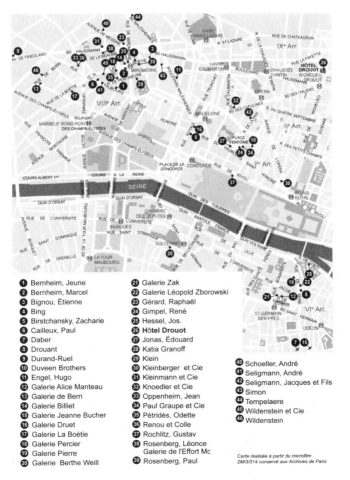

1 Bernheim, Jeune
2 Bernheim, Marcel
3 Bignou, Étienne
4 Bing
5 Birstchansky, Zacharie
6 Cailleux, Paul
7 Daber
8 Drouant
9 Durand-Ruel
10 Duveen Brothers
11 Engel, Hugo
12 Galerie Alice Manteau
13 Galerie de Berri
14 Galerie Billiet
15 Galerie Jeanne Bucher
16 Galerie Druet
17 Galerie La Boétie
18 Galerie Percier
19 Galerie Pierre
20 Galerie Berthe Weill

21 Galerie Zak
22 Galerie Léopold Zborowski
23 Gérard, Raphaël
24 Gimpel, René
25 Hessel, Jos.
26 **Hôtel Drouot**
27 Jonas, Édouard
28 Katia Granoff
29 Klein
30 Kleinberger et Cie
31 Kleinmann et Cie
32 Knoedler et Cie
33 Oppenheim, Jean
34 Paul Graupe et Cie
35 Pétridès, Odette
36 Renou et Colle
37 Rochlitz, Gustav
38 Rosenberg, Léonce
Galerie de l'Effort Mc
39 Rosenberg, Paul

40 Schoeller, André
41 Seligmann, André
42 Seligmann, Jacques et Fils
43 Simon
44 Tempelaere
45 Wildenstein et Cie
46 Wildenstein

*Carte réalisée à partir du microfilm
2MI3/314 conservé aux Archives de Paris*

Annexe 3

Une galerie sur deux aryanisée
ou spoliée en 1943

En 1943, en vertu des directives législatives du gouvernement de Vichy et des ordonnances allemandes promulguées par le commandant en chef de l'armée, un peu plus de la moitié des galeries d'art moderne parisiennes ont subi les lois d'exception.

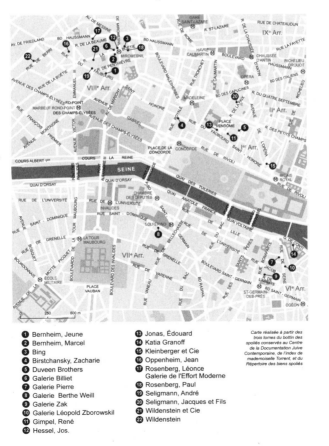

1. Bernheim, Jeune
2. Bernheim, Marcel
3. Bing
4. Birstchansky, Zacharie
5. Duveen Brothers
6. Galerie Billiet
7. Galerie Pierre
8. Galerie Berthe Weill
9. Galerie Zak
10. Galerie Léopold Zborowskil
11. Gimpel, René
12. Hessel, Jos.
13. Jonas, Édouard
14. Katia Granoff
15. Kleinberger et Cie
16. Oppenheim, Jean
17. Rosenberg, Léonce
    Galerie de l'Effort Moderne
18. Rosenberg, Paul
19. Seligmann, André
20. Seligmann, Jacques et Fils
21. Wildenstein et Cie
22. Wildenstein

Carte réalisée à partir des trois tomes du bottin des spoliés conservés au Centre de la Documentation Juive Contemporaine, de l'index de mademoiselle Torrent, et du Répertoire des biens spoliés

Les Allemands s'emparent
de la collection de Paul Rosenberg

Le 15 septembre 1940, une troupe d'Allemands fait procéder à l'en-
lèvement des caisses de tableaux que Paul Rosenberg a entreposées
dans sa propriété de Floirac, en Gironde ; une estimation des œuvres
est établie le 27 novembre par le docteur Welz. Le 28 avril 1941, c'est
le coffre-fort de la Banque nationale du commerce et de l'industrie de
Libourne, où 162 œuvres ont été mises à l'abri par le collectionneur,
qui est ouvert par effraction ; François-Maurice Roganeau dresse une
estimation le 6 mai 1941.

Estimation des œuvres spoliées à Floirac, 27 novembre 1940

Artiste	Titre de l'œuvre	Technique	Signature et date	Estimation en francs
Pablo Picasso				
	Nature morte au crâne de taureau et pichet	Huile	Signé et daté 15/1/1939	35 000
	Nature morte au buste noir de femme, mandoline, livre et châle	Huile	Signé et daté 25	50 000
	Jeune femme lisant dans un fauteuil	Huile	Signé et daté	60 000

Nature morte aux poissons	Huile	Signé et daté 22-23	40 000
Nature morte aux angles et étoiles (pichet avec inscription « Vin »)	Huile	Signé et daté 24	30 000
Portrait (mère et enfant)	Huile	Signé et daté 1918	80 000
Nature morte à la fenêtre	Huile	Signé et daté 1920	50 000
Baigneuses s'essuyant les pieds	Pastel	–	100 000
Maternité	Huile	–	70 000
Étude de nu (Jeune femme à la mer)	Pastel et encre de Chine	–	40 000
Nature morte à la nappe, pommes et mandoline	Huile	Signé et daté 24	40 000
Grape-fruit	–	–	16 000
Centaures	Aquarelle	–	20 000
–	Dessin au lavis	–	14 000
Enfant	Dessin	–	2 000
Enfant	Dessin	–	2 000
Enfant	Dessin	–	2 400
Enfant	Étude à l'huile	–	4 000
L'Atelier	Dessin	–	5 000
Deux enfants	Dessin	–	2 000
Henri Matisse			
La Musique (femme au torse nu jouant du violon devant une autre jeune femme, étendue au sol et appuyant sa tête à un tabouret)	Huile sur toile	Signé Henri Matisse	90 000
La Liseuse (femme appuyant les bras à une table noire, garnie de fruits, pichets et pots de fleurs)		Signé Henri Matisse 40	120 000

L'*Atelier* (table recouverte d'une nappe blanche. À gauche, le peintre devant son chevalet. À droite, jeune fille lisant près d'une table)	Huile sur toile	Signé : Henri Matisse	100 000
Nature morte au pot de fleurs, ananas et pommes (au fond, feuilles de figuier)	Huile sur toile	Signé Henri Matisse	120 000
Table violette avec fruits (à droite, une dormeuse appuyant ses bras sur la table. Au fond, des plantes)	Huile sur toile	Signé Henri Matisse	120 000
Intérieur (deux garçons jouent aux dames. À gauche, une jeune femme joue du piano)	–	Signé Henri Matisse	120 000
Auguste Renoir			
Nu (jeune femme en plein air étendue devant des buissons)	Huile sur toile	Signé Renoir	200 000
Nu	Aquarelle	–	6 000
Danseuse	Dessin	–	3 000
Rose	Étude à l'huile	–	2 000
Camille Pissarro			
Jardins à Pontoise	Huile	Signé et daté 1874	400 000
Paysages d'hiver	Huile	Signé et daté 1875	150 000
Le jardin des Tuileries	Huile	Signé et daté 1900	70 000
Maurice Denis			
Portrait d'enfant	Huile	Signé et daté 1874	40 000
Fernand Léger			
4 tableaux			15 000 l'un, soit 60 000
Georges Rouault			
Crucifix			1 000

Eugène Delacroix			
Chambre multicolore			2 000
Soleil matinal à la mer	Aquarelle		4 000
Marie Laurencin			
16 tableaux	–	–	40 000
Georges Braque			
20 tableaux	–	–	1 091 000

Source : AMAE, 209 SUP 1.

Estimation des œuvres confisquées à Libourne, 6 mai 1941 (extrait)

Artiste	Titre de l'œuvre	Dimensions	Technique	Signature et date	Estimation en francs
Henri Matisse					
	Femme devant une table	65 x 80	Huile	Fait en 1940	25 000
	Femme à la potiche jaune	60 x 81	Huile		25 000
	Femme au tambourin	65 x 92	Huile		30 000
	Nature morte au vase vert	65 x 91	Huile	Fait en 1939	25 000
	Femme au profil devant la cheminée	60 x 81	Huile		30 000
	Femme assise dans un fauteuil	46 x 56	Huile		35 000
	Orientale assise	46 x 56	Huile		30 000
	Orientale rouge	46 x 56	Huile		30 000
	Femme à l'ombrelle au balcon	48 x 67	Huile		30 000
	Femme en rouge	46 x 65	Huile	Fait en 1937	25 000
	Femme à la guitare	50 x 65	Huile	Fait en 1939	25 000
	Femme devant une table	63 x 51	Huile		35 000
	Femme au fauteuil jaune	65 x 54	Huile		25 000
	Deux jeunes femmes	55 x 46	Huile	Fait en 1938	25 000

Nature morte au citron	46 x 55	Huile	Fait en 1939	20 000
Femme en bleu	50 x 65	Huile	Fait en 1937	25 000
Femme en vert	46 x 61	Huile	Fait en 1939	25 000
Femme au tapis vert	50 x 61	Huile	Fait en 1938	25 000
Femme à la jupe verte	50 x 61	Huile	Fait en 1937	25 000
La Fenêtre ouverte	60 x 73	Huile		50 000
Femmes/ronds rouges, fleurs au premier plan	60 x 73	Huile		40 000
Pablo Picasso				
Tête stylisée	33 x 41	Huile	Fait le 20/10/39	10 000
Nature morte	46 x 38	Huile	Fait le 30/01/37	12 000
Nature morte	46 x 33	Huile		12 000
Nature morte	61 x 38	Huile	Fait le 21/04/37	15 000
Tête stylisée ou portrait	33 x 41	Huile	Fait le 04/12/39	10 000
Nu sur fond bleu	33 x 41	Huile	Fait le 22/10/39	12 000
Nature morte	64 x 46	Huile	Fait le 19/04/37	10 000
Portrait stylisé	46 x 55	Huile	Fait le 30/11/39	10 000
Nature morte à la mandoline	73 x 60	Huile		12 000
Personnage assis	60 x 73	Huile	Fait le 09/10/39	15 000
Panier de fruits	76 x 62	Huile		10 000
Nature morte	60 x 80	Huile		10 000
Composition	60 x 73	Huile		10 000
Portrait stylisé bleu	60 x 73	Huile	Fait le 25/10/39	10 000

Portrait de Mademoiselle Rosenberg	50 x 41	Dessin		12 000
Femme nue (Souvenir Michel-Ange)	51 x 43	Dessin		6 000
Nature morte à la mandoline	65 x 54	Huile		12 000
Nature morte au pichet	65 x 54	Huile		15 000
Pierrot	44 x 54	Dessin		6 000
Pierrot	44 x 54	Dessin		6 000
Pierrot	43 x 53	Dessin		6 000
Composition	66 x 48	Huile		15 000
Homme assis	53 x 45	Dessin		8 000
Portrait	54 x 66	Dessin		6 000
Portrait fond bleu	46 x 60	Huile	Fait en 1939	10 000
Portrait fond vert	46 x 60	Huile		10 000
Portrait fond rouge	46 x 60	Huile		10 000
Nature morte poêle à frire	61 x 50	Huile	Fait en 1936	12 000
Nature morte aiguière et coupe	73 x 54	Huile	Fait le 29/10/37	12 000
Nature morte à la tête cornue	60 x 73	Huile	Fait le 19/04/37	8 000
Composition	65 x 80	Huile	Fait en 1937	8 000
Les Baigneurs ou Sur la plage	80 x 54	Huile		20 000
Portrait au fauteuil	65 x 80	Huile	Fait le 31/10/39	12 000

Source : AMAE, 209 SUP 549.

Annexe 5

Des prix multipliés par neuf

La confrontation entre une vente du 18 février 1939 de la collection d'Henri-Edmond Canonne à la galerie Charpentier, à Paris, avec celle organisée le 5 juin 1942 à l'Hôtel Drouot de la collection de Jacques Canonne, son fils, permet de mesurer l'explosion des prix des œuvres d'art sous l'Occupation.

Vente de la collection d'Henri-Edmond Canonne, 18 février 1939
(tableaux, extrait)

Artiste	Titre de l'œuvre	Technique	Date	Dim. en cm	Prix en francs
Pierre Bonnard					
	Boulevards extérieurs	Toile	–	58 x 42	21 000
	Quai à Cannes	Toile	1926	60 x 64	75 000
	Échappée sur rivière	Toile	–	48 x 46	45 000
	Porte Molitor	Toile	–	79 x 57	46 000
	Place Clichy	Toile	–	105 x 117	46 000
	Fleurs dans un vase	Toile	–	62 x 39	36 000
André Derain					
	Baigneuse	Toile	–	27 x 22	4 100
	Rochers	Toile	–	37 x 46	7 600
	Nu assis	Toile	–	46 x 38	6 000

Raoul Dufy				
Maisons à Honfleur	Toile	–	54 x 65	6 000
Hôtel Subes	Toile	–	54 x 65	13 000
Henri Matisse				
Aiguilles d'Étretat	Panneau	–	39,5 x 47	33 000
Femme à sa coiffeuse	Toile	–	38 x 46	66 000
Femme devant un bouquet	Toile	–	28 x 36	44 000
Femme à la fenêtre	Toile	–	61 x 50	43 000
Claude Monet				
Meulettes	Toile	1887	65 x 100	75 000
La Barque de Claude Monet (son atelier)	Toile		54,5 x 65	80 100
Nymphéas	Toile	1907	73 x 106	63 000
Cathédrale rose	Toile	–	100 x 65	172 000
Mer démontée à Belle-Isle	Toile	–	60 x 70	40 000
Nymphéas	Toile	1908	90 x 92,5	90 000
Église San Georgio	Toile	1908	60 x 73,5	43 000
Ker Xavier Roussel				
Apollon	Toile	Exposition de Zurich 1919, n° 17	25 x 41	2 700
Maurice Utrillo				
Château de Saint-Try	Toile	1925	54 x 73	6 000
Église de Conques	Toile	1922	50 x 65	4 100
Rue à Sannois	Panneau	–	55 x 73	28 000
Église de Clignancourt	Toile	–	65 x 92	16 200
Église de Courteil	Toile	1925	73 x 93	9 000
Édouard Vuillard				
La Conversation	Toile	–	59 x 71	39 000

Source : *La Gazette de l'Hôtel Drouot*, 25 février 1939, INHA, MF 378.

DES PRIX MULTIPLIÉS PAR NEUF

Vente de tableaux appartenant à Jacques Canonne, 5 juin 1942 (extrait)

Artiste	Titre de l'œuvre	Support	Date	Dim. en cm	Prix en francs
Pierre Bonnard					
	Le Pont de Grenelle	Toile	–	54 x 68	252 000
	Paysage aux oliviers	Toile	–	51 x 66	152 000
	Nu à la chemise	Toile	–	56 x 39	190 000
	Le Bouquet de cheminée	Toile	–	81 x 55	165 000
	Intérieur au mimosa	Toile	–	59 x 49	250 000
	La Soirée familiale	Toile	–	73 x 88	150 000
	Le Carrefour	Toile	–	83 x 52	401 000
	Nu sortant du bain	Toile	–	123 x 65	200 000
André Derain					
	Femme nue assise, un bras levé	Toile	–	46 x 38	60 000
Raoul Dufy					
	La Musique dans le square	Toile	–	65 x 81	42 000
	Les Bords de la Marne	Toile	–	60 x 74	120 000
	Nice, le palais de la jetée	Toile	–	81 x 100	120 000
Henri Matisse					
	Nu couché	Toile	1923	38 x 61	257 000
	Le Pont de Sèvres au chaland	Toile	1917	46 x 55	260 000
Claude Monet					
	Le Pont de Charring-Cross	Toile	1902	65 x 81	335 000
	Nymphéas	Toile	1907	92 x 81	295 000
	La Cabane du Douanier	Toile	1897	65 x 93	335 000
	Giverny. Le Bassin des nymphéas. La Passerelle	Toile	–	81 x 92	275 000
	L'Aiguille d'Étretat	Toile	1884	65 x 81	500 000
	Les Saules, le matin	Toile	1886	74 x 82	341 000

Nymphéas	Toile	1907	92 x 89	260 000
Nymphéas	Toile	1907	100 x 100	612 000
Les Falaises de Varengeville	Toile	1882	60 x 81	405 000
Ker Xavier Roussel				
Paysage méditerranéen	Carton	–	65 x 81	76 000
Maurice Utrillo				
Rue Norvins	Toile	–	46 x 61	120 000
Rue à Sannois	Toile	–	59 x 73	281 000
Édouard Vuillard				
La Vénus de Milo	Carton	–	66 x 74	120 000

Source : Archives de Paris, D149E3 17.

Annexe 6

Les « biens israélites » dispersés à Drouot

Pour la seule année 1942, le commissaire-priseur Alphonse Bellier déclare six ventes de « biens israélites » sur une trentaine organisées à l'Hôtel Drouot.

Date (1942)	Nature	Noms des successions	Montant en francs
6, 7, 12 janvier	Après décès	Forbes	1 425 862
9 janvier	Volontaire	Cévenet	448 927
14, 26 janvier	Judiciaire Biens israélites	Jacob	236 785
19, 26, 28 janvier 13, 18 février	Volontaire	Divers	2 808 415
6, 10, 25, 26 février 13 mars	Judiciaire Biens israélites	Fabius	330 614
13 février	Après décès	Piegais	262 620
2 mars	Judiciaire	Bernheim-Jeune	603 100
4, 9, 17, 30 mars 1er, 10, 13, 14, 20 avril	Volontaire	Divers	70 150 017
23 avril	Judiciaire	Kunz	10 675
8, 11, 15, 17, 22 mai 1er, 17, 24, 29 juin	Volontaire	Divers	9 061 698
13 mai	Judiciaire Biens israélites	Weil	156 080
3 juin	Volontaire	Parodi	167 985

LE MARCHÉ DE L'ART SOUS L'OCCUPATION

Date (1942)	Nature	Noms des successions	Montant en francs
4 juin	Judiciaire	Clouet	7 062
5 juin	Volontaire	Canonne	7 828 600
16 juin	Après décès	Laurent	76 460
16 juin	Après décès	Cannies	24 392
9, 16 juillet	Volontaire	Divers	886 905
17 juillet	Judiciaire Biens israélites	Jos. Hessel	98 004
18 septembre	Judiciaire Biens israélites	Helft	366 720
22 septembre	Après décès	Marcellin	31 610
28 septembre 14, 19 octobre	Volontaire	Divers	2 967 072
5, 12 octobre	Volontaire	Viau	449 732
14 octobre	Après décès	Léon Pédron	583 700
6 novembre	Volontaire	Riollot	202 100
9 novembre	Judiciaire Biens israélites	Bernheim-Jeune	16 225
9, 13, 16, 30 novembre 4, 18, 21 décembre	Volontaire	Divers	8 246 635
20 novembre	Après décès	Dauvillier	1 055 680
23 novembre	Volontaire	de Bailleul	2 309 700
23 novembre	Judiciaire en vertu d'ordonnance	Galerie Mathisen	10 000
23 novembre	Volontaire	Thoumyr	103 100
25, 27 novembre	Volontaire	Michaud	531 920
4 décembre	Après décès	Pereaux	425 721
14 décembre	Après décès	Christensen	405 602

Source : Archives de Paris, D1E3 259.

Annexe 7

La Suisse, plaque tournante des œuvres d'art

Les chiffres officiels de l'importation des œuvres d'art en Suisse entre 1941 et 1944 témoignent d'une augmentation importante des objets en provenance du Reich. Ces données alimentent la thèse selon laquelle la Suisse aurait abrité une filière d'écoulement d'œuvres aux origines incertaines.

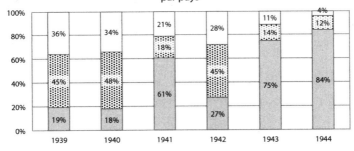

Importations suisses de tableaux par pays

Source : Graphique réalisé sur la base des données chiffrées du rapport de Douglas Cooper avec l'aide de Kim Oosterlink, professeur de finances, Université libre de Bruxelles.

Glossaire des sigles

ALIU : Art Looting Investigation Unit
AMAE : Archives diplomatiques du ministère des Affaires étran-
gères
AMN : Archives des Musées nationaux
AN : Archives nationales
AP : Archives de Paris
CDJC : Centre de la documentation juive contemporaine
CGQJ : Commissariat général aux questions juives
CIVS : Commission pour l'indemnisation des victimes de spo-
liations
CRA : Commission de récupération artistique
ERR : Einsatzstab Reichsleiter Rosenberg für die Besetzten Gebiete
INHA : Institut national d'histoire de l'art
MFAA : Records of the Monuments, Fine Arts, and Archives
MNR : Musées nationaux récupération
OBIP : Office des biens et intérêts privés
RBS : Répertoire des biens spoliés
RMN : Réunion des musées nationaux

Sources

« Certes, le temps de l'Histoire n'est pas encore venu. Quand il viendra, les documents d'archives ne manqueront pas à l'historien. Il en sera plutôt accablé » (Lucie Mazauric, *Ma vie de châteaux*, Perrin, 1967).

ALLEMAGNE

Das Bundesarchiv de Coblence

En Allemagne, les Archives de Coblence, archives de l'État fédéral, sont particulièrement précieuses. Elles contiennent notamment les interrogatoires de Robert Scholz, Gustav Rochlitz et Karl Haberstock menés par l'Art Looting Investigation Unit (ALIU) ; le résumé des échanges entre l'ERR et les marchands d'art Gustav Rochlitz, Arthur Pfannstiel, Allen Loebl, Adolf Wüster ; les papiers de la galerie Maria Almas-Dietrich ; la collection Fabiani et les œuvres qu'il apporte en échange au Jeu de Paume ; les inventaires de la collection et/ou du stock de Paul Rosenberg.

Fonds Cornelius Gurlitt à Munich

Les archives privées de Cornelius Gurlitt, dont l'ouverture est restreinte aux membres de la Task Force Gurlitt et du projet Provenienzrecherche Gurlitt, sont en dépôt au Zentralinstitut für Kunstgeschichte à Munich. Elles seront à moyen terme versées aux Archives fédérales de Coblence.

FRANCE

Archives publiques

Archives nationales (site de Pierrefitte-sur-Seine)

Aux Archives nationales, site de Pierrefitte-sur-Seine, se trouvent les archives de la spoliation : plus d'un millier de dossiers concernent des biens placés sous administration provisoire (sous-série AJ 38). Certains dossiers d'administrateurs provisoires doivent être recherchés dans les fonds de la cour de justice de la Seine.

Les archives allemandes de l'Occupation (sous-série AJ 40) conservent les documents produits par les services allemands actifs en France pendant la Seconde Guerre mondiale, en particulier : les saisies d'œuvres d'art dans des coffres bancaires (AJ 40/1029, 1031, 1035, 1036, 1039, 1042, 1078, 1081, 1099) et la saisie de la collection Bernheim-Jeune en juin 1941.

Aux Archives nationales se trouvent également les documents liés à l'épuration : la cour de justice de la Seine (sous-série Z/6) ; le dossier de l'administrateur provisoire Jean-François Lefranc ; le dossier Étienne Ader. Plusieurs documents produits par le Comité national interprofessionnel d'épuration concernent les marchands de tableaux (série F12) : les cartons 9629 à 9632, en particulier, correspondent à

Aguilar, Altounian Pigouzzi, Bariero Alvaro, Brimon de Laroussilhe, Bignou, Birtschansky, Bourdariat et Pouget, Buvelot, Carré, Cloots, galerie Alice Manteau, Dequoy, Daber, Doucet, Donath, Dutey, Martin Fabiani, Garin, Raphaël Gérard, Renée Gérard, Gobin, Gouvert, Hugo Engel, Jansen, Kalebdjian, Kleinmann, Mandel, Maratier, Matzneff, Monge de Hauke, Pétridès, Leegenhoek, de la Béraudière, de la Forest Divonne, Loebl, Oppenheim, Postma Cornelius, Nasenta, galerie Charpentier, Vandermeersch, Terrisse, Rochlitz, Renou et Colle, Ratton, Sambon, Schmitt, Schoeller, Souffrice, Stora.

Les Archives nationales conservent aussi les archives de l'administration des Beaux-Arts : parmi d'autres, la correspondance concernant la possibilité de préempter des pièces dans les collections juives ; les autorisations d'exportation d'œuvres d'art (dont le dossier de la vente Viau) ; les dossiers personnels de René Huyghe et de Germain Bazin.

Les dossiers anciennement conservés aux Archives des Musées nationaux se trouvent désormais aux Archives nationales. La série R conserve les archives des Musées nationaux pendant la Seconde Guerre mondiale (notamment les spoliations de collections privées pendant l'Occupation) : les sous-séries R31 (devenue AN 20144792/265-275) et R32 (devenue AN 20144792/276-285) concernent plus particulièrement les collections privées confiées à l'administration et celles saisies par l'autorité allemande ou mises sous séquestre ; la sous-série R31 concerne les collections particulières placées sous la protection des Musées nationaux dès 1939 ; le sous-fonds R32 consigne les notes prises par Rose Valland.

Archives diplomatiques du ministère
des Affaires étrangères (site de La Courneuve)

Aux Archives diplomatiques du ministère des Affaires étrangères, site de La Courneuve, se trouvent les archives des services français dits de la Récupération artistique : ce fonds est constitué de 1 078 cartons, archives des services français chargés après la Libération de rechercher les biens spoliés par les Allemands et par le régime de Vichy entre 1940 et 1944, et de les restituer à leurs ayants droit.

Les pièces principales dans la série 209 SUP sont les suivantes : des listes de biens spoliés, des lettres de décharge en cas de restitution, un ensemble de fichiers thématiques constitués par les différentes administrations pour documenter chaque bien réclamé et/ou récupéré et/ou restitué. Cet ensemble représente environ 180 000 fiches. Une trentaine de cartons contiennent des copies de documents allemands établis pendant la guerre (listes de l'ERR, documents sur les collections de Hitler, Göring, Ribbentrop, rapport Kümmel, etc.).

À signaler également la numérisation prochaine de 130 000 fiches des fichiers thématiques produits par diverses institutions. Les fiches renseignent les biens spoliés et/ou réclamés. Ces fiches sont essentielles aux recherches de provenance, classées par propriétaire réclamant, artiste, type d'œuvre, etc.

Archives départementales de Paris

Aux Archives départementales de Paris (anciennement Archives de la Seine), on trouve notamment le fonds des commissaires-priseurs parisiens : les registres chronologiques de déclarations de ventes entre 1939 et 1948 et l'état des ventes entre 1939 et 1945 (D1E3), les catalogues des ventes ayant eu lieu à l'Hôtel Drouot (D5E3), les minutes et procès-verbaux des ventes (D6E3 à D150E3, versement par commissaire-priseur ; à signaler de nombreuses lacunes des procès-verbaux des ventes tenues pendant la période 1939-1945). Les procès-verbaux de vente de Me Ader (1939-1943) se trouvent en D43 E3 [1906-1943] ; celles de Me Baudoin en D48 E3 [1939-1940] ; celles de Me Bellier en D30 E3 20-58 et D6 E3 3 [1939-1945] ; celles de Me Michaud (vente de biens israélites) en D128 E3 [1939-1947].

On trouve également les archives du parquet général, pour la cour d'appel de la Seine : notamment le dossier d'inculpation d'André Schoeller, d'Étienne Ader pour trafic d'œuvres d'art avec les Allemands ; le dossier d'inculpation de Jean-François Lefranc, antiquaire et marchand de tableaux (participation avérée dans la spoliation de la collection Schloss).

Centre de la documentation du musée d'Orsay

Fonds de la galerie Rosenberg

Le fonds de la galerie Paul Rosenberg est constitué de photographies sur plaques de verre des tableaux de divers artistes des XIXᵉ et XXᵉ siècles ayant été présentés à la galerie. Des tirages de ces plaques de verre ont été réalisés et rangés dans des classeurs accessibles à la recherche. L'intérêt du fonds réside dans les diverses vues de salle de la galerie 21, rue La Boétie, Paris VIIIᵉ.

Institut national d'histoire de l'art

Le programme « Marché de l'art à Paris pendant la Seconde Guerre mondiale » mis en place à l'INHA en mars 2012 grâce au soutien financier de la Fondation pour la Mémoire de la Shoah s'est chargé de numériser des catalogues de ventes françaises et étrangères de la collection Jacques Doucet, prioritairement entre 1938 et 1950 (environ 3 200 catalogues). Source essentielle pour déterminer les courants de circulation des objets d'art, ces petits ouvrages de mise en liste sont, selon la formule de l'historien de l'art Émile Dacier, « des livres précieux sans en avoir l'air » (*Bulletin du bibliophile*, 1952). Certains exemplaires sont annotés, source utile pour les recherches de provenance. 1 681 catalogues couvrent la période entre 1941 et 1945 et 1 065 catalogues celle entre 1946 et 1950.

Depuis 2014, les catalogues de vente de l'Hôtel Drouot de la collection Jacques Doucet des années 1940-1945 figurent dans le catalogue en ligne de la bibliothèque de l'INHA à l'adresse http://catalogue.inha.fr. Les catalogues sous leur forme originale ont des cotes du type : VP année/numéro.

Centre de documentation juive contemporaine (Mémorial de la Shoah)

Au Mémorial de la Shoah, le Centre de documentation juive contemporaine (CDJC) a rassemblé depuis les dernières années de l'Occupation plus de 30 millions de documents indexés, accessibles en partie sur le portail du Mémorial de la Shoah : en particulier les archives de l'ambassade d'Allemagne à Paris relatives aux saisies d'œuvres d'art et des copies de documents produits par le tribunal militaire international de Nuremberg.

Fonds d'artistes

Le fonds Pablo Picasso est conservé au musée Picasso. Voir en particulier la correspondance entre l'artiste et Paul Rosenberg. Nous remercions Christine Pinault des nombreuses autorisations accordées.

Les archives Matisse se trouvent à Issy-les-Moulineaux (Hauts-de-Seine). L'aide constante et précieuse de Wanda de Guébriant a été déterminante.

Fonds de la bibliothèque Romain-Gary (Nice)

Le fonds de la bibliothèque Romain-Gary conserve les trois catalogues des ventes Burton, Dorville et Jaffé.

SOURCES

ÉTATS-UNIS

The Getty Research Institute (Los Angeles)

Au Getty Research Institute se trouvent notamment les interrogatoires de Karl Haberstock et de Gustav Rochlitz. Les rapports de Douglas Cooper et d'Otto Wittman renseignent les enquêtes les concernant quant aux collections d'art spoliées.

Bibliographie

OUVRAGES DE RÉFÉRENCE

Bertrand Dorléac, Laurence, *Histoire de l'art à Paris entre 1940 et 1944 : ordre national, traditions et modernités*, Paris, Publications de la Sorbonne, 1986.

–, *L'Art de la défaite (1940-1944)* [1993], Paris, Seuil, 2010.

– et Munck, Jacqueline (dir.), *L'Art en guerre, France (1938-1947)*, catalogue d'exposition, Paris, musée d'Art moderne de la Ville de Paris, 2012.

Billig, Joseph, *Alfred Rosenberg dans l'action idéologique, politique et administrative du Reich hitlérien : inventaire commenté de la collection de documents conservés au CDJC provenant des archives du Reichsleiter et ministre A. Rosenberg*, Paris, Éditions du Centre, 1963.

–, *Le Commissariat général aux questions juives (1941-1944)*, Paris, Éditions du Centre, 3 vol., 1955, 1955 et 1960.

Cassou, Jean (dir.), *Le Pillage par les Allemands des œuvres d'art et des bibliothèques appartenant à des Juifs en France*, Paris, Éditions du Centre de documentation juive contemporaine, 1947.

Dreyfus, Jean-Marc, et les Archives diplomatiques, *Le Catalogue Goering*, Flammarion, Paris, 2015.

Feliciano, Hector, *Le Musée disparu. Enquête sur le pillage des œuvres d'art en France par les nazis*, Paris, Gallimard, 1995.

Lynn, Nicholas H., *Le Pillage de l'Europe. Les œuvres d'art volées par les nazis*, Paris, Seuil, 1995.

Petropoulos, Jonathan, *Art as Politics in the Third Reich*, Londres, Chapell Hill, 1996.

–, *Artists Under Hitler. Collaboration and Survival in Nazi Germany*, New Haven, Yale University Press, 2014.

–, *The Faustian Bargain. The Art World in Nazi Germany*, Londres, Penguin Books, 2000.

Rydellaus, Anders, *Hitlers Bilder. Kunstraub der Nazis. Raubkunst in der Gegenwart*, Francfort, Campus Verlag, 2014 (traduction Andreas Brunstermann).

Schnabel, Gunnar, Tatzkow, Monika, *Nazi Looted Art, Handbuch Kunstrestitution weltweit*, Berlin, Proprietas Verlag, 2007.

Valland, Rose, *Le Front de l'art. Défense des collections françaises (1939-1945)*, édition revue et commentée, Paris, Réunion des musées nationaux, Grand Palais, 2014.

Yeide, Nancy H., Akinsha, Konstantin, Walsh, Amy L., *The AAM Guide to Provenance Research*, Washington, 2001.

Pillages et restitutions. Le destin des œuvres d'art sorties de France pendant la Seconde Guerre mondiale, Actes du colloque organisé par la Direction des Musées de France le 17 novembre 1996, Paris, Adam Biro, 1997.

LA FRANCE SOUS L'OCCUPATION ALLEMANDE

Almeida, Fabrice d', *La Vie mondaine sous le nazisme*, Paris, Perrin, 2008.

Amouroux, Henri, *La Vie des Français sous l'Occupation*, Paris, Fayard, 1961.

BIBLIOGRAPHIE

Andrieu, Claire, *Managing Memory. The Case of Occupied France*, Cornell, Cornell University, 1995.

Burin, Philippe, *La France à l'heure allemande (1940-1944)*, Paris, Seuil, 1995.

Chimènes, Myriam, Simon, Yannick (dir.), *La Musique à Paris sous l'Occupation*, Paris, Fayard, 2013.

Cohen, Asher, *Persécutions et sauvetages. Juifs et Français sous l'Occupation et sous Vichy*, Paris, Le Cerf, 1993.

Dreyfus, Jean-Marc, et Gensburger, Sarah, *Des camps dans Paris. Austerlitz, Lévitan, Bassano (juillet 1943-août 1944)*, Paris, Fayard, 2003.

Fishman, Sarah, Lee Downs, Laura, Sinanoglou, Ionnis, Smith, Leonard (dir.), *La France sous Vichy. Autour de Robert O. Paxton* [2000], Bruxelles, Complexe, 2004.

Grynberg, Anne, Linsler, Johanna, Baresel-Brand, Andrea, *L'Irréparable. Itinéraires d'artistes et d'amateurs d'art juifs, réfugiés du « Troisième Reich » en France*, Magdebourg, Veröffentlichungen der Koordinierungsstelle für Kulturgutverluste Magdeburg, Band 9, 2013.

Kaspi, André, *Les Juifs pendant l'Occupation*, Paris, Seuil, 1991.

Klarsfeld, Serge, *Vichy-Auschwitz. Le rôle de Vichy dans la solution finale de la question juive en France (1940-1944)*, vol. I et II, Paris, Fayard, 1983 et 1985.

Marrus, Michaël M., Paxton, Robert O., *Vichy et les Juifs*, Paris, Calmann-Lévy, 1981.

Paxton, Robert O., *La France de Vichy (1940-1944)*, Paris, Seuil, 1973.

Richard, Lionel, *L'Art et la Guerre. Les artistes confrontés à la Seconde Guerre mondiale*, Paris, Hachette, 2005.

Rioux, Jean-Pierre, *La Vie culturelle sous Vichy*, Bruxelles, Complexe, 1990.

Rousso, Henry, *Le Syndrome de Vichy (1944-1987)*, Paris, Seuil, 1987.

Skilton Jr, John D., *Défense de l'art européen. Souvenirs d'un officier américain « spécialiste des monuments »*, Paris, Les Éditions internationales, 1948.

Vlug, Jean, *Report on Objects Removed from Germany from Holland, Belgium, and France during the German Occupation of the Countries*, Amsterdam, Amsterdam Report of Stichting Nederlands Kunstbesit, 1945.

Wieviorka, Annette, *L'Ère des témoins*, Paris, Plon, 1998.

Wolff-Metternich, Franz von, *Die Denkmalpflege in Frankreich*, Berlin, Deutscher Kunstverlag, 1944.

LE MARCHÉ DE L'ART

Duchesne, Jean-Patrick, *L'Art dégénéré selon Hitler. La vente de Lucerne, 1939*, Liège, Collections artistiques de l'université de Liège, 2014.

Durand-Robert, Paul, « Le Marché de la peinture cubiste. Évolution de la cote depuis 1907 », *Perspectives*, 6 janvier 1962.

Fischer-Defoy, Christine, Nürnberg, Kaspar, *Gute Geschäfte. Kunsthandel in Berlin 1933-1945*, catalogue d'exposition du Aktives Museum Faschismus und Widerstand, Berlin, 2011.

Fitzgerald, Michael C., *Making Modernism. Picasso and the Creation of the Art Market of the Twentieth-Century Art*, New York, University of California Press, 1996.

Gee, Malcolm, *Dealers, Critics and Collectors of Modern Painting. Aspects of the Parisian Art Market between 1910 and 1930*, New York, Garland, 1981.

Guégan, Stéphane, *Les Arts sous l'Occupation. Chronique des années noires*, Paris, Beaux-Arts éditions, 2012.

Hansen, Tone, Bresciani, Ana Maria, *Looters, Smugglers and Collectors. Provenance Research and the Market*, Cologne, Walther König, 2015.

BIBLIOGRAPHIE

Huemer, Christian, *The* « *German Sales 1930-1945* » *Database Project*, dans *Collections. A Journal for Museum and Archives professionals*, vol. X, n° 3, 2014, p. 273-278.

Jensen, Robert, « The Avant-Garde and the Trade in the Art Market », *Art Journal*, hiver 1988, p. 360-367.

Kerlau, Yann, *Chercheurs d'art. Les marchands d'art hier et aujourd'hui*, Paris, Flammarion, 2014.

Lange, Werner, *Les Artistes en France sous l'Occupation. Van Dongen, Picasso, Utrillo, Maillol, Vlaminck*, Monaco, Le Rocher, 2015.

Michaud, Éric, *Un art de l'éternité. L'image et le temps du national-socialisme*, Paris, Gallimard, 1996.

Moulin, Raymonde, *Le Marché de la peinture en France*, Paris, Minuit, 1967.

Probst, Veit, *German Sales, 1930-1945. Auktionskataloge als neue Quellenbasis für die Provenienz-forschung*, Baden-Baden, Nomos Verlag, 2013.

Strauss, Michel, *Pictures, Passions and Eye. A Life at Sotheby's*, Londres, Halban, 2011.

Tiedemann, Anja, *Die* « *entartete* » *Moderne und ihr amerikanischer Markt. Karl Buchholz und Curt Valentin als Händler verfemter Kunst*, Berlin, De Gruyter, 2013.

Voigt, Vanessa-Maria, *Kunsthändler und Sammler der Moderne im Nationalsozialismus : Die Sammlung Sprengel 1934 bis 1945*, Berlin, Dietrich Reimer, 2007.

Biographical Index of Individuals Involved in Art Looting in Europe, Washington DC, National Archives and Records Administration, 2007.

Les Ventes de tableaux, aquarelles, gouaches, dessins, miniatures à l'Hôtel Drouot 1940 à 1941, Répertoire et prix d'adjudication, Paris, L'Archipel, 1941.

Les Ventes de tableaux, aquarelles, gouaches, dessins, miniatures à l'Hôtel Drouot 1942 à 1943, Répertoire et prix d'adjudication, Paris, L'Archipel, 1943.

COLLECTIONNEURS ET MARCHANDS

Assouline, Pierre, *L'Homme de l'art. D.-H. Kahnweiler (1884-1979)*, Paris, Balland, 1987, réédition Gallimard, « Folio », n° 2018, 1989.
– « Daniel-Henry Kahnweiler. L'Homme du refus au temps du consensus », *in* L. Bertrand Dorléac, J. Munck (dir.), *L'Art en guerre, France (1938-1947)*, catalogue d'exposition, Paris, musée d'Art moderne de la Ville de Paris, 2012.

Bambi, Andrea, Drecoll, Axel, *Alfred Flechtheim. Raubkunst und Restitution*, Berlin, De Gruyter, 2015.

Barnavi, Elie, Remiche, Benoît (dir.), *21 rue La Boétie, catalogue d'après le livre d'Anne Sinclair*, catalogue d'exposition, Liège, la Boverie, 22 septembre 2016-29 janvier 2017, Forest, Belgique, Tempora, 2016.

–, *21 rue La Boétie. Picasso, Matisse, Braque, Léger...*, catalogue d'exposition du musée Maillol, 2 mars-23 juillet 2017, Paris, Hazan, 2017.

Barroqueiro, Cristina, « La Collaboration économique des marchands d'art français sous l'occupation allemande. L'exemple d'un marchand : Martin Fabiani », mémoire sous la direction d'Isabelle Ewig et de Serge Lemoine, Paris, université Paris-Sorbonne, 2007.

Berggruen, Heinz, *J'étais mon meilleur client. Souvenirs d'un marchand d'art*, Paris, L'Arche, 1997 (traduit de l'allemand par Laurent Muhleisen).

Blot, Eugène, *Histoire d'une collection de tableaux modernes*, Paris, Éditions d'art, 1934.

Bozo, Dominique (dir.), *Daniel-Henry Kahnweiler, marchand, éditeur, écrivain*, catalogue d'exposition, Centre Georges-Pompidou, 22 novembre 1984-28 janvier 1985, musée national d'Art moderne, Paris.

Buchholz, Godula, *Karl Buchholz : Buch- und Kunsthändler im 20. Jahrhundert*, Cologne, DuMont, 2005.

Cabanne, Pierre, *Le Roman des grands collectionneurs*, Paris, Plon, 1961.

Cahn, Isabelle, *Ambroise Vollard. Un marchand d'art et ses trésors*, Paris, Gallimard, « Découvertes », et Réunion des musées nationaux, 2007.

Dascher, Ottfried, « *Es ist was Wahnsinniges mit der Kunst* ». *Alfred Flechtheim. Sammler, Kunsthändler*, Wädenswil, Suisse, Nimbus Verlag, 2013.

David, Emmanuel, *Le Métier de marchand de tableaux. Entretiens avec Hervé Le Boterf*, Paris, France-Empire, 1978.

Derouet, Christian, « Galerie Jeanne Bucher, une résistance exemplaire », *in* L. Bertrand Dorléac, J. Munck (dir.), *L'Art en guerre, France 1938-1947*, catalogue d'exposition, Paris, musée d'Art moderne de la Ville de Paris, 2012.

–, « Léonce Rosenberg. Un héroïque survivant », *in* L. Bertrand Dorléac, J. Munck (dir.), *L'Art en guerre, France (1938-1947)*, catalogue d'exposition, Paris, musée d'Art moderne de la Ville de Paris, 2012.

Distel, Anne, *Les Collectionneurs des impressionnistes, amateurs et marchands*, Lausanne, La Bibliothèque des arts, 1989.

Dumont-Beghi, Claude, *L'Affaire Wildenstein. Histoire d'une spoliation*, Paris, L'Archipel, 2012.

Durand-Ruel, Paul, *Mémoires du marchand des impressionnistes*, Paris, Flammarion, 2014.

Fabiani, Martin, *Quand j'étais marchand de tableaux*, Paris, Julliard, 1976.

Fabre, Côme, « L'aryanisation des galeries juives parisiennes : le cas de la société Wildenstein et Compagnie », *in* A. Callu, P. Eveno, H. Joly (dir.), *Culture et médias sous l'Occupation. Des entreprises dans la France de Vichy*, Paris, Éditions du Comité des travaux historiques et scientifiques, 2009.

Feilchenfeldt, Walter, *By Appointment Only. Cézanne, Van Gogh and Some Secrets of Art Dealing*, Londres, Thames & Hudson, 2006.

Fleckner, Uwe, *Angriff auf die Avantgarde. Kunst und Kunstpolitik im Nationalsozialismus*, Berlin, Akademie Verlag, 2007.

Gimpel, René, *Journal d'un collectionneur, marchand de tableaux*, Paris, Calmann-Lévy, 1963.

Golenia, Patrick, Kratz-Kessemeier, Kristina, Le Masne de Chermont, Isabelle, *Paul Graupe (1881-1953). Ein Berliner Kunsthändler zwischen Republik, Nationalsozialismus und Exil*, Vienne, Cologne, Weimar, Böhlau, 2016.

Granoff, Katia, *Histoire d'une galerie*, Paris, galerie Katia Granoff, 1949.

Haim, Paul, *Marchand de couleurs*, Paris, L'Harmattan, 1995.

Hamon-Jugnet, Marie, *Collection Schloss. Œuvres spoliées pendant la Seconde Guerre mondiale non restituées (1943-1998)*, Paris, Direction des archives et de la documentation, ministère des Affaires étrangères, 1998.

Hansen, Dorothee, *Die Kunsthalle Bremen und Alfred Flechtheim. Erwerbungen 1914 bis 1979*, Brême, Kunsthalle Bremen, 2013.

Heil, Johannes, Weber, Annette, *Ersessene Kunst. Der Fall Gurlitt*, Berlin, Metropol, 2015.

Helft, Jacques, *Treasure Hunt, Memoirs of an Antique Dealer*, Londres, Farber and Farber, 1957.

Hickley, Catherine, *The Munich Art Hoard. Hitler's Dealer and His Secret Legacy*, Londres, Thames & Hudson, 2016.

Hoffmann, Meike, *Ein Händler « entarteter » Kunst. Bernhard A. Böhmer und sein Nachlass* (Schriften der Forschungsstelle « Entartete Kunst », Band 3), Berlin, De Gruyter, 2010.

Hoffmann, Meike, Kuhn, Nicola, *Hitlers Kunsthändler Hildebrand Gurlitt 1895-1956. Die Biographie*, Munich, C.H. Beck, 2016.

Kahnweiler, Daniel-Henry, Crémieux, Francis, *Mes galeries et mes peintres, entretiens*, Paris, Gallimard, 1961, nouvelle édition avec préface d'André Fermigier, Gallimard, « Idées », 1982.

Kostyrko, Diana, *The Diary of an Art Dealer, René Gimpel (1918-1939), Bombers and Masterpieces*, Harvey Miller Publication, 2017.

Lafaille, Maurice, *Chronique d'une galerie de tableaux sous l'Occupation*, Paris, galerie Fanny Guillon-Lafaille, 1988.

Le Morvan, Marianne, *Berthe Weill (1865-1951). La petite galerie des grands artistes*, Paris, L'Écarlate, 2011.

Level, André, *Souvenirs d'un collectionneur*, A.C. Mazo Imprimeur, Tournon et Cie, 1959.

Lillie, Sophie, Gaugusch, Georg, *Portrait of Adele Bloch-Bauer*, New York, Neue Galerie New York, 2009.

Loeb, Pierre, *Voyages à travers la peinture*, galerie Pierre, Paris, Bordas, 1946.

Méchain, Aurore, « Galerie René Droin. Une audace intuitive », *in* L. Bertrand Dorléac, J. Munck (dir.), *L'Art en guerre, France (1938-1947)*, catalogue d'exposition, Paris, musée d'Art moderne de la Ville de Paris, 2012.

Morel, Jean-Paul, *C'était Ambroise Vollard*, Paris, Fayard, 2007.

Morton, Frédéric, *Les Rothschild*, Paris, Culture, art, loisirs, 1964.

Nathan, Fritz, Nathan, Peter, *Dr. Fritz Nathan und Dr. Peter Nathan (1922-1972)*, Zurich, 1972.

Pétridès, Paul, *Ma chance et ma réussite*, Paris, Plon, 1978.

Polack, Emmanuelle, « Galerie Pierre. Au prisme des lois de Vichy », *in* L. Bertrand Dorléac, J. Munck (dir.), *L'Art en guerre, France (1938-1947)*, catalogue d'exposition, Paris, musée d'Art moderne de la Ville de Paris, 2012.

Pophanken, Andrea, Billeter, Felix, Gaehtgens, Thomas W., *Die Moderne und ihre Sammler : französische Kunst in deutschem Privatbesitz vom Kaiserreich zur Weimarer Republik*, Berlin, De Gruyter, 2001.

Prévost-Marcilhacy, Pauline, *Les Rothschild, une dynastie de mécènes en France*, Paris, Somogy, 2016.

Prochera, Donald, Rosenberg, Elaine, François, Ilda, *Paul Rosenberg and Company. From France to America*, Exhibition of documents selected from the Paul Rosenberg Archives, presented at the Museum of Modern Art, by the MoMA Museum Archives in collaboration with Mrs. Elaine Rosenberg, New York, January 27th-April 5th 2010, Paul Rosenberg & Co, New York, 2012.

Regan, Marci, *Paul Durand-Ruel and the Market for Early Modernism*, thèse, Louisiane, Louisiana State University, 2004.

Ronald, Susan, *Hitler's Art Thief*, New York, St. Martin's Press, 2015.

Serre, Magali, *Les Wildenstein*, Paris, Jean-Claude Lattès, 2013.

Sinclair, Anne, *21 rue La Boétie*, Paris, Grasset, 2012.

Stein, Laurie A., « Everyone Brings a Piece to the Puzzle. Conversation with Elaine Rosenberg and Reflections on Provenance Research among The Paul Rosenberg Archives », *Collections. A Journal for Museum and Archives Professionals*, vol. X, n° 3, New York, Alta Mira Press, 2014.

Sutton, Peter C., *Reclaimed. Paintings from the Collection of Jacques Goudstikker*, New Heaven, Yale University Press, 2008.

Szczupak-Thomas, Yvette, *Un diamant brut. Vézelay-Paris (1938-1950)*, Paris, Métailié, 2008.

Tarica, Sami, *Comment je suis devenu marchand de tableaux*, Paris, L'Échoppe, 2003.

Trenkler, Thomas, *Der Fall Rothschild. Chronik einer Enteignung*, Vienne, Czernin Verlag, 1999.

Uhde, Wilhelm, *Von Bismarck bis Picasso*, Zurich, Oprecht, 1938.

Venturi, Lionello, *Cézanne : son art, son œuvre*, Paris, Paul Rosenberg, 1936.

Verlaine, Julie, « Galerie de France. Exposer et vendre la jeune peinture indépendante », *in* L. Bertrand Dorléac, J. Munck (dir.), *L'Art en guerre, France (1938-1947)*, catalogue d'exposition, Paris, musée d'Art moderne de la Ville de Paris, 2012.

Vollard, Ambroise, *Souvenirs d'un marchand de tableaux*, Paris, Albin Michel, 1937.

–, *En écoutant Cézanne, Degas, Renoir*, Paris, Grasset, « Les Cahiers Rouges », 1938, rééd. 2005.

Waal, Edmund de, *La Mémoire retrouvée*, Paris, Albin Michel, 2011.

Weill, Berthe, *Pan !... dans l'œil... Ou trente ans dans les coulisses de la peinture contemporaine (1900-1930)*, février 1933, édition augmentée, L'Échelle de Jacob, 2009.

Wiese, Stepan von, Flacke-Knoch, Monika, *Alfred Flechtheim. Sammler, Kunsthändler, Verleger. 1937. Europa vor dem 2. Weltkrieg*, Catalogue d'exposition, Kunstmuseum Düsseldorf, 1987.

Wildenstein, Daniel, Stavrides, Yves, *Marchands d'art*, Paris, Plon, 1999.

Wuilleumier, Pierre, *Le Trésor de Tarente : collection Edmond de Rothschild*, Paris, Leroux, 1930.

L'HÔTEL DROUOT

Fage, André, *Le Collectionneur de peintures modernes. Comment acheter – Comment vendre*, Paris, Les Éditions pittoresques, 1930.

Guillaumin, Paul, *Drouot hier et aujourd'hui*, Paris, Les Éditions de l'amateur, 1986.

Leglaive-Perani, Céline, « Quand l'Hôtel Drouot vendait les biens des entreprises juives "aryanisées", 1941-1944 », *Spoliations : nouvelles recherches, Les Cahiers du judaïsme*, n° 27, Paris, 2009.

Léon-Martin, Louis, *Les Coulisses de l'Hôtel Drouot*, Paris, Les Éditions du livre moderne, 1943.

Noce, Vincent, *Descente aux enchères. Les coulisses du marché de l'art*, Paris, Jean-Claude Lattès, 2002.

Polack, Emmanuelle, « Ravalage at the Hôtel Drouot, the Art of Obtaining a Clean Provenance for Works Stolen in France during the Second World War », *in* A.M. Bresciani, T. Hansen (dir.), *Looters, Smugglers and Collectors. Provenance Research and the Market*, Cologne, Walther König, 2013.

Poulain, Hervé, *Le Marteau et son maître. Un commissaire-priseur à l'œuvre*, Paris, Plon, 2010.

Rheims, Maurice, *Pour l'amour de l'art*, Paris, Gallimard, 1984.

Rochefort, Henri, *Les Petits Mystères de l'hôtel des ventes*, Neuchâtel, Ides et Calendes, 1996.

Rouge-Ducos, Isabelle, *Le Crieur et le marteau. Histoire des commissaires-priseurs de Paris (1801-1945)*, Paris, Belin, 2013.

Szanto, Mickaël, « Hôtel Drouot. Le théâtre cynique de la prospérité », *in* L. Bertrand Dorléac, J. Munck (dir.), *L'Art en guerre, France (1938-1947)*, catalogue d'exposition, Paris, musée d'Art moderne de la Ville de Paris, 2012.

LES INSTITUTIONS PUBLIQUES

Kott, Christina, « Le Kunstschutz en 1939-1945, une pierre dans la façade de l'Allemagne national-socialiste », *in* P. Nivet (dir.), *Guerre et patrimoine artistique à l'époque contemporaine*, Amiens, Ancrage, 2014, p. 327-342.

Olivier, Laurent, « Une ambassade de l'archéologie allemande en France : le bureau "Préhistoire et archéologie" du Kunstschutz (1940-1944) », *in* J.-P. Legendre, L. Olivier, I. Bardiès (dir.), *L'Archéologie national-socialiste dans les pays occupés à l'ouest du Reich*, Gollion, Infolio, 2007, p. 144-162.

Schnitzler, Bernadette, « Des châteaux alsaciens au service de la protection des œuvres d'art entre 1939 et 1945 », *Châteaux forts d'Alsace. Histoire, archéologie, architecture*, Saverne, CRAMS, 1996, p. 35-46.

LES MUSÉES

Amanieux, Françoise, « Les dommages de guerre des musées français (1940-1944) », *Musées & collections publiques de France*, n° 210, 1996.

BIBLIOGRAPHIE

Bazin, Germain, *Souvenirs de l'exode du Louvre (1940-1945)*, Paris, Somogy, 1992.

Bertaux, Jean-Jacques, « Armées en guerre et collections publiques », *Musées & collections publiques de France*, n° 210, 1996.

Bizardel, Yvon, *Sous l'Occupation : souvenirs d'un conservateur de musée (1940-1944)*, Mayenne, Calmann-Lévy, impr. Floch, 1964.

Bouchoux, Corinne, *Rose Valland, la résistance au musée*, La Crèche, Geste éditions, 2006.

Florisoone, Michel, Dreyfus, Carle, Lemoine, Jeanine, *Les Chefs-d'œuvre des collections privées françaises retrouvés en Allemagne par la Commission de récupération artistique et les Services alliés*, catalogue d'exposition du musée de l'Orangerie, août 1946, Paris, ministère de l'Éducation nationale, 1946.

Gob, André, *Des musées au-dessus de tout soupçon*, Paris, Armand Colin, 2007.

Hautecœur, Louis, « Du Louvre à la Coupole », *Gazette des Beaux-Arts*, mars, 1963, p. 165-178.

Hours, Magdeleine, *1938-1979, une vie au Louvre*, Paris, Robert Laffont, 1987.

Ladoué, Pierre, *Et Versailles fut sauvegardé. Souvenirs d'un conservateur (1939-1941)*, Paris, Henri Lefebvre, 1960.

Matila, Simon, *The Battle of the Louvre. The Struggle to Save French Art in World War II*, New York, Hawthorn Books, 1971.

Mazauric, Lucie, *Ma vie de châteaux*, Paris, Perrin, 1967.

Rayssac, Michel, *L'Exode des musées. Histoire des œuvres d'art sous l'Occupation*, Paris, Payot, 2007.

Schommer, Pierre, *Il faut sauver la Joconde ! Carnets (1937-1945)*, édition préparée par Hubert Landais, annotée par Jean-René Gaborit, Paris, éditions du CTHS, 2014.

Le Louvre pendant la guerre : regards photographiques (1938-1947), catalogue d'exposition du musée du Louvre, Paris, Musée du Louvre éditions/Le Passage, 2009.

Musées nationaux, nouvelles acquisitions, 2 septembre 1939-2 septembre 1945, catalogue d'exposition du musée du Louvre, 1945, Paris, Musée national du Louvre, 1945.

Otages de guerre. Chambord 1939-1945, catalogue d'exposition, Domaine national de Chambord, 2010, Versailles, Artlys / Domaine national de Chambord, 2009.

Aryanisation, expropriation et spoliations

Alford, Kenneth D., *Hermann Göring and the Nazi Art Collection. The Looting of Europe's Art Treasures and their Dispersal after World War II*, Jefferson NC, McFarland & Co., 2012.

Andrieu, Claire, « Écrire l'histoire des spoliations antisémites (France, 1940-1944) », *Histoire@Politique. Politique, culture, société*, n° 9, sept.-déc. 2009, p. 4-21.

–, avec la collaboration de Cécile Omnès et autres, *Spoliation financière*, vol. I et II, Paris, La Documentation française, 2000.

Bruttmann, Tal (dir.), *Persécutions et spoliations des Juifs pendant la Seconde Guerre mondiale*, Grenoble, Presses universitaires de Grenoble, 2004.

Calvi, Fabrizio, Masurovsky, Marc J., *Le Festin du Reich. Le pillage de la France occupée (1940-1945)*, Paris, Fayard, 2006.

Collège des études juives, *Réparation nécessaire, réparation impossible : à propos des spoliations*, Paris, Alliance israélite universelle, 2000.

Douvette, David, « La spoliation des Juifs de France », Actes du colloque du 1er octobre 1990 organisé par le CDJC, *Il y a 50 ans : le statut des juifs de Vichy*, Paris, Publications du CDJC, 1991.

Gensburger, Sarah, *Images d'un pillage. Album de la spoliation des Juifs à Paris (1940-1944)*, Paris, Textuel, 2010.

Goebbels, Joseph, *Journal (1933-1939)*, Paris, Tallandier, 2007.

Haberstock, Magdalene, *Hundert Bilder aus der Galerie Haberstock Berlin*, Munich, Münchner Buchgewerbehaus, 1967.

Hopp, Meike, *Kunsthandel im Nationalsozialismus. Adolf Weinmüller in München und Wien*, Cologne, Böhlau, 2012.

Iancu, Michaël, *Spoliations, déportations, résistance des Juifs à Montpellier et dans l'Hérault (1940-1944)*, Avignon, A. Barthélemy, 2000.

Iselt, Kathrin, « *Sonderbeauftragter des Führers* » *der Kunsthistoriker und Museumsmann Hermann Voss, 1884-1969*, Cologne, Böhlau, 2010.

Jungius, Martin, *Un vol organisé. L'État français et la spoliation des biens juifs (1940-1944)*, Paris, Tallandier, 2012.

Grimsted, Patricia Kennedy, *US Restitution of Nazi-Looted Cultural Treasures to the USSR, 1945-1959*, Washington DC, National Archives and Records Administration, 2001.

–, « Nazi-Looted Art from East and West in East Prussia. Initial Findings on the Erich Koch Collection », *International Journal of Cultural Property*, février 2015, p. 7-60.

Kessler, Horst, *Karl Haberstock. Umstrittener Kunsthändler und Mäzen*, Munich, Deutscher Kunstverlag, 2007.

Le Masne de Chermont, Isabelle, « Pillage. Une application de l'idéologie raciale », Jungius, Martin, « Un vol organisé. L'État français et la spoliation des biens juifs », *in* L. Bertrand Dorléac, J. Munck (dir.), *L'Art en guerre, France (1938-1947)*, catalogue d'exposition, Paris, musée d'Art moderne de la Ville de Paris, 2012.

–, Schulmann, Didier, *Le Pillage de l'art en France pendant l'Occupation et la situation des 2000 œuvres confiées aux musées nationaux : contribution de la direction des Musées de France et du Centre Georges-Pompidou aux travaux de la Mission d'étude sur la spoliation des Juifs de France*, Mission d'étude sur la spoliation des Juifs de France, Paris, La Documentation française, 2000.

Liechtenhan, Francine-Dominique, *Le Grand Pillage. Du butin des nazis aux trophées des Soviétiques*, Rennes, Éditions Ouest-France, 1998.

Polack, Emmanuelle, Dagen, Philippe, *Les Carnets de Rose Valland. Le pillage des collections privées d'œuvres d'art en France durant la Seconde Guerre mondiale*, Lyon, Fage, 2011.

Rotermund-Reynard, Ines (dir.), *Echoes of Exile. Moscow Archives and the Arts in Paris (1933-1945)*, Berlin, De Gruyter, 2015.

Rousseau, Theodore, *The Goering Collection*, Washington DC, US Army Office of Strategic Service, 1945.

Rousso, Henry, « L'aryanisation économique. Vichy, l'occupant et la spoliation des Juifs », *Yod. Revue d'études hébraïques, modernes et contemporaines*, n° 15-16, 1982.

Saint-Geours, Jean, *Témoignage sur la spoliation des Français juifs (1940-1944). Histoire et mémoire (1940-2000)*, Paris, Le Manuscrit, 2008.

Yeide, Nancy H., *Beyond Dreams of Avarice. The Hermann Goering Collection*, Dallas, 2009.

La Persécution des Juifs de France 1940-1944 et le rétablissement de la légalité républicaine. Recueil des textes officiels (1940-1999), Paris, La Documentation française, 2000.

RÉCUPÉRATION

Aymone, Nicolas, « Le double retour de Watteau. Les déplacements d'œuvres d'art, de la spoliation à la réconciliation (1940-1950) », *in* M. Schieder, I. Ewig (dir.), *In die Freiheit geworfen. Positionen zur deutsch-französischen Kunstgeschichte nach 1945*, Berlin, Akademie Verlag, 2006, p. 29-47.

Commandement en chef français en Allemagne, Groupe français du Conseil de contrôle, Direction générale de l'économie et des finances, Division des réparations et des restitutions, Bureau central des restitutions, *Répertoire des biens spoliés en France pendant la Guerre, 1939-1945 / List of Property Removed from France during the War 1939-1945 / Verzeichnis des im Krieg*

BIBLIOGRAPHIE

1939-1945 aus Frankreich verschleppten Eigentums, 14 vol., Berlin, Imprimerie nationale, 1947-1948.

Destremeau, Frédéric, *Rose Valland, résistante pour l'art*, Grenoble, musée de la Résistance et de la Déportation de l'Isère / Conseil général de l'Isère, 2008.

Lauterbach, Iris, *Der Central Collecting Point in München*, Berlin, Deutscher Kunstverlag, 2015.

Le Masne de Chermont, Isabelle, « Les chefs-d'œuvre des collections privées françaises retrouvés en Allemagne par la Commission de récupération artistique et les services alliés », *Anzeiger des Germanischen Nationalmuseums* 32/4, 2013, p. 1372-1375.

Lesné, Claude, Roquebert, Anne, *Catalogue des peintures MNR*, Actes du colloque organisé le 17 novembre 1996 à l'École du Louvre par la Direction des Musées de France, Paris, Réunion des musées nationaux, 2004.

Lorentz, Claude, *La France et les restitutions allemandes au lendemain de la Seconde Guerre mondiale (1943-1954)*, Paris, Direction des Archives et de la Documentation, ministère des Affaires étrangères, 1998.

Œuvres restituées par l'Allemagne, « Petit Journal de l'exposition », musée d'Orsay, 17 octobre-18 décembre 1994, Paris, Réunion des musées nationaux, 1994.

Présentation des œuvres récupérées après la Seconde Guerre mondiale et confiées à la garde des Musées nationaux, catalogue d'exposition, musée du Louvre, musée d'Orsay et musée national de la Céramique de Sèvres, Paris, Direction des Musées de France, 1997.

Restitution

Bouchoux, Corinne, « *Si les tableaux pouvaient parler...* » *Le traitement politique et médiatique des retours d'œuvres d'art pillées et spoliées par les nazis, France (1945-2008)*, Rennes, Presses universitaires de Rennes, 2013.

–, « OBIP, L'enjeu des restitutions », *in* L. Bertrand Dorléac, J. Munck (dir.), *L'Art en guerre, France (1938-1947)*, catalogue d'exposition, Paris, musée d'Art moderne de la Ville de Paris, 2012.

Goschler, Constantin, Ther, Philipp, Andrieu, Claire (dir.), *Spoliations et restitutions des biens juifs, Europe XXe siècle*, Paris, Autrement, 2007.

Haug, Ute, *Die eigene Geschichte. Provenienzforschung an deutschen Kunstmuseen im internationalen Vergleich*, Francfort, AKMB-news, vol. VIII, n° 2, 2002, p. 7-9.

–, Schneede, Uwe M. (préface), *Die Rücken der Bilder, Parcours*, Hambourg, Hamburger Kunsthalle, 2004.

Krois, Isabella, *Die Restitution von Kunst- und Kulturgütern am Fall der Familie Rothschild*, Vienne, Verlag Österreich, 2000.

Le Masne de Chermont, Isabelle, « Restitutions. Un enjeu diplomatique et économique de l'après-guerre dans *L'Art en guerre, France (1938-1947)* », *in* L. Bertrand Dorléac, J. Munck (dir.), *L'Art en guerre, France (1938-1947)*, catalogue d'exposition, Paris, musée d'Art moderne de la Ville de Paris, 2012.

–, Sigal-Klagsbald, Laurence (dir.), *À qui appartenaient ces tableaux ? La politique française de recherche de provenance, de garde et de restitution des œuvres d'art pillées pendant la Seconde Guerre mondiale*, catalogue d'exposition, Paris, musée d'Art et d'Histoire du judaïsme, 2008.

Le Ridant, Jean-Pierre, « Entre indemnisation et restitution. Une approche française au cas par cas », *in* A. Baresel-Brand (dir.), *Verantwortung wahrnehmen, NS-Raubkunst – eine Herausforderung an Museen, Bibliotheken und Archive, Veröffentlichungen der Koordinierungsstelle für Kulturgutverluste Magdeburg, Band 7*, Magdebourg, 2010, p. 485-506.

BIBLIOGRAPHIE

Liskenne, Anne, « Autour des restitutions de biens culturels de 1944 à nos jours », *Saisies, spoliations et restitutions*, Rennes, Presses universitaires de Rennes, 2012.

Pierrat, Emmanuel, *Faut-il rendre les œuvres d'art ?*, Paris, CNRS Éditions, 2011.

Prost, Antoine, Skoutelsky, Rémi, Étienne, Sonia, *Aryanisation économique et restitution*, Paris, Mission d'étude sur la spoliation des Juifs de France, La Documentation française, 2000.

Saragoza, Florence (dir.), *L'Art victime de la guerre. Destin des œuvres d'art en Aquitaine pendant la Seconde Guerre mondiale*, catalogue d'exposition, Bordeaux, musée des Beaux-Arts d'Agen et al., 2012.

Schnabel, Gunnar, Tatzkow, Monika, *Nazi Looted Art. Handbuch Kunstrestitution weltweit*, Berlin, Proprietas-Verlag, 2007.

–, *The Story of Street Scene Restitution on Nazi Looted Art. Case and Controversy*, Berlin, Proprietas-Verlag, 2008.

Sumpf, Alexandre, Laniol, Vincent, *Saisies, spoliations et restitutions : archives et bibliothèques au XXᵉ siècle*, Rennes, Presses universitaires de Rennes, 2012.

Vitalizing Memory. International Perspectives on Provenance Research, Washington, American Association of Museums, 2005.

SITOGRAPHIE

Archives diplomatiques
    http://www.diplomatie.gouv.fr/fr/archives-diplomatiques/
Archives nationales
    http://www.archivesnationales.culture.gouv.fr/chan/chan/series/pdf/AJ38_2011.pdf
Das Bundesarchiv
    http://www.bundesarchiv.de/index.html.de
Commission pour l'indemnisation des victimes de spoliations

http://www.civs.gouv.fr
Deutsches Historisches Museum
http://www.dhm.de/sammlung-forschung
The Documentation Project
http://docproj.loyola.edu
The ERR Project
https://www.errproject.org
ICOM
http://archives.icom.museum/spoliation.html
The Israel Museum, Jerusalem
http://www.imj.org.il/exhibitions/2008/MNR/Kiosk/
index.html
LostArt.de
http://www.lostart.de/Webs/DE/LostArt/Index.html
Universität Heildelberg
http://www.ub.uni-heidelberg.de/helios/fachinfo/www/
kunst/digilit/auktion/welcome.html

Remerciements

Je souhaite exprimer ma pleine gratitude en tout premier lieu à Laurence Bertrand Dorléac et à Philippe Dagen, dont les courageuses prises de position ont été un formidable exemple. Je remercie également Claire Andrieu et Pierre Wat de leurs précieux conseils et de leurs encouragements pour l'achèvement de cette enquête.

Cette étude n'aurait pu être réalisée sans le soutien matériel de la Fondation pour la Mémoire de la Shoah, ma reconnaissante gratitude s'adresse à Alice Tajman, Philippe Allouche, Gabrielle Rochmann, Rachel Rimmer, Dominique Trimbur et Régine Socquet.

Je me dois également de remercier chaleureusement les institutions et toutes les personnes, directeurs, conservateurs, archivistes et bibliothécaires qui m'ont aidée et soutenue dans mon long travail d'investigation. À l'Institut national de l'histoire de l'art, Antoinette Le Normand Romain, Éric de Chassey, Tony Legouda, Philippe Sénéchal, Johanne Lamoureux, Chantal Georgel, Anne Lafont, Anne Lamalle et Benjamin Weill m'ont assurée un précieux espace d'épanouissement ; à la Picasso Administration, Christine Pinault, m'a aidée avec bienveillance ; aux Archives de Paris, Guillaume Nahon, Laurence Benoist, Boris Dubouis et Vincent Tuchais m'ont renseignée avec beaucoup de générosité ; aux Archives nationales, je remercie l'ensemble du personnel dont Ali Larbi, Pascal Raimbault, Pascal Riviale, Marine Zelverte et plus particulièrement Caroline Piketty qui m'a grandement facilité l'accès aux documents ; aux Archives diplomatiques du ministère des Affaires étrangères, je dois ici remercier Isabelle Nathan et Anne Liskenne pour son concours aussi compétent qu'amical ; aux archives Les Héritiers Henri Matisse, Wanda de Guébriant a été d'une grande générosité dans la transmission d'informations ; au Centre allemand d'histoire de l'art, Thomas Kirchner, Godehard Janzing et Julia Drost ; au Mémorial de la Shoah, Marie-Édith Agostini, Anne Huaulme, Johanna Linsler, Sophie Nagiscarde, Lior Smadja, Ariel Sion et Karen Taïeb ; à l'École du Louvre, Clarisse Duclos et Anne Gouzou ; au Centre de la documentation et à la bibliothèque du Musée d'Orsay, Nadège Horner, Agnès Marconnet et Helena Patsiamanis ; au Centre de la documentation du musée Rodin, Sandra Bugeot, au Service des Musées de France, Thierry Bajou et Alain Prévet, et enfin, aux éditions Tallandier, Dominique Missika, Alexandre Maujean et Cécile Rey.

J'ai eu la chance, au cours de mes recherches, d'entretenir des relations particulièrement chaleureuses avec des chercheurs de renommée internationale, il va sans dire que leur fréquentation a considérablement enrichi ma réflexion ; qu'ils trouvent ici l'expression de mes remerciements :

REMERCIEMENTS

Lynn H. Nicholas, Thomas Gaethgens, Uwe Fleckner, Gail Feigenbaum, Christian Furhmeister, Christian Huemer, Nadine Barhmann, Lukas Bächer, Andrea Baresel-Brandt, Mary-Kate Cleary, Jeroen Euwe, Meike Hoffmann, Meike Hopp, Stephane Klingen, Jan Thomas Köhler, Iris Lauterbach, Gregor Langfeld, Sophie Lillie, Britta Olenyi von Husen, Kim Oosterlink, Marcus Leifeld, Linda Philipp Hacka, Lynn Rother, Bénédicte Savoy, Ulrike Scholz, Erin Sullivan, Anja Tiedemann, Leonhard Weidinger et Dorothee Wimmer.

Parmi toutes les autres personnes qui m'ont aidée à divers titres, je citerai Gala-Alexa Amagat, Valérie Assan, Audrey Azoulay, Muriel de Bastier, Leslie Benzaquen, Thierry Bokanowski, Agathe Bokanowski, Thibault Boulvain, Jean-Baptiste Buch, Christina Buley-Uribe, Véronique Cantegrel, Christel Chassagnol, Antoine Delabre, Antoine Djikpa, Monica Dugot ; à la galerie frank elbaz, Frank Elbaz, Danielle Cardoso Maia et Anna Kraft ; Laurent Fabius, Clarisse Fava-Piz, Fabienne Fravalo, Anne Fourestié, René Gimpel, Catherine Guillaume, Corinne Hershkovitch, Francine Kahn, Clémence de Lambert, Marianne Le Morvan, Albert et Sonia Loeb, Élisabeth et François Lévy, Brigitte Malaprade, Alain Monteagle, Isabelle Neuschwander, Catherine Nicault, Roberto Païva, Dominique Paoli, Agnes Peresztegi, Pauline de Perignon, Sylvie Polack, Marie-Sophie Putfin, Anne Sinclair, Claude Schvalberg, Philippe Sprang, Eva Stein, Denise Vernerey, Elsa Vernier-Lopin, Claire Touchard, Marcel Wormser et David Zivie.

Mes remerciements s'adressent aussi à mes amies pour leur chaude affection et leurs remarques précieuses : Lily Anavi, Marie Bouhaïk-Girones, Marie-Françoise George, Véronique Hayot, Néna Lévi et Brigitte Mondoloni-Marget.

Enfin, qu'il me soit permis d'exprimer mon amour aux miens, mon mari, Laurent, mes enfants, Alex, Benjamin et Sarah. Je les associe évidemment à ces remerciements.

Index des noms de personnes

INDEX DES NOMS DE PERSONNES

INDEX DES NOMS DE PERSONNES

Table

I
Le marché de l'art parisien
sous la botte nazie

III
Effervescence
dans les hôtels de vente
aux enchères

TABLE

Réalisation : Nord Compo à Villeneuve-d'Ascq
Dépôt légal : février 2019
ISBN : 979-10-210-2089-4
N° d'édition : 4204
Impression en Italie